宋德发，1979年5月生，安徽庐江人。湘潭大学文学与新闻学院教授，博士生导师，湖南省首届芙蓉教学名师，湖南省普通高校青年教师教学能手。主要从事比较文学与世界文学、大学教学法研究。主持国家社科基金2项，主持国家精品视频公开课"故事中的人生——西方古典文学选讲"。出版《如何走上大学讲台——青年教师提高讲课能力的途径与方法研究》《大学教学名师研究》《大学的痛与梦》《用整个的心做大学老师》《故事中的人生——西方文学中的生命哲学》《厄普代克中产阶级小说的宗教之维》《19世纪欧洲作家笔下的拿破仑》《常识　方法　视野：比较文学的三维建构》《西方文学的口语传承》等专著10部，发表论文140余篇。应大学、中学、政府、企业、协会、电视台和图书馆邀请，做报告500余场。

宋德发 ◎ 著

站稳讲台

大 学 讲 授 学

ZHEJIANG UNIVERSITY PRESS
浙江大学出版社

语言即生命

张楚廷 [①]

有人说语言是工具，是思维的外壳。这种近乎荒唐的话，不可能出自真正的学者之口。

语言是一个人的生命本身，其语言的发展即其生命的发展，语言的成长即生命的成长，语言的丰富即生命的丰富。还有哲学家认为，语言是一个人拥有世界的唯一方式。

小孩上学识字，即开始了文字语言的学习，上学前就开始在父母身边学习口头语言，也有一点点书面语言基础了。进一步做作文练习，那就是学习文学语言了。学数学，是学习一种描述普遍世界的特别语言；学物理、化学，是学习描述物质世界的语言；学音乐，则是学习表达情感的特殊语言，这是描述精神世界的一种语言；绘画则是用形象说话；人还在各种场合学习不同的肢体语言。整个受教育阶段都可谓是在学习不同类别的语言，用心的人，会自觉到自己一辈子都在学习语言。

对话，演讲，都是语言的运用。父母教育小孩，老师教育学生，实际上是在对话，多对话，且让小孩和学生在对话中有更主动的地位，有更多的言说机会，学生或小孩也就会更好地成长。

---

① 张楚廷，著名教育家，入选"改革开放40年'教育人物40名'"，著有《张楚廷教育文集》。

优秀的教师或父母，就是善于跟学生或孩儿对话的人。

演说、演讲是较特殊、较高档的言语形式，做得特别好的人，就被称为演说家了。他们是善于驾驭语言的人。诗人、作家也属于这一类，他们之中的佼佼者就被称为语言大师了。

语言何止是一个人拥有世界的唯一方式，对于一个民族也是如此。最能代表一个民族特征的，就是它的语言。世界上6000种语言，就是6000种不同的拥有世界的方式。语言也是文明的象征，四大文明古国的资格就是从它们最早拥有文字语言那里获得的。人类历史382万年了，可是，人类文明仅有五千年。这足以说明的是，人类作为一个生命群，其发展实属不易。人脱离动物世界的根本标志，也在于它获得了语言文字。这也意味着人类拥有了历史，并通过语言把历史与未来连接起来。语言凝结在一定的文本上，这才有了隔代相传，这才有历史；这种文本则以最清晰的方式把历史告诉未来。

我们的汉字是一个蕴藏着我们祖先无限智慧的语言。汉字91251个，能识3000个，说话和写作就有了基本条件；较好的学者能识5000字左右；语言学家们，大约可高达7000字。这个事实告诉人们，任何人在我们中华文化面前都需保有虔诚和谦卑。相信那些语言大师在听到别人称其为大师时，不可能得意忘形。

人通过语言拥有世界，也通过语言与世界对话，与天地日月对话。那些常常对话的人就很可能走到世界的深处，尤其能走到并看到那个美妙的精神世界。

人的语言中可含有一种东西，它叫做诙谐、幽默。爱说笑话的人，就有可能获得这种东西。幽默不是模仿得来的，它来自人的心灵深处；又是对人的一种亲近的接触方式。笑话必含有笑料，唯有十分独特的笑料才靠近幽默。笑料从何而来？这跟幽默从何而来是同一个问题；享有快乐的人们在由衷地希望把快乐传递给他人时，笑料就容易产生。

相声、小品是语言艺术，也是语言智慧的存在方式。许多其他类别的艺术家，给予相声或小品演员以特别的尊重，认为他们的艺术更高档、更富含智慧。有一种智慧叫做机智，于是，相应地有教育机智、艺术机智，可是它们都以语言机智为基础。

相声界有位元老级人物叫侯宝林；体育解说员中也有一位元老级人物，他叫宋世雄。宋德发谈到"名嘴"，这两位堪称名嘴。中国大球的崛起是从女排开始的，然而，知晓历史的人，必同时知道宋世雄，是他用十分机智、精准、脍炙人口的解说，把女排精神传给了人们。

我们的语言，在"硬件"方面有三桩：识字多少，词汇量多大，再一件就是成语。我们的汉语成语辞典中，共一万三千余个成语。成语可谓更上一层楼。一个人若能掌握和运用一千个以上的成语，其语言色彩可能就接近靓丽了。语言可华丽，但若过分修饰，也有损美感。语言美是心灵美最直接的反映，真善美都可通过语言及相应的行为表达。

语言的丰富表现之一是方言，这是有语言学者作过专门研究的课题。隔一条河，河的两岸语言就有差别；隔一座山，山南山北，语言就有差异；而拥有一种语言，就是拥有一种文化，拥有一座山，一条河，拥有一扇天窗，可以看见日月星辰。

语言是人拥有世界的方式，但这个世界的大小与掌握和运用语言的状况有关，与掌握语言的种类多少也有关。动态地说，人拥有的世界是扩展着的，能扩展到多大，能深入到世界的怎样的深处，都在变化着，随着自己语言掌握能力的变化而变化。父母的语言永远留在儿女心中，孔夫子的语言仍留在今人之中。亚里士多德的音容笑貌怎样，我们不知道，或许不必知道，但他的语言，时隔两千多年，我们还可知道。

有共同语言的人，就像在同一座山里生活。各行各业都有自己的职业语言。如从商的人与从学的人，所使用的术语就不一样。还有从军的、从政的、从教的，各说各话。

不过，世界上也有两种语言是通用的，无须翻译，那就是数学与音乐。音乐主要是曲；数学主要是专用符号。白宫请郎朗弹钢琴，还需翻译吗？微积分公式全世界一个样。《在那遥远的地方》，出自王洛宾的心，却飘到了联合国，飘向世界。

古希腊人就创立了一门叫作"灵魂学"的学问，如今叫作心理学。思辨心理学（自冯特之后有了实验心理学）不会因实验心理学的出现而消失。

有的人，出口多是美言美语，但在这片土地上也有了脏话。于是，需要语言洗涤。

一个人的一生需要多方面的修养，有人格修养，作风修养，理论修养，哲学修养，还有语言修养。这是需要修身养性的，需要锤炼的，这是文学修养、史学修养等等的基础。

人活在历史中，也活在语言中，用语言写下历史，也在历史中修炼和获得语言。这就是人生。

青年学者宋德发研究演讲，这是格外有意义的。演讲是唤起他人的精神世界的，但演讲者本人必是首先唤起自己的。言说者与听众之间是相互呼唤的。

语言靠念，更靠练，尤其要靠炼。语言的学习是知识性问题，因而需要念；语言的领会不完全是知识问题，所以要练，熟能生巧；语言的把握还需情感投入，从喜欢它，到热爱它，又因热爱而坚韧不拔地锤炼，语言通过知情意的深切融合而深情地融入自己的生命，自己的灵魂，乃至于语言就是自己的灵魂和生命。

有的人肚里有货，倒不出来，有的人肚里有货，又很会倒出来。陈景润属于前者，华罗庚属于后者，这两类人都需要。

人难以求全，有陈景润的那一全，贡献也很大。然而，作为教师则需要两全齐美。会教书的教师，是好教师；会研究的教师是好教师；既会教书，又会研究的教师是更好的教师；未来还是需要更多的两全齐美的教师。时代在发展着，做到两全齐美的条件也越来越好了。

还要不要师德？不好好教书，不带着学生好好读书，离开了这一基本，怎么谈道德？教书育人，立德树人，好好教书即好好育人的前提。教师自身的修养是自己的需要，不是做给学生看的；不能有双重人格，所做所思所行须是统一的。我相信，教育事业既是人类最古老的活动，又是现今最壮丽的事业；教育也以最美好的语言将知识传递给下一代，它因这种传递而壮丽。

附带说一下，那些被称为名嘴的人，一定是别人喊出来的，有名是好事，但"名"不是学者之所求。实至名归，其实，对于虔诚的学者而言，所求的是"实至"，"名"归不归，何必去想它？奋斗了，经历了，用心了，挥洒过汗水，这就够了。

名嘴，名誉，名著，名师，名曲，名声，名位，名望，名人，这一切的名，我想都是外赋的。

　　为人，为事，为学，都在努力做好自己，都在对得起自己的良心。良心又称为天良，于是，也就是要对得起上天和父母，对得起这片土地和耕耘了这片土地的先祖。

目　录

CONTENTS

目 录 | CONTENTS

目 录 | CONTENTS

目　录 | CONTENTS

目　录│CONTENTS

目 录 | CONTENTS

我做什么事就写什么书

——本书写作的前因后果

不太自信的人，总要为自己所做的事情找一些可以自我安慰的理由。所以，我写这本书，照例要讲一讲其中的缘由和背后的故事，希望获得读者诸君更多的同情、理解和认可。那就从人到中年后，我生活状态和心理状态的变化谈起吧。

人到中年后，我基本摆脱了物质贫困和职称晋升所带来的焦虑，也就能偶尔思考一些未来方向乃至人生意义的问题。最后给自己的定位是：整体上与众相同，局部上与众不同。

整体上"与众相同"，就需要我继续拿一部分精力来申请课题、发表学术论文、申报政府奖励，以迎合和适应这个评价体制。局部上"与众不同"，是指我"身在体制内，心在体制外"，不愿意将所有宝贵的生命都投入到迎合和适应当前的评价体制上。我希望抽点时间，做一些希望做的也适合做的学问。这就像王立新教授所言的那样：

> 每个人来到这个世界上，都是万千偶然性聚合的结果，稍有一点错漏，来到这个世界上的人就可能是别人，而不再是自己。因此，每个人都是一个绝对不同于其他人的独立个体，他必须通过绝对的不同，来表现自己独特的品格。如果一个人，一生都没有意识到这一点，那他的一生，也就只能混迹于生存群体之中，

即便为生存而勤苦简约，而劳碌奔波，但他的人生，也只能说是冥然无觉，窅然空过了。而这样的人中，并不排除一些有文化的知识分子。[①]

做一个"绝对不同于其他人的独立个体"，对受到种种现实羁绊的我而言，难度太大，代价太大。作为体制内的人，并在永远无法脱离体制的情况下，我必须承认，我目前和以后的人生在大方向上还要与体制基本保持一致。但在强烈的"做一点点自己"思想的引领下，我还是摸索和探寻出了一条属于自己的羊肠小道。具体来说，我的学术研究，一是围绕"教什么"而展开，二是围绕"如何教"而展开，前者就是我的专业研究，后者就是我的教学研究。我学术研究的特点，如果说有一些的话，那无疑就在于两点：一是我在教学研究领域获得了一些成绩；二是我在专业研究和教学研究的统一方面做出了一些探索，当然，第二点的前提还是第一点。所以，我学术研究的特点，其实就是一点：教学研究。

我的专业研究，按照体制内的标准评价，没有做出什么标志性大成果；按照体制外的尺度衡量，也没有写出什么让读者喜欢的好书和好文章。只能说，我的专业研究做得不好也不坏。加上我的教学研究做得相对突出一些，估计接近了"半专业"的水平，乃至其"光辉"已经遮蔽了我的专业研究，这一切直接导致我学术研究方面的特点，差不多就成了我目前职业生涯最大的亮点。当然，关注和关心我的朋友，有的表示了担心："你是不是不务正业啊！快点趁还年轻，迷途知返还来得及！"有的表示了欣赏："如

---

① 王立新：《秋未尽，蝉不得不鸣》，载《思想引领人生》，科学出版社2019年版，第204页。

今的大学，像你这样既重视专业研究，又重视教学研究的好像还不多见，加油，挺你！"

学校一位教授偶遇我的博士生袁娜女士，问她："你导师是哪一个？"答曰："宋德发。"这位教授立刻反应道："哦，就是那个搞教育学的宋德发啊？！"袁娜女士不得不耐心解释："我导师是研究外国文学的，只是兼研究教育学而已。"

这一"结果"未必是我当初能够预料到的，也未必是我现在想要的，但这个时候也不得不欣然接受。我始终相信一点：世界上任何事情，到最后一定都是好的，如果还没有感到它的好，那是因为还没有到最后。借用余华先生的话说，就是："所以生活不会辜负我们，只有我们会辜负生活，不管什么样的生活都会给我们带来财富。"① 既然变得如此坦然，那不如借我第5部教学专著出版之际，简单回顾一下我教学研究的心路历程和本书写作的前因后果。

我本科读的是汉语言文学教育专业，硕士和博士读的都是比较文学与世界文学专业，在四川大学做博士后，做的也是中国语言文学方向的研究。2002年硕士研究生毕业后，我就留在湘潭大学文学与新闻学院任教，主要讲授"比较文学""外国文学""大学语文""基础写作"之类的文学课程。总之，我是一名"如假包换"的文学老师。可是，我本科就读的汉语言文学教育专业并非一般意义上的汉语言文学专业，而是专门培养中学语文教师的汉语言文学专业。这个专业不仅研究中文，还研究如何"教中文"。所以，我曾是一名受过严格训练的，以做中学老师为职业志向的

---

① 余华：《我最初的阅读与写作》，载《没有一种生活是可惜的》，陕西师范大学出版社2019年版，第90页。

正宗"师范生"。这样一个身份，以及相关的一段经历，很大程度上影响了我今天既注重汲取学问，又注重传播学问的思维方式。

后来因为考上研究生了，我没有做成中学老师。又因为考上研究生了，我才得以做了大学老师。大学老师其实也是老师，这是一个很容易被忽略的常识。大学老师比中学老师更需要学术水平，但这不等于我们的教学水平就可以低于中学老师。大学老师的知识结构由三部分构成：①专业素养。②教育学素养。③特定课程的教育学素养。缺乏后两个部分，不能说是失败的大学老师，但至少可以说是有缺憾的大学老师。

但实际上，我们大学老师普遍只关注"专业素养"，基本没有加强"教育学素养"的意识，一个显著表现就是：我们有意或无意读过的教育学论著屈指可数，甚至可能一辈子都没有自觉地读过一本教育学的书，以至于我们的教育学素养是比较缺乏的。至于"特定课程的教育学素养"，我们也关注和了解甚少，导致上课时"跟着感觉走"。所谓"特定课程的教育学素养"，是指讲哪门课，就知道选择和运用最适合哪门课的方法和技巧，如文学理论该怎么教，外国文学该怎么教，写作又该怎么教，上课的老师都有自己比较准确的判断和把握。

大概从 2008 年开始，为了让大学老师应该具备的知识结构变得完整，在不断强化"专业素养"的同时，我有意识地提升自己的"教育学素养"和"特定课程的教育学素养"。为此，我有针对性地做了五件事：①广泛阅读国内外自己能读懂的教育学著作（遇到不好读懂的教育学著作，比如乌申斯基的《人是教育的对象》，就暂时搁置在一边）。②有意识地发表紧密联系教学实际的教改论文。③有规划地出版从教学中来，又回到教学中去的教学著作。

④有步骤地申请自己真心实意想做的，真正有价值的教学课题。
⑤围绕日常教学，有体系地进行大学教学法研究。

就这样，我正式踏足教学研究。我的教学研究，严格意义上讲，只能算是业余爱好。我在湖南省教育科学研究院断断续续做了一年高等教育学博士后，但那只能算是体验生活，远远谈不上专业训练。到目前为止，我没有在《教育研究》《高等教育研究》《中国高等教育》等教育学"权威"杂志上发表过论文。我没有加入任何教育学界的组织，更没有积聚任何教育学界的"人脉"。我就是一个人，在自己的世界中，按着自己的想法，围绕着日常的教学工作，做一些自得其乐、"自以为是"的事情。

2012年，我开始写作第一部教学著作——《如何走上大学讲台——青年教师提高讲课能力的途径与方法研究》，在此过程中，我无意中在湖南省教育科学研究院的图书室里借到了《张楚廷教育文集》（11～20卷）。虽然只是翻阅和"跳读"自己需要的部分，但我已经充分感受到，无论是语言还是内容，这都是我一直在寻找和期待的，真心喜欢的写作风格。

我以前所知晓和读过的教育学著作，宏观的偏多，微观的偏少；理论的偏多，经验的偏少；国外的偏多，国内的偏少；八股的偏多，诗意的偏少；中小学老师写的偏多，大学老师写的偏少。正是在这样的背景下，张楚廷先生独树一帜、自成一家的著述走进了我的视野和心灵。

张楚廷先生实质上一直都是站在一线的大学老师（从教约60年，上过32门课），有着丰富且高水平的教学经验，对教学有着一种天然的体悟；他又长期担任大学的顶层设计者，有着普通教师很难具备的宏阔的眼界，可以从普通教师没有的高度和视角观察教育；他虽然学数学出身，却博览群书，文学素养和哲学素养比较深厚，有着一般管理者不具备的学术沉淀，能够透过教育的现象透视教育的本质；更重要的是，他对教育的真诚和激情无与伦比。

鉴于上述理由，张楚廷先生的教育学论著可谓宏观与微观兼备；理论与案例贯通；严肃与灵气共存；思想与文采交融。还由于发自心灵的最深处，所以又那么诗意、那么自然，那么温暖，那么亲切。以我有限的阅读经验判断，张楚廷先生不仅写得很多，而且写得极好，单就著述的数量和质量而言，他称得上是高等教育界的陶行知、苏霍姆林斯基。

2015年寒假，我从湖南师范大学图书馆找到并复印了张楚廷先生当时已经出版了的20卷《张楚廷教育文集》。由于这些学术著作多是用优美、灵动的散文语言写成的，不仅有意义，而且很有意思，读起来既受启迪，又完全不累——我在很疲惫的状态下，读其他理论书读不进去的时候，就拿出一本张楚廷先生的书读一读。2016年春节期间，我用一个月时间通读了30余卷的《张楚廷教育文集》（1～10卷2007年出版，11～20卷2012年出版，21～35卷2015-2018年陆续出版），然后做了一件整个求学生涯都没有做过的事情：如同认真的中小学生一样，老老实实地摘录了10多万字，编辑成册为《张楚廷格言与感想集》。

在我整个的阅读生涯中，阅读张楚廷先生的书算是一段奇妙的旅程。我对他著述阅读的系统性、持久性、细致性、虔诚性和投入度是前所未有的。用这么多时间读一个人的书，到底值不值得？要知道，人类还有一个浩瀚的书的海洋等着我去遨游。我的体会是：非常值得。读他的书，让我深刻理解了刘再复先生在《读书十日谈》中对读书的一种刻骨铭心的理解：

> 其实，读书最要紧的，恐怕不是"读多"，而是"读通"。所以，我读书的基本方法，乃是读通。读通才是读书的第一法门。如果未能读通，书读再多也没有用。读通才能把书中的精华化作自己的血肉，否则，就会把自己变成"书橱"。变成书橱，变成图书馆也没有用。[①]

张楚廷先生的书属于思想之作、智慧之作、飘逸之作，因此更适合我这种既喜欢读教学著作，又是学文学出身的一线老师。既然他的书值得一读再读，值得以"读通"为最终目标，那我多读几遍，多读几年又何妨？

我不是张楚廷先生的学生，平时和他也没有太多的交集。和他最直接的交往就是在一次会议之后，和他简单地交谈了几句。我说："祝张校长身体健康！"他答："那你祝我万寿无疆吧！"我说："张校长真幽默！"我们的第一次面谈就这样结束了，时间没有超过 30 秒。所以说，我对他的欣赏主要源于他的著述、他的思想、他的文字。我毫不掩饰他对我教学研究的深刻影响，尤其是他那"我做什么事就写什么书"的职业理念和职业精神。

张楚廷先生最终成了著作等身的著述家，除了他有"做什么事就写什么书"的意识，还由于他有一种特殊的能力——"注意转换力"。他在由一项工作转入另一项工作时，转换时间短，进入新角色快。对于这种"注意转换力"，张楚廷先生自己有比较精辟

---

① 刘再复：《读书十日谈》，商务印书馆 2018 年版，第 6 页。

的阐述：

> 注意的转移能力是十分重要的。转移能力强指的是，当作（应为"做"——引者注）前一件事时注意力十分集中，尔后当转移到另一件事的时候又能十分专注于后一件事，迅速"放"下前一件事，"彻底地"转移，不再有前一件事的干扰。转移力是另一种意义下的抗干扰，抗由于对不同对象注意而产生的相互干扰。转移力强的人事半功倍，做哪件事的效率都比较高，睡眠的质量也会比较高。①

这样的能力我是非常缺乏的。有时候我上午上完两节课后，下午只想睡觉；下午开完会后，晚上只想看电视。因此在写书的成就上，我自然无法和张楚廷先生相提并论，但就这种思维方式而言，我无意中和他很相似：教外国文学，我就写研究外国文学的书；教比较文学，我就写研究比较文学的书；因为是教师，我就写如何当教师的书。如果有一天做乞丐，相信我可以写出一部《乞丐学》。

我不是教育学科班出身，并没有掌握一套教育研究的术语和规则。我平时看教育学论著有些任性，喜欢的就看，不喜欢的就不看，而我喜欢的主要就是陶行知、苏霍姆林斯基、李镇西、张楚廷的著述：有教育思想，也有内在的教育体系，但形式上却更像是教育散文。我的"业余"身份以及阅读偏好，导致我自己写教育学论著时比较"率性而为"，没有太多的套路和规范。我没有刻

---

① 张楚廷：《教学范畴一百讲》，《张楚廷教育文集》第2卷，湖南教育出版社2007年版，第122-123页。

意模仿张楚廷先生他们，但无意中不免在接近他们。可能到最后，我写的论著和他们的论著只有形似而无神似。可是，这又有什么关系呢？

最后简单说说这本书的特色。这本书算是《如何走上大学讲台——青年教师提高讲课能力的途径与方法研究》的姐妹篇、升级版。这两本书有一个共同的目标：研究讲课的方法和艺术，而讲课的方法和艺术正是教学艺术的核心部分。由于并没有一个专门培养大学老师的机构，所以那些刚走上大学讲台的硕士生、博士生们对教学多半是茫然无知、不知所措的。至于很多站上讲台多年的老教师们，也未必能像中小学老师那样，对以讲课为核心的教学有深刻的体会和感悟。所以，夸美纽斯几百年前对当时教学状况的描述，无意中也成了对今天大学教学现状的精准预测：

> 对于教师方面，大部分的教师是不懂得他们的艺术的，所以，他们想去履行他们的责任的时候，往往感到疲惫不堪，他们在吃力的工作上耗尽了精力；否则他们就习于变换他们的方法，试了这个办法又试那个办法——这是对于时间与精力的一种辛苦的浪费。①

当年为了改变这种状况，夸美纽斯才立志写出《大教学论》，旨在"阐明把一切事物教给一切人们的全部艺术"，告诉老师们如何将知识讲得清楚、明白、生动和有趣，以及如何在教学过程中既让自己感到愉快也让学生感到愉快。《大教学论》"一不小心"

---

① 夸美纽斯：《教学艺术的用途》，载《大教学论》，傅任敢译，教育科学出版社2014年版，第1页。

标志着现代教育学的诞生，但作者依然一半骄傲、一半谦虚地说："所以，我们这本书尽管不完善，尽管距离我们所期望的目标还很远，但是考察的本身就可以证明，较之已往，它已达到了一个较高的阶段，达到了一个前所未有的较近于目标的阶段。"① 我不妨模仿夸美纽斯的语气，对本书的价值和意义做一个自我定位：虽然本书依然存在这样那样的问题，距离我和读者所期望的目标还很遥远，但是这种尝试本身，对于一线教师而言，是富有勇气的；对于当前的高等教育研究而言，是富有特色的。

在我的视野中，与本书同类，写得较好的著作有两部，一部是张楚廷先生的《教学细则一百讲》（湖南师范大学出版社 1999 年版），该著在教学的理论建构方面做得很好，但没有具体教学案例作为支撑和配合，所以对一线老师来说，可能会显得抽象，不好领会和实践；另一部是杜和戎先生的《讲授学》（华语教学出版社 2007 年版），该书注重讲授原则、方法的提炼与阐释，匹配的案例也丰富、生动，但这些案例源于理科课程，文科老师很难读懂。相比而言，本书的特色就在于，从实践中来，又回到实践中去，用学术的底色，散文的笔法，将三分之一的原理，三分之一的案例，三分之一的感悟融合贯通，从而能给读者带来不一样的，当然也是美好的阅读体验。

由于主观和客观条件的制约，我无法给人类的学术事业做出太大的贡献。但此生我能结合自己的兴趣、特点和追求，写出这样一本"奇葩"的书，也算尽了一个普通学者应尽的绵薄之力。最后，向长期认可我、支持我、当面或背后表扬我，并且为本书提

---

① 夸美纽斯：《致读者》，载《大教学论》，傅任敢译，教育科学出版社 2014 年版，第 3 页。

供生动、典型、个性化案例的吴广平先生、刘稳丰先生、孙丰国先生、刘晓丽女士、邬欣言女士等志同道合的朋友表示最真诚的感谢。本书的出版或许能证明，小人物也能用自己的方式，在历史上留下一点点自己的印迹。

●●●● 第一章

为何要特别重视讲授？

——五个理由

讲授，顾名思义，是指通过讲解这种常规、常见的方式，传授各种想要传授、需要传授、能够传授的信息。在课堂之外，讲授即广义的演讲；在课堂之内，讲授即狭义的讲课。不当老师的读者可以将本书中的讲授视同广义的"演讲"；当老师的读者，可以将本书中的讲授视同狭义的"讲课"。

由于本书预设的读者是老师，因此本书中的讲授就是讲课。在写作的过程中，这两个双胞胎一样的概念不免要经常换用、通用、混用。不当老师的读者阅读此书，学习一些讲课的理念和方法也不无裨益，因为讲课是最高级的演讲之一，会讲课的人再去做通常意义上的演讲，应该可以驾轻就熟、举重若轻。

讲授是教学中最为常规、最为常见，也是最为基础、最为核心的环节之一。

教学，一般而言，包括"教书"和"育人"两大环节，其中"教书"的环节主要通过讲授来完成。当然这样划分，也是图方便。实际上，"教书"中包含了"育人"，"育人"也肯定离不开"教书"。但这样划分也能说明"教书"和"育人"的侧重点的确有所不同。

当然，对于"教书育人"还可以有另一种理解，即"教书"和"育人"并非指两种并列和平行的职能，而是指"教书"是"育人"

的一种途径和方式。在学校教育中，除了"教书育人"，还有"管理育人""科研育人""环境育人"等育人的途径和方式。"教书育人"的职能主要由教师承担；"管理育人"的职能主要由管理者承担；"科研育人"的职能主要由特别会做科研的教师承担；"环境育人"的职能主要由以校长为领导核心和精神支柱的全体教职员工共同承担。

在本书中，不妨将"教书"和"育人"视作教师两种不同的职能。"教书"主要通过课堂来实现，"育人"主要通过课外来实现；"教书"更侧重教师的能力，"育人"更侧重教师的情感；"教书"更侧重专业知识的传递，"育人"更侧重精神品质的塑造；"教书"的效果是看得见摸得着，甚至能够量化的——可以通过平均分、升学率等指标衡量，"育人"的效果是看不见摸不着，更是不能量化——一个学生最终具有什么样的精神品格，成为好人还是坏人，英雄还是狗熊，大公无私的人还是极端自私的人，是家庭、学校和社会乃至先天的秉性等多种因素共同造成的，很难判断老师的"育人"在其中占据怎样的分量。甚至有人认为，教师的主要职能就是"教书"，"育人"的职能更应该由家庭和社会来承担。正是从这个角度出发，李镇西先生才会发出疑问："贪官是哪个学校培养的？"他给出的答案是：贪官一般都是"自学成才"而非哪所学校培养的。因此可以说：

> 一个人的成长及未来的发展，和学校教育的关系其实很复杂也很微妙。任何人将来的成功或堕落，不能说和母校一点关系都没有，但这关系实在远不如我们想象的那么大，而更多的是和他本人有关。如果要追溯成克杰、胡长清、王怀忠、徐才厚、李

春城等贪官的母校，进而追究这些贪官老师的责任，这显然不合理，也让其母校的领导和老师感到"比窦娥还冤"。但既然母校走出去的败类不是你培养的，那毕业生中的英雄你也少揽功于己。[①]

理想的大学教学应该是教书和育人，课内和课外的和谐统一。也就是说，本书虽然将"教书"（讲授）作为一个独立的课题加以系统的探索，但并不会由此而轻视讲授之外的其他教学方式的价值。恰恰相反，只要有机会，我都会特别强调"育人"或"课外教学"不可替代的作用。我尤其会提到我的同事夏赟君先生，他当班主任当得那么好，以至于他带的每一届学生在毕业的时候，都喊他"夏爸爸"，因为他平时真的像对待子女一样尊重、爱护班上的每一位学生，不仅舍得花时间，而且舍得花钱。

作为一个大学老师，会讲课当然很值得骄傲，但按照更高的标准，又是不够的。在教学方面比较完美的老师，不仅课讲得好，课外教学也应该做得好。而有些大学老师天生不会讲课，不管如何努力，不仅成不了"名嘴"，而且连让学生基本满意的程度也达不到。在这种情况下，他其实可以通过课外教学来弥补课堂教学的不足，比如他可以用更多的精力来当班主任，指导学生的学科竞赛、社团活动等。

但是，写书就像写论文一样，需要主题相对集中，只有这样，才有可能写得更深，说得更透，写得更精彩。或许，我可以再单独写一本融经验和理论为一体的《大学班主任学》——相信这也是目前大学教育急需的一本书，但那是以后的事情了。不敢奢望

---

① 李镇西：《贪官是哪个学校培养的》，《基础教育论坛》，2015 年第 7 期。

本书将大学教学的所有问题都作为探索的对象，而只是选择我目前最感兴趣，最希望一探究竟，也最有心得体会的一个话题——如何讲课，作为考察的重心。我对讲课不仅是"重视"，而且是"特别重视"，原因何在？

第一节　大学的职责

有人说，今天的社会缺思想但更缺常识。这句话说得既符合常识，又充满了思想。首先一起来回忆一个常常被我们遗忘的常识，即大学的四大职责：人才培养、科学研究、社会服务和文化传承创新。这四个职责放在一起谈，是不是说它们是同等重要的？很多人将它们误解为同等重要。其实不是！

大学科学研究的目的是什么？是人才培养！大学如何服务社会？通过人才培养！大学怎样实现文化的传承创新？借助人才培养！由此可见，大学的四大职责虽然总是放在一起谈，但不等于它们的重要性是一样的。大学最核心、最本质、最重要的职责其实只有一个：人才培养。其他三个职责，要么是人才培养的途径，要么是人才培养的结果。

让人担忧的是，大学由于过于强调四大职责的均衡，导致"人才培养"这个最核心、最本质、最重要的职责正逐渐丧失"核心""本质""重要"的地位。再加上"科学研究"地位的显著提升，"人才培养"不仅保不住"核心"的地位，反而逐渐走向边缘。也正是在这种背景下，2018 年 6 月 21 日召开的"新时代全国高等学校本科教育工作会议"才会郑重其事地提出：坚持"以本为本"，推进"四个回归"，建设中国特色、世界水平的一流本科教育。

"四个回归"即回归常识、回归本分、回归初心、回归梦想。问题是，什么时候可以回归？究竟能不能回归？究竟如何回归？回归之后会是怎样？

在"四个回归"之前，大学教育的现状让人担忧的一点就是，大学里每天思考教学和教育的人越来越少，奋力做科学家和著名学者的人越来越多。因此，张楚廷先生才有这样"惊人"的发现：

> 在《教育大辞典》里列出的几位教育家中，大多是从事中小学教育或师范教育的，如陈鹤琴、陶行知、晏阳初、徐特立、杨贤江等。大学也有，如蔡元培，但相对较少。[①]

这里面被称为教育家的，只有蔡元培是大学教师，而且还是过去的大学教师。当今大学，被公认为教育家的真是屈指可数。所以，张楚廷先生才会发出教育界的"钱学森之问"："为什么教育家多出在中小学？"[②] 其言下之意是：为什么教育家很少出现在大学？教育家有一个标志性特点，那就是在取得令人瞩目的教育实践成果之外，还能有比较丰富的、思想含量十足的、影响比较广泛和深远的教育理论成果。按常理来说，大学老师的思想水准、写作水准比中小学老师更高一些，因此，在从事教育、教学活动中更容易获得"丰富的教育理论成果"，从而更容易通向或者接近教育家。可为何现状却令人失落和失望呢？

人生在世，由于有欲望或者说有追求，常常会感到焦虑。在

[①] 张楚廷：《给教师的101条建议》，西南师范大学出版社2017年版，第7页。

[②] 张楚廷：《为什么教育家多出在中小学》，《当代教育论坛》，2012年第4期。

评上教授之前，我最大的焦虑是评职称。评上教授之后，我的焦虑依然存在，而且变得更哲学、更深刻，那就是：大学什么都研究，就是不研究其自身。大学里不缺著名科学家，也不缺著名学者，却非常缺乏教育家，甚至连比教育家低好几个层次的"教学专家"也难觅踪迹。原因在于大学老师只有做著名科学家和著名学者的雄心，却从无做著名教师的念头，更从无做教育家和教学专家的想法。这让我们很容易想起张楚廷先生的一段肺腑之言：

> 不想当将军的士兵不是好士兵。我借用这句话向教师们说：不想做教育家的教师，不是好教师。当然，教育家没有那么多，不是想成为教育家一定能成得了的。将军也没有那么多，不是想成为将军就成得了的。但是，如果想成为教育家的人多了，教育家就可能事实上会多一些。是否能成为教育家是一回事，是否想成为教育家是另一回事。想也不想的人可能很多，努力地辛勤地耕耘的教师必定不少，如果从一些具体的方面用心去做，不断地磨砺，成为教育家的可能性就会增加。[①]

大学老师想成为教育家不一定就会成为教育家，但是从来不想成为教育家，那肯定不会成为教育家。当我们想成为教育家的时候，成为教育家的可能性自然要远远大于不想成为教育家的人。这就不难理解，为何大学里著名的科学家、著名的学者越来越多，因为我们一直都在往这个方向努力奔跑啊！

俗话说，人生的方向错了，越努力，结局可能越糟糕。大学

---

① 张楚廷：《给教师的101条建议》，西南师范大学出版社2017年版，第250页。

和人生一样，也应该朝着正确的方向前进，否则要么迟早后悔，要么后悔都来不及。因此，大学应该重新审视和定位自己的职责，这样不至于在发展的过程中，像著名笑星小沈阳在舞台上表演时穿的"七分裤"一样——跑偏了。大学要以本科教育作为根本，以人才培养作为本分，这已经是最大的常识，遗憾的是，还没有成为真正意义上的共识。

大学不仅要"正确地做事"，而且要"做正确的事"。为了更好地培养人才，大学要着力打造"金课"，淘汰"水课"。问题是，什么是"金课"？什么是"水课"？如何打造"金课"？如何淘汰"水课"？没有教师精彩的讲授，无论是线下的"金课"，还是线上的"金课"，都无从谈起。道理很简单，一位老师在日常的课堂上都讲不好课，自己的学生都不愿意听，他将自己的课程制作成"线上课程"，其他学校的学生就会去听吗？就会喜欢听吗？没有教师精彩的讲授，仅仅靠一些教学理念的变革、教学方法的改变和教学平台的打造，"水课"依然还是"水课"。

第二节　教师的身份

一个人会有不同的身份，这些身份可能看似非常矛盾，却又能奇妙地统一于一身，所以诺贝尔经济学奖获得者、著名学者阿马蒂亚·森提醒我们人的身份具有普遍的多样性，其中一种身份的重要性不必也不能抹杀其他身份的重要性：

> 一个人是妇女这一事实并不与她是素食主义者相冲突，而这又与她是一位律师不矛盾，而后者又不妨碍她成为一位爵士乐爱

好者、异性恋者、男女同性恋权利的支持者。所有人都是许多不同群体的成员（这种情况并不矛盾），而每个群体都会给属于其中的她提供一种潜在的身份，这种身份在某种情况下可能会变得非常重要。①

　　职业身份是一个人众多身份中的一种。单就职业身份而言，一个人可能也不止一个。一个 NBA 球员，他可能还是一位流行歌手（比如步行者队的球星奥拉迪波和开拓者队的球星利拉德）；一位体育老师，他可能还是一位 CBA 裁判；一位主持人，他可能还是一位大学老师；一位警察，他可能还是一位搏击教练；一位种地的农民，他可能还是一位歌手（比如"大衣哥"朱之文）。像我本人，既是大学老师，也还算是一位学者。作为学者，我既是外国文学研究者，又是高等教育学研究者。当然，我们还需要认识到，在特定的时间或空间中，人的众多身份中，会有一个相对优先。至于哪一个相对优先，则取决于特定的环境：

　　　　比如，当一个人去赴宴的时候，他作为素食主义者的身份要比作为一个语言学家的身份更为重要，后者只是在他去做有关语言学方面的讲演时才特别相关。这种身份的可变性并不意味着支持单一归属的假定，但它说明了选择往往有赖于具体的环境。②

① 阿马蒂亚·森：《身份与暴力——命运的幻象》，李凤华、陈昌升、袁德良译，中国人民大学出版社 2009 年版，第 40 页。
② 阿马蒂亚·森：《身份与暴力——命运的幻象》，李凤华、陈昌升、袁德良译，中国人民大学出版社 2009 年版，第 22 页。

的确，我们每一个人都有各种各样的身份，而越成功的人，越位高权重的人，越在自己的领域成就显著的人，身份就可能会越多——其中很多都是社会主动赋予他们的，所以人们常常感慨"一样行就样样行"。为了显示自己最想显示的身份，我们发明了名片。名片的主要功能不在于介绍自己的姓名和联系方式，而在于显示姓名后面的各种头衔。有些人头衔实在太多，以至于那张小小的名片根本写不下他所有想让别人知道的头衔。或许，名片印得像床单那么大，才能弥补这样的遗憾。

2012 年评上教授之时，我也在第一时间制作了一套名片。名片上赫然印着"湘潭大学文学与新闻学院教授"几个大字。但我的名片只发出去 3 张，剩下的 97 张就不知道丢弃到哪里去了。2014年聘为博士生导师之后，我又换了一套名片，只为将"博士生导师"这个新身份及时添加上去。但这套名片也很快被弃用，因为我发现，别人的名片在名字后面不仅印有"教授""博导"，还印有"长江学者""黄河学者""泰山学者""华山学者"。我总不能把"湘潭大学文学与新闻学院教师篮球队队长"这个自己很珍惜，但别人无所谓的身份印在名片上用来提升自信吧？

没有那么多显赫的头衔该如何是好？我很快找到自我安慰的"哲学依据"：一个人不管有多少身份，在特定的时间和空间中，只有一个身份是最重要的。比如上厕所的时候，重要的是我们是男人还是女人。

所以说，一个人清楚自己什么时候是什么是一种能力；一个人清楚自己什么时候不是什么更是一种智慧。这种"身份哲学"，提醒我们重新认识自己的职业身份。那么，教师到底是什么，又不是什么？教师不是司机，所以不会开车没有问题；教师不是演员，所以不会演戏没有问题；教师，归根结底就是教师，所以不会讲课，那问题就来了。

这个问题在大学里更加严重。大学老师，由于科研做得比较好，以至于常常忘记了一个常识：大学老师也是老师，只不过是对科研要求多一些、高一些的老师而已。况且，对大学老师提出科研的要求也是为了我们更好地做老师。因此，一个教师应该承担的职责，大学老师也应该承担；一个教师应该具备的技能，大学老师也应该具备。不妨看大学老师的职称晋升流程：

助教→讲师→副教授→教授

"助教"中有"教"；"讲师"中有"讲"；"副教授""教授"中有"教"和"授"。总之，不管哪种职称的大学老师，都离不开"教""讲""授"的基本职责和技能。和中学老师相比，大学老师的确有其特殊性，比如还要承担"科学研究"的职能。如果大学老师能够将这一职能履行好，那么在不教学和不会教学的情况下，也有可能成为好老师，甚至可能成为"名师"，但这样的老师终归是有严重缺憾的老师，或者说，他们在科研上的成功，在事实上并不能弥补不教学和不会教学的遗憾。

说得心灵鸡汤一点，人生在世，重要的是要尽做人的本分。大学教师不外乎要尽三个本分：一是有真才实学，即专业知识扎实；二是有爱学生之心，即心地善良，性格好；三是有沟通的本领，即口才好，擅表达。大学里因为分专业，所以一个老师的"真才实学"主要体现在专业造诣和科研水平上；大学老师和中学老师相比，身份更多，要承担的职责更多，因此能够花在学生身上的时间相对减少。在这种背景下，一位大学老师能够信奉"一切为了学生""为了一切学生""为了学生的一切"的信念，愿意投入时间、精力和情感去关注学生、关心学生和关爱学生，无疑是一种极高的境界，而这也体现了"爱学生之心"；大学老师在课外要与学生交流，在课堂上要讲课，这些都需要很好的语言沟通和语言表达能力。

这些年，我更是清醒地认识到，当被人称为"宋老师""宋教授"的时候，不管我的身份如何增加，如何丰富，我都必须要履行好一个大学老师应该履行的核心职责。或许，由于先天不足或其他原因，我不能将教书育人的每个环节都做得很好，但我愿意，也有信心将"教书"，尤其是"教书"中的"讲课"这个我最看重的环节用心做好，并且还进一步研究如何做得更好。

第三节　单位的需要

一个人没有爱，只能叫生存；有了爱，才能叫生活。"爱"包括爱人类、爱国家、爱亲人，也包括爱单位。为何要爱单位？诚如《请善待你的工作单位》，所言：

> 你不种地，但你有吃有喝；你不织布，但你衣着华丽；你不造车，但你以车代步；你不盖楼，但你家居安泰，你不是权贵，但许多人尊重你；你相貌平平，但你的爱人喜欢你；你能力一般，但你的儿女崇拜你。这是为什么呢？你是依靠什么去和他们进行交换？你是依靠什么获得你需要的生活物品？你是依靠什么赢得

社会的尊重？——那就是单位。[1]

　　我 2000 年到湘潭大学读硕士研究生，2001 年便经过选拔，开始给湘潭大学大三的学生上"比较文学"课，当时班上有不少学生年龄比我要大一点。湘潭大学当年给我的信任以及提供的平台让我没齿难忘。如今想一想，我是特别幸运的人：做学生，在我最需要遇见一个人的时候，我遇见了张铁夫先生；做学者，在我最需要遇见一本杂志的时候，我遇见了《现代大学教育》；做老师，在我最需要锻炼和提升平台的时候，我遇见了文学与新闻学院——我想，如今很难遇到这样一所重点大学的文学院，有信心和胆量将大三的专业课交给一个正在读研究生二年级的学生去上吧？

　　2002 年，我提前一年毕业并留校任教。在过去的十多年中，我的单位湘潭大学文学与新闻学院对我可谓恩重如山。而我，能够回报给我单位的，只能是尽力发挥自己的特长和优势，在力所能及的范围内增添它的荣光。这样说可能有些煽情，但的确是我发自内心深处的真情深感。

　　湘潭大学是一所"教学科研型大学"。说得简单点，湘潭大学就是一所以本科教育为重心的大学。自创办以来，湘潭大学在不断发展的过程中逐渐创建了一些属于自己的品牌，其中最经典的莫过于本科教育。湘潭大学的研究生教育也越来越好，但是，毫无疑问，本科教育是它获得知名度和美誉度的根本原因所在。

　　如今，湘潭大学也在响应国家号召，努力创建世界一流大学

---

[1]　佚名：《请善待你的工作单位》，《工人日报》2016 年 1 月 18 日。

和一流学科，但我们依然坚信，创建"双一流"的前提是建设一流的本科教育，创建"双一流"的归宿应该也是建设一流的本科教育。离开了一流的本科教育，对湘潭大学这种类型的大学而言，创建"双一流"既失去了基础，也失去了意义。

当然，在观念上认清本科教育的价值并不难，难的是如何在实践中真正重视本科教育。或许，身在一所非重点大学，反而更能专心于本科教育；在一所没有硕士点、博士点的大学，反而更能心无旁骛地投身本科教育，因为在这些高校，教师的身份更单纯，需要承担的职责更单一。但湘潭大学在全国高校的排名一直稳居前列，这些年硕士点、博士点也越来越多，不可避免就会有更高的追求，这在客观上丰富了老师们的身份，也增加了老师们的职责。

我越来越感觉到，正是在湘潭大学这种比上不足比下有余，又时刻焦虑和畅想未来的高校里，老师们活得更加辛苦、更加焦虑一些。因为我们往往一个人要同时干好几件事，我们要用更多的时间和心思来思考"科研与教学究竟哪个更重要"这个永远没有统一答案，其实还有些无厘头的问题。

湘潭大学及同类高校，为了保证自己的"学术地位"，努力搞科研是必要的。但是，我们需要认清一个情况：没有好的本科教育，我们存在的价值就消失殆尽。好的本科教育，就需要好的本科教学，好的本科教学就需要好的讲授。也许北京大学的老师不会讲课对北大学生的负面影响不大，但湘潭大学的老师不会讲课，或许就会直接影响到学生对湘潭大学，乃至对整个大学教育的信心。

第四节　个人的选择

天生我材必有用，这句话的另一层意思就是，每个人也必然有其"没用"的地方。人有长处，自然就有短处；人有优势，自然就有不足；人有令自己骄傲的地方，自然就有令自己不自信的地方。从职业技能高低的角度，我把大学老师粗略地分为四类：

第一类是既不会科研，又不会教学；

第二类是既会科研，又会教学；

第三类是会科研，但不会教学；

第四类是会教学，但不会科研。

第一类情况是少数，没有必要认真讨论。要知道大学和其他缺乏"进退机制"或"淘汰机制"的单位一样，永远都会有一群人，自入职以后，就打定主意要安稳地"混完"这一生。单位虽然不能开除他们，但他们付出的代价其实也很大：得不到学生的敬重，得不到同事的敬重，得不到领导的敬重。

第二类情况也是少数，但值得我们羡慕和向往。像当年北京大学的钱穆、钱玄同和胡适，既是学术大师，又是讲课高手，他们因此被誉为老北大的"三大名嘴"。钱穆排名第三，因为有学问，口才也好，但普通话不够标准；钱玄同排名第二，因为有学问，口才也好，普通话还特别标准；胡适位列第一，因为有学问，口才也好，普通话还特别标准，同时还有幽默感，关键还长得好看，符合了大学生对完美的男性大学老师的所有期待。

第三类情况较多，需要具体情况具体分析。每所大学都有很多会写论文、会申请课题、会申报奖励的科研达人，但就是不会讲课。这可能有态度不端正的原因，也有天生缺乏讲课才能的缘故。毕竟，写论文和讲课属于两种不同的思维和能力，因此，才会有一些经常发表高级别论文的科研达人，被学校教学督导团的专家列为"帮扶对象"，而这也说明，科研好教学就一定好的说法是不成立的。科研更多与教学的内容相关，但教学不仅仅只需要内容，还需要方法、态度和情感。

第四类情况也较多，值得好好研究。有的学校整体上以科研立校，比如北京大学；有的学校整体上以教学立校，比如二本高校；有的学校则试图在两者之间寻找一种平衡，比如湘潭大学。不管哪一种类型的高校，客观上都存在一些以教学为主业的专业，甚至有的院系整体上就是教学型的。这些专业或院系的老师主要是通过教学而非科研来体现自身价值的。还有一个客观事实就是：不管在哪所高校、哪个院系或哪个专业，都会有一些个体，由于各种原因，其主要的追求和主要的才能体现在教学方面，而大学也的确需要这样的人才。因此，大学不应该强求每一位老师都朝着同一个方向奔跑，大学还要尽可能为那些真心热爱教学、擅长教学的老师搭建发展的平台、开拓成长的空间、提供职业发展的希望，这样才可以充分挖掘现有的教学资源，做到人尽其才，人尽其用。[1]

我肯定不希望做第一类老师。我当然希望成为第二类老师。遗憾的是，由于种种条件限制，我成不了第二类老师。在做不到

---

[1] 参见宋德发：《大学"教学荣誉体系"的缺失与构建》，《现代大学教育》，2018 年第 3 期。

"科研"与"教学"齐头并进、比翼双飞、均衡发展的时候，我需要做一个比较务实的、看起来比较"智慧"的选择。

从目前体制的导向来看，做第三类老师是非常主流的选择。这个选择对我也有无比的吸引力。但我很清楚地知道自己的语言天赋要强于自己的文字功底。而所谓上课，首先拼的正是口头表达能力；所谓科研，首先拼的正是文字表达功底。因此，我比较坚定地选择做第四类老师。这个选择不是最好的选择，却是符合我本人实际情况的选择。因为是符合我本人实际情况的选择，因此，对我而言，也就是最好的选择。

人们常说，"选择有时候比努力更重要"。这句话我深以为然。当初我以"教学"作为职业发展的主要方向，多年的实践证明，确实比较充分地挖掘和展示了自己教学方面的潜力。今天，我也通过教学，不断地获得存在感、满足感、成就感和幸福感。

第五节　教学的要求

在众多教学法中，讲授式和研讨式无疑出镜率最高。颇有意思的是，这两种方法往往是以对立面的形式出现的。似乎讲授式教学必然是排斥研讨式教学的，研讨式教学必然是不需要讲授式教学的；讲授式教学一定是以"教"为中心的，研讨式教学一定就是以"学"为中心的，而从以"教"为中心向以"学"为中心的转变一定是历史性的变革。一言以蔽之，在讲授式教学和研讨式教学交锋的过程中，讲授式教学很快处于下风，研讨式教学很快获得压倒性胜利。

为了推广研讨式教学而着力贬低讲授式教学的，教育学名著

《被压迫者教育学》可谓一马当先。该书张扬研讨式教学固然值得表扬，但为了张扬研讨式教学而故意嘲讽讲授式教学则不值得鼓励。该书将"讲授"与"灌输"完全等同起来，将"灌输"的弊端全部强加到"讲授"的头上：

1. 教师教，学生被教；

2. 教师无所不知，学生一无所知；

3. 教师思考，学生被考虑；

4. 教师讲，学生听——温顺地听；

5. 教师制定纪律，学生遵守纪律；

6. 教师作出选择并将选择强加于学生，学生唯命是从；

7. 教师作出行动，学生则幻想通过教师的行动而行动；

8. 教师选择学习内容，学生（没人征求其意见）适应学习内容；

9. 教师把自己作为学生自由的对立面而建立起来的专业权威与知识权威混为一谈；

10. 教师是学习过程的主体，而学生纯粹只是客体。[①]

在保罗·弗莱雷看来，所有的讲授都是低水平的，都是灌输式教育，都是自以为知识渊博的人居高临下赐予在他们看来一无所知的人的一种恩赐，都体现了一种压迫意识，都否认了教育与知识是探究的过程。

仔细分析一下校内或校外任何层次的师生关系，我们就会发

[①] 保罗·弗莱雷：《被压迫者教育学》，顾建新、赵友华、何曙荣译，华东师范大学出版社 2014 年版，第 36-37 页。

现，这种关系的基本特征就是讲解。这一关系包括讲解主体（教师）和耐心的倾听客体（学生）。在讲解过程中，其内容，无论是价值观念还是从现实中获得的经验，往往都会变得死气沉沉，毫无生气可言。教育正遭受着讲解这一弊端的损害。

教师谈论现实，就好像现实就是静态的、无活力的、被分隔的并且是可以预测的。要不，他就大谈与学生生活经历相去甚远的话题。他的任务是向学生"灌输"他的讲解内容——这些内容与现实相脱离，与产生这些内容并能赋予其重要性的整体相脱节。教师的话被抽去了具体的内核，变成空洞的、遭人厌弃和让人避而远之的唠叨。

……

讲解（教师是讲解人）引导学生机械地记忆所讲解的内容。尤为糟糕的是，讲解把学生变成了"容器"，变成了可任由教师"灌输"的"存储器"。教师越是往容器里装得完全彻底，就越是好教师；学生越是温顺地让自己被灌输，就越是好学生。

于是，教育就变成了一种存储行为。学生是保管人，教师是储户。教师不是去交流，而是发表公报，让学生耐心地接受、记忆和重复存储材料。这就是"灌输式"的教育概念（"banking" concept of education）。这种教育让学生只能接收、输入并存储知识。①

保罗·弗莱雷将低水平的讲授等同于讲授，将讲授式教学和

---

① 保罗·弗莱雷：《被压迫者教育学》，顾建新、赵友华、何曙荣译，华东师范大学出版社2014年版，第35-36页。

讨论式教学完全对立，再通过先入为主的对比，认为一切讲授式教学都是落后的、低端的、无效的，一切讨论式教学都是先进的、高端的、高效的，因而教育应该彻底摆脱讲授法而全面采用讨论法。这其实是从一个极端走向了另一个极端，理论上站不住脚，实践上更是行不通。任何一位一线老师，不管是大学老师还是中小学老师，都应该清楚地明白，讲授法不等于灌输，讲授法不是讨论法的对立面，讲授法也不比讨论法低级和落后，恰恰相反，讲授法是永不会过时的经典教学法。

在可能的情况下，一位老师应该追求成为会"教学"的人。但是，在成为会"教学"的人之前，首先应该成为会"讲课"的人。我的研究生导师张铁夫先生在我刚入职的时候对我提出一个希望："小宋，首先要站稳讲台"，意思是，首先要会"讲课"，在会"讲课"之后，如果还有余力，再去追求更高的目标。这是一位富有经验的老教师负责任的嘱托。从历史来看，中世纪以来，讲授就是教学的主流方式：

> 自中世纪以来，讲授始终是最为主流的教学形式。英文中教师的头衔如教授（professor）和讲师（lecturer、instructor），分别为 profess、lecture 和 instruct 的派生词，其原始含义分别带有公开宣讲、面对公众演说和向人提供知识、信息或发布命令等意涵。因此，就大学教师角色生成的历史逻辑而言，教学由讲授者主导具有天然的合法性。[1]

---

[1] 阎光才：《讲授与板书为代表的传统教学已经过时？——不同方法与技术在本科课堂教学中的有效性评价》，《教育发展研究》，2019 年第 23 期。

今天西方的教学方式更加丰富和多元，但讲授法依然是主流的教学法，哪怕在研讨法最为流行的美国大学也是如此："如果你站在大学的教室外侧耳倾听，你听到的十有八九是正在讲课的教师的声音。根据1987年针对大学阶段的一项研究，在超过80所大学的文科学位课程中，'教师讲授'在整个教学方法中所占比例为：社会科学课程81%，自然科学课程和数学课程89%，哲学课程90%（这个比例高得令人惊叹）。"[1] 要说美国大学的讲授和中国大学的讲授有何不同，或许就是讲课的教师更随性、潇洒一些，听课的学生更自由、活泼一些，其他方面并无实质性区别。再看中国大学的现状，我们更容易发现，讲授法的中心地位牢不可破。

时至今日，课堂教学仍是整个教学过程的主要环节，是学生获取知识和能力的主要途径。在我国，这一点表现得更加突出。这是因为：第一，由于资金、场地、设备、图书资料等的欠缺，学校难以为学生的分散教学提供充分的条件，而只能以集中教学为主；第二，由于多年实行应试教育的影响，学生的自学习惯和自学能力普遍较差；第三，课堂教学在教学全过程中占极大比例的传统教育模式沿袭多年，已为广大师生所习惯，改变不易（这从大部分教师对于削减自己所任课程课时的高度敏感可以看得很清楚）。上述情况在短时期内估计难有根本的改观。而且，即使将来随着办学条件的逐步改善和人们观念的转变，课时有较大幅度的降低，那也只会使课堂教学在整个教学过程中所占份额有所降

---

[1] 彼得·法林：《教学的乐趣——大学新教师实用指南》，姚晓蒙、陈琼琼、李梅译，华东师范大学出版社2009年版，第48页。

低，而不会动摇其作为教学过程主要环节的地位。[①]

在讲授法依旧占据主流地位的情况下，一名大学教师在教学方面能够发挥多大的作用，很大程度上取决于他的讲课能力。教师当然知识越多越好，但再博大精深的学问，不通过讲课的艺术和艺术的讲课也很难顺利完成传授和传承。因此，只要传统的讲授法一天不退出大学课堂（事实上也不可能退出），大学教师首先要做的事恐怕还是要不断提高自己的讲课水平，并让这种经典的教学方式获得新的生命力。

在"站稳讲台"之后，大学老师可以再去考虑如何学习和运用其他的教学方法去丰富、增进、完善自己的教学。这好比一个篮球运动员，只有在练好运球、跳投、突破和三步上篮等基本功之后，才可以去加练勾手、抛投、扣篮、后撤步三分等非常规的个性化得分方式。

教学其实有很多方法，如讲授法、讨论法、演示法、实验法、练习法等。教学的方法并无等级区分：

> 我们要问什么是好的教学方法？分别地说，那就是要有好的讲授法，好的讨论法，好的演示法，好的实验法、练习法等等。还有善于根据不同的教学内容和课型来灵活选用恰当的方法，使多种方法很好地相配合。从效果上说，好的教学方法应是使学生不仅学得知识而且学得主动的方法，是既使学生经历艰辛又学得活泼愉快的方法。[②]

---

① 夏先培：《应当重视高校课堂教学质量》，《中国电力教育》，1997 年第 4 期。

② 张楚廷：《教学细则一百讲》，湖南师范大学出版社 1999 年版，第 177 页。

也就是说，教学法好不好，主要取决于教师用得好不好。讲授法的优势在于，在讲解最重要、最基本、最持久起作用的理论知识时，如果教师讲授水平很高，那它就可以用最短的时间来达成教学目标。从逻辑上说，讲授法与其他新兴的各种教学法并不是非此即彼、你死我活、鱼死网破的对立关系，其他教学方法的不断涌现或许会冲击、削弱讲授法原先的地位，但绝不会彻底取代讲授法。从更积极的角度看，新的教学法还会弥补讲授法的不足，促使讲授法焕发新的魅力。

一个大学老师有没有尊重学生的主体性，有没有调动学生的参与意识，和他采用什么样的教学法并无必然的联系。一个认真对待讲授法，并且善于运用讲授法的老师（如厦门大学易中天教授），哪怕他从头到尾都是一个人在讲课，也同样是在尊重学生，吸引学生，并且实现了与学生无言的交流和互动，而一个随意对待讨论法，并且不善于运用讨论法的老师，哪怕他每节课都在运用这种方法，也谈不上尊重学生，吸引学生，更谈不上与学生的交流和互动：

现在很多大学开讨论课（Seminar），老师们就知道安排学生发言，自己简要评说几句；至于如何组织课堂，进行有效的教学活动，并没有很好的计划。其实，每个开设讨论课的教授，都应该对讨论课的渊源、宗旨以及技巧，有大致的了解与掌握。否则，教师不知道如何用力，学生又误以为你偷懒，课堂变得毫无生机与激情，还不如原先的"演讲式"教学。[1]

---

① 陈平原：《上什么课，课怎么上？》，《中国大学教学》，2011年第2期。

这丝毫没有不尊重讨论法的意思，而是说，每一种教学法实施的效果很大程度上依赖教师真实的水平。这好比篮球比赛的技战术一样，究竟是"三角战术"好，"跑轰战术"好，还是"挡拆战术"好？并没有一个确定答案。技战术好不好关键要看球员的特点和执行力。球员没有特点，或者个人能力不行，啥战术都赢不了球。讲授法如同篮球比赛的"阵地战"，虽然古老了点，似乎跟不上篮球发展的潮流，但它却很经典，而且最终拿总冠军的球队往往还是要用这种战术。在当前大班上课还占主流的现状下，讲授法不仅成本低、效果好，而且拥有很多教学法无法取代的一个优点——充满人情味的现场感：

> 与文本或录像不同的是，在课堂上讲授的教师与学生有着直接的、面对面的接触。换句话说，这给学生提供了一种人与人之间的"关系"，即处于人群之中，与很多人共同分享的经历（对比一下，在电影院里和很多观众一起看电影，与一个人独自在自家客厅看影碟，这两种体验是差别悬殊的）。因此，学生在评论教师讲课时，所描述的"美好"听课经历是，教师不仅仅用观点吸引他们，而且教师作为一个活生生的人也吸引他们——教师说话的语调、教师对课程的投入、教师的激情。学生所描述的"糟糕"的听课经历是，课堂里只有观点。[1]

这段话其实说得非常的生活。试想一下，一个人在家看球赛更有感觉，还是一群志同道合的球友在一起一边喝着冰啤酒，一

---

[1] 彼得·法林：《教学的乐趣——大学新教师实用指南》，姚晓蒙、陈琼琼、李梅译，华东师范大学出版社2009年版，第48页。

边发表着感想和评论看球赛更有感觉？答案不言而喻。同样的道理，一个人坐在电脑前看"网课"感觉更美妙，还是同青春年少的同学们一起，在教室里面对面、近距离看着老师听课感觉更美妙？答案也显而易见。因此说，只有观点的"线上课堂"无论如何也取代不了"线下课堂"。如果"线下课堂"也只剩下观点了，那和只有观点的网课又有什么差别？

其实，我们在谈论一个好老师时，首先谈论的就是他课讲得好。谈完这个话题之后，才会再去评价这个老师其他方面的好。如果一个老师在"讲课"之外的教学环节都做得很好，唯独"讲课"不尽如人意，那么，我们不免摇头叹息一番："这个老师的确很优秀，可惜就是不会讲课！"所以，我特别强调："讲课"不是"教学"唯一的方式，却是"教学"最基础的方式，过去是，现在是，将来是，永远都是。

有点让人担忧的是，讲课这项教师最基本的技能，有被我们忽略、轻视和遗忘的迹象，甚至有成为非物质文化遗产的可能。尤其是"翻转课堂""研讨式教学""线上线下混合式教学""以学生为中心"等概念或理念大行其道的时候，"会讲课"反倒成为"不以学生为中心"的一个典型"罪状"。

不会讲课虽然也有可能成为好老师，但会讲课无疑更容易成为好老师。在如今的大学，老师和学生在课堂之外的交流就已经不多了。所以，我们判断一个老师的职业态度和职业水平，主要就是看他课讲得好不好。一个老师只要课讲得好，我们就认为他是好老师；一个老师课讲得不好，我们就很容易将他归入差老师的范围，尽管他可能有很多其他方面的优点。

当今大学里不会上课的老师还是多了点，能够被称为"名嘴"

的老师更是屈指可数。我们读大学时，校园里流传着一首打油诗，讽刺那些课讲得差的老师：

> 助教，助教，助人睡觉；
>
> 讲师，讲师，就像僵尸；
>
> 教授，教授，叫人难受。

如今的大学校园，课堂学习的氛围大有退化之势，导致大学生逃课之风也愈演愈烈，以至于有人发问：有多少大学生在假装听课？又有多少大学老师在假装讲课？

回想我们的大学时代，再观察如今的大学生活，不难发现，大学生逃课的原因是多方面的，有的是课程本身就没有任何吸引力；有的是学校和班级整体的学风不好；有的是课堂管理的严重缺失；有的则是老师完全不会讲课——那些"人见人睡，花见花萎"的课，绝不是因为老师没有掌握和运用"最先进"的教学方法，而是老师根本没有掌握和运用"讲授"这种"最不先进"的教学方法。

那些会讲课的老师在讲课过程中所自然呈现、流露出来的学术底蕴和讲课艺术也在向学生传递出一种气质、一种精神、一种导向：原来大学老师可以这样讲课！学生也由此更加深刻地体会到，讲课本身就好比一个老师的作品，也是老师全部人格的总和。最后，我想再旗帜鲜明地亮出三个观点：

第一个观点："翻转课堂""研讨式教学""线上线下混合式教学"等教学方式的提出，有其特定的背景和价值，值得我们好好研究和实践，但不宜迷信它们。这些教学方式固然有其不可替代的价值和意义，但并不是适合所有的老师，也并不是适合所有的课程，更不应该取代传统的、经典的"讲课"而成为唯一的教学方式。更何况，低水平的"翻转课堂""研讨式教学""线上线下混合式教学"不仅不是以学生为中心，反而是在折磨学生，浪费学生的时间。

第二个观点："翻转课堂""研讨式教学""线上线下混合式教学"等，只是让教学方式更加多元化，只是对教师的综合素质提出了更高的要求，在实施的过程中，依然离不开教师的"讲课"。而且，相同的内容，原本可以用90分钟讲，现在只用45分钟甚至更少的时间讲，这对教师的讲课能力不是要求更低了，而是要求更高了。

第三个观点：我们反对的是低水平的讲课，我们严重缺乏的是高水平的讲课，我们热烈期待和欢迎高水平的讲课。只有低水平的讲课才不是以学生为中心，高水平的讲课，在深深吸引学生的过程中，就是启发式的教学，就是以学生为中心。

第二章

什么是好的讲授?

——讲授内容的角度

讲授法作为最为经典的教学方法之一,历史悠久,也永不会过时。我们不能为了提倡某种新的教学方法,就有意无意地鄙视、嘲讽甚至抛弃"讲授法"。诚如张楚廷先生所言:

> 也有对讲授法的非议,例如认为讲授法是"填鸭式"教学的根源。如果是这样,那岂不是一旦铲除这个"根源","填鸭式"也就没有了吗?可是,如果废除讲授法,也就废除了一种最基本的方法。应该说所要废除的是"填鸭式",而不是讲授法,应尽量避免讲授法中可能产生的"填鸭式",从而使讲授更富于启发,更能吸引学生。[①]

不管什么时候,我们都需要和欢迎"高水平的讲授",或曰"好的讲授"。教师讲得好不好,学生在听完之后,甚至在听的过程之中,就能有一个直观和直接的判断:这位老师讲得真精彩,全程无尿点,好享受啊!但那位老师讲得真糟糕,全程无亮点,真难受啊!

---

① 张楚廷:《教学范畴一百讲》,《张楚廷教育文集》(第 2 卷),湖南教育出版社 2007 年版,第 149 页。

应该说，学生的感受是值得尊重和关注的。但学生的感受毕竟也是感性的。教师，尤其是研究讲课艺术的教师，还要将感性提升到理性的层面，即要用比较精练、清晰和艺术的语言，将模糊的听课感受总结和表述出来。

第一节　三种经典表述

第一种是"寓教于乐"

"寓教于乐"是一个"出镜率"很高的教育学概念，人们也常常用它来形容一个老师高水平的讲课。这个词是有明确出处的："寓教于乐，既劝谕读者，又使他喜爱，才能符合众望。"[①] 这是文学创作的目标，推而广之，也是讲课的基本原则之一。不管专业水平多高的学生，都有一些作为人的共通的需求，如对快乐的向往，哪怕是哈佛大学的超级"学霸"们也不例外："哈佛大学的学生远不像人们想象的那样喜欢自然科学。他们会逃课或不认真听讲。这就给老师提出了更高的要求。我必须想办法把课上得生动有趣，只有这样才能把学生留在课堂之上，让他们在娱乐中学科学，在科学中找快乐。"[②]

哈佛大学的学生可谓"学霸中的学霸"，他们其实也喜欢在课堂上"找点乐子"。说明他们是人而不是神。作为人，"寻找意义"和"趋乐避苦"都是其本性。我们不要低估人对深刻的渴望，也不

---

① 亚里士多德，贺拉斯：《诗学　诗艺》，罗念生、杨周翰译，人民文学出版社1962年版，第155页。

② 何炜：《教学与科研并重是最好的——访哈佛大学工程与应用科学学院教授大卫·威茨》，《中国社会科学报》，2012年6月27日。

能回避人对"开怀大笑"的企盼。因此，无论是哈佛大学的教师，还是湘潭大学的教师，在讲授的过程中，都应该正视和遵循人性的这种矛盾性。只注重"乐"而忽略"教"，违背了人"寻找意义"的本性；只注重"教"而忽略"乐"，违背了人"趋乐避苦"的本性。

大学教师不妨遵照贺拉斯的"建议"，结合具体课程的具体情况，在"教"与"乐"之间寻找一个平衡，在"乐"中"教"，在"教"中"乐"，让"乐"与"教"互为手段，又互为目的，最后"教"与"乐"悄然融合，浑然一体。

当然，在大学教学中倡导"寓教于乐"常常会招致批评，因为大学是非常推崇"学术含量""思想含量"的场所，以至于不少人认为，课堂中如果出现太多快乐的元素，就有媚俗、庸俗、刻意讨好学生和课堂娱乐化的危险。但是，从培养立体的人、完整的人、幸福的人的角度看，"学术"也好，"思想"也罢，"深刻"从来就不是教育的唯一目标。

一堂课，明明师生和谐，气氛欢快，潇洒流畅，欢声笑语，妙趣横生，也不乏思想的碰撞与燃烧……可是，到了评委那里，却被认为不符合这个"原则"，违背了那个"理念"。似乎不遵循某些"原则"和"理念"，就不是好课。

一篇课文，教师讲得痴迷，学生读得沉醉，会心处开怀大笑，动情处催人泪下，每一个字都散发着芬芳，每一句话都流淌着优美……可是专家说，没有挖掘出"思想性"，分析得不够"深刻"，要讲究"深度语文"。

一次教育活动，师生都乐了，爽了，感动了，舒畅了，心灵飞翔了，情感奔涌了，而且——用比较文学的语言，叫作师生都赢得了彼此的心灵，都感受到了彼此的心跳，这样的教育活动还不成功吗？当然成功。可是专家又说，教育岂能仅仅停留于感动？"理想"呢？"责任"呢？教育的"意义"又在哪里？[①]

因此，李镇西先生才无限感慨，我们现在的情况是理论过度、思想膨胀、观念泛滥、模式横行，同时常识缺位、情感凋零、智慧苍白、意趣荒芜、诗意匮乏——当人们追逐"深刻的思想"时，朴素的教育常识遗忘了，真诚的教育情感冻结了，丰富的教育智慧丢失了，优雅的教育意趣沉默了，美丽的教育诗意死亡了！

李镇西先生的感慨提醒我们，好的讲授不只是有学术性、思想性，还要有当前教育所缺乏和所忽视的情趣、浪漫、感动、诗意、真、善、美，以及发自内心的快乐等因素。

第二种是"深入浅出"

有"深入深出"者。教师自身可能有一肚子学问，但缺乏基本的讲授能力和讲授方法，加上对学生的具体情况不甚了解，因此，用谁也听不懂的话讲一些谁也听不懂的事，俗称自说自话、自言自语。学生听完这样的课，立刻想到一个词：不知所云。"深入深出"者，极少数"知音"或许能够慢慢领悟他的奥妙，但对大部分听众来说，却是一种有口说不出的折磨。"深入深出"的课不是"金课"，但也不是"水课"，而是有一定价值的课，这样的课可能更适合硕士生和博士生，但不太适合本科生。

[①] 李镇西：《"深刻"不是教育的唯一尺度》，载朱永新、汤敏、周洪宇编著：《教育改革进行时》，山西教育出版社2015年版，第145页。

有"浅入浅出"者。即用烂熟的话讲烂熟的事。"浅入浅出"者，既缺乏基本的专业素养，又缺乏基本的语言能力，还缺乏基本的职业态度。一般而言，"既不擅长科研，又不擅长教学"，从入职第一天起就"立志"安稳地混完这一生的大学老师，最容易变成"浅入浅出"者。"浅入浅出"对于幼儿教育、小学教育来说，可能算不得缺点，但对高等教育而言，应该难以达成教学目标，满足学生期待。因此，"浅入浅出"的课在大学里通常都是"水课"。

有"浅入深出"者。即用学生都听不懂的话讲学生都早已懂的事。"浅入深出"者，专业水平较低，但有一定的语言修养，能够用看似华丽的语言对肤浅的专业内容进行"包装"。"浅入深出"，从发表论文的角度，不失为一种有效的表达策略，但从讲授的角度看，则完全忽略了"口语传播"的特点，是对听众的一种不尊重。"浅入深出"的课，可能会造成是"金课"的错觉，但本质上依然是"水课"。

有"深入浅出"者。即用学生都懂的话，讲学生都不太懂又迫切期待要懂的事。"深入浅出"者，既有比较深厚的专业素养，对"讲什么"烂熟于心，又有非常成熟的讲授艺术，对"如何讲"颇有心得。因为"深入"，所以能达成"教"的目标；因为"浅出"，所以能达成"乐"的追求，因此，"深入浅出"本质上和"寓教于乐"是相同内涵的不同表达。"深入浅出"的讲授和"寓教于乐"的讲授都是"金课"。

第三种是"雅俗共赏"

"雅俗共赏"是比"寓教于乐""深入浅出"更通俗、更"接地气"的表达。"雅俗共赏"可以理解为"雅"的听众和"俗"的听众都可以欣赏，即雅人赏雅作，也赏俗作，同时俗人赏俗作，也赏雅作。不过，在一个班上课的学生，文化程度和欣赏水平应该差不多，不至于一部分学生属于"雅"的层次，另一部分学生就属于"俗"的层次。

"雅俗共赏"还可以理解为"雅"的内容和"俗"的内容融合在一起被欣赏。打个比方，京剧、昆曲和歌剧无疑属于"雅"的范畴，不是所有人能欣赏的。庞龙的歌曲《两只蝴蝶》、杨臣刚的歌曲《老鼠爱大米》、火风的歌曲《大花轿》、火箭少女101的歌曲《卡路里》，以及一切被称为"口水歌"的歌曲，肯定属于"俗"的范畴。汪峰的歌、张学友的歌、张国荣的歌、罗大佑的歌、李宗盛的歌，应该属于既"高雅"又"通俗"的范畴，所以属于大众可以共赏的对象。

就讲授而言，所谓"雅"，即"高雅"，指讲课要有专业内容，要有一定的学术深度；所谓"俗"，肯定不是指"庸俗"，更不是指"鄙俗"，而是指"通俗"，指讲课要有生活气息，要有相当的快乐因素。教师追求"雅"，其实就是要做真正的科研而非单纯适应体制的科研，就要让自己成为在专业领域有真才实学的人；教师追求"俗"，其实就是要跳出专业，超越专业，回归生活、热爱生活、拥抱生活、懂得生活、体验生活、观察生活，做一个有生活厚度和生活趣味的人。

"雅俗共赏"的难度在于不好掌握"雅"的尺度和"俗"的尺度。"雅"和"俗"各占50%？七分"雅"三分"俗"？七分"俗"三分"雅"？这已经不属于可以量化的科学问题，而属于只能感受的艺术问题，如何把握，取决于讲授者的经验和感觉，总之，专家听了不觉得太浅，学生听了不觉得太深的讲授，大致就是"雅俗共赏"了。

第二节　七种名家表述

第一种是大连理工大学李志义教授的"上下、左右、前后"

在《推进六个转变，让水课变为金课》[①]的演讲中，李志义教授提出，包含了"上下、左右、前后"的讲授即为好的讲授。我的理解是，所谓"上下"，指讲授既能抵达比较抽象的"思想"和"哲学"层面，又具有可感受、可触摸、可学习、可掌握的具体内容（俗称有"干货"）；所谓"左右"，指讲授有横向比较的思维，比如讲文学，还能联系"左边"的历史和"右边"的哲学；讲中国文学，还能联系"左边"的美国文学和右边的"法国文学"；所谓"前后"，指讲授有纵向贯通的能力，比如讲唐诗，还能联系"此前"的楚辞和"此后"的宋词，讲《红楼梦》，还能联系"此前"的唐诗和"此后"的现当代小说。

如果讲授只是"讲什么"，那么，这样的表述无疑是完美的。这种表述其实就是希望大学教师能够成为所在专业领域的大学者，能够博览群书，学贯中西，博古通今。但讲授还有"如何讲"的层面。包含了"上下、左右、前后"的"讲什么"，看似完美无缺，但如果缺乏"如何讲"的支撑和配合，那么依然不是好的讲授。实际上，我们的讲授，正是因为太注重"讲什么"，太不注重"如何讲"，太缺乏讲授的方法和艺术，所以在最后往往沦落为低水平的讲授。

---

① 可参考李志义：《"水课"与"金课"之我见》，《中国大学教学》，2018 年第 12 期。

第二种是北京师范大学王向远教授的"学术性与艺术性的统一"

大学教师学问做得好，难得！课讲得好，难得！不仅学问做得好，课也讲得好，更难得！王向远先生无疑属于"更难得"的大学教师。作为一名具有深厚学术底蕴的讲课艺术家，他对好的讲授的理解和界定显然更为辩证：

> 大学讲台上的一堂成功的、精彩的课，还应该是"学术性"和"艺术性"两方面的统一。其中，"学术性"是根本，"艺术性"是服务于"学术性"的，没有"学术性"，也就谈不上"艺术性"。
>
> 所谓"艺术性"，是为学术的传授和表达而利用的、行之有效的方法、技巧、手段并由此而对学生形成的感染力。对大学教师来说，没有学问绝对不行，但光有学问也是不够的。因此学术上的"基本功"不是教学基本功的全部。必须认识到，学问做不好，教学肯定做不好；但学问做好了，教学也不一定就能做好。因此，教学基本功的另一层含义，是对课堂教学基本手段、技巧、方法甚至表情、动作等形体语言的科学的、恰当合理的利用。这大体属于课堂教学技术层面上的基本功。[①]

王向远先生所言的"学术性"，大致就是李志义先生所主张的"上下、前后、左右"。王向远先生所言的"艺术性"，其实在他自己的讲课实践中已经展示得淋漓尽致，遗憾的是，这需要现场去亲身感受，无法通过一篇短短的理论文章去想象。

---

① 王向远：《学术＋艺术＝教学基本功——在"北京高校第三届青年教师教学基本功比赛"总结点评大会上的发言》，载《初航集——王向远学术自述与反响》，重庆出版社2005年版，第8-9页。

第三种是中南大学欧阳友权教授的"既架天线又接地气"

中南大学的欧阳友权教授认为，讲授需要"架天线"，就是要熟知学科最新、最前沿的东西；讲授还需要"接地气"，就是要结合学生实际和当下生活，这样才有针对性，才易于学生理解和接受。"架天线"就是"学术性"更"接地气"的一种表述；"接地气"则是"艺术性"更"接地气"的一种表述。

作为国内权威的网络文学研究专家，欧阳友权先生讲授"网络文学概论"课，在"架天线"（学术性）方面是令人信服的，而在"接地气"（艺术性）方面，他由于既有这方面的意识，又有这方面的能力，所以同样做得很好。就像记者亲眼所见的那样，欧阳友权教授有一双青春的眼，有一颗青春的心，并且非常善于运用青春的语言讲课：

> 课堂上，欧阳教授还引用了网络歌曲："我们都是大美女，每一次点击消灭一颗痴心；我们都是狐狸精，哪管它网恋真不真。"逗得同学们哈哈大笑。①

为了"架天线"，教师对于"讲什么"要很"熟"；为了"接地气"，教师在"如何讲"方面要很"巧"。"'讲课内容的"熟"+讲课方法的"巧"=讲授效果的"透"'"。"熟"与"巧"巧妙融合而带来的"透"，正是讲授内容与讲授效果俱佳的金课。

---

① 李伦娥：《"架天线、接地气"讲活课堂——记全国高校教学名师、中南大学教授欧阳友权》，《中国教育报》2012年4月9日。

第四种是吉林大学孙正聿教授的"有理 + 会讲理"

在《大学的好老师》一文中，孙正聿教授写道，大学的好老师不仅要"搞明白道理"，还要"把道理讲好"：

> 有人常问我，你说什么叫好老师，什么叫坏老师？我说别用"好"和"坏"，"好"和"差"还是可以的。好老师和差老师的区别就在于，好老师讲究两个字，差老师则多了一个字。好老师讲究的两个字是"讲理"，差老师多了个字就是"不"讲理。我们都当过学生，你作为学生也好，作为老师也好，最真实的体会就是一个所谓的好老师，他能够滔滔不绝地、由浅入深地给你讲道理。①

"有理"，就是有"学术性""架天线"；"会讲理"，就是有"艺术性""接地气"。"会讲理"的老师有一个重要特征，就是他们觉得做学问是有意思的。当大学老师只是为了迎合评价体制，只是为了养家糊口，只是为了功名利禄做没有意思的学问，进而感到做学问毫无意思的时候，那他们也就很难讲有意思的课了。因此，上述这段话也可以进一步延伸和拓展为一种讲课的基本原则，即好的讲授是"有意义"与"有意思"的统一。

第五种是湖南师范大学张楚廷教授的"四位一体"

著名教育家，职业生涯上过 32 门课的张楚廷先生对好的讲授有着比较全面、立体和深入的思考。在他看来，好的讲授至少包

---

① 孙正聿：《大学的好老师》，《哲学基础理论研究》（辑刊），2016 年第 2 期。

括四个融为一体的要素。

一是十分投入。比如一位教师连续讲两节课都没有休息，没有喝水，这就是投入，这就是忘我，这就是压抑不住的激情。其实这位老师平时是不停地喝水的，一小时至少喝一次，而他上课时也带了水，但为什么没有喝呢？因为忘记了。为什么忘记了呢？因为他将所有的心思和激情投入讲授之中去了，投入观察和思考"我讲清楚了吗"之中去了。

二是充满问题。教学即教问，讲课即设问。好的讲授，除了带着教师的全部情感和整个身心走进课堂，还需要带着一荷包问题（或疑问，或设问，或询问）走进课堂，带着满口袋的问题走进课堂。按照通常的标准，一堂课不能少于十个问题。有了这些问题，老师就能带来疑惑，带来神奇，带来感慨，就能使学生神情怡然，感动不已，欢笑后沉思。因此说："能够带上满口袋问题走进课堂的课，算好课；能够在堂上唤起学生生问、发问、提问的课，算更好的课；能够唤起学生提问，居然被学生的问题问倒了（教师一时答不出来了）的课，算是最好的课。"①

三是见解独特。讲授的一般要求是不照本宣科，再能有自己的一些补充和拓展。讲授的较高要求则是要有自己的发现、自己的观点、自己的思想，为了达到这些目标，讲授者需要做相应的科学研究，最起码要做到教一门课写一本书或者每年写一本书，外加发表 10 篇文章。只有做到这些，才能完全脱离教案而讲课。从讲课过程判断，不离教案者下等，若即若离者中等，完全脱离者才是高水平。

① 张楚廷：《论大学》，《张楚廷教育文集》第 18 卷，湖南人民出版社 2012 年版，第 341 页。

四是有故事性。教师不只带着几个原理，几个命题，几个情节去上课，而且还要带着几个故事，带着几个问题去上课。张楚廷不仅强调了"有问题"是好的讲授的标准之一，还强调了"有故事"是好的讲授的标准之一："好的教师不只是懂得原理，熟知原理，而且还知道很多很多的故事，可以在教学中随手拈来。"[1]

第六种是华东师范大学叶澜教授的"五项基本要求"

在《好课的基本要求》[2]一文中，叶澜教授提出好课要满足五项基本要求，这五项基本要求也可视为"好的讲授"的五项基本标准：一是有意义；二是有效率；三是有生成性；四是常态性；五是有待完善。所谓"有意义"，是指讲课帮助学生学到了新的知识，获得了新的能力，乃至产生了进一步学习的强烈需求；所谓"有效率"，是指讲课让学生感到充实，能帮助他们在非常有限的学习时间中获得尽可能好的学习效果；所谓"生成性"，是指讲课不是完全预设的，而是有较多"节外生枝"的意外或惊喜；所谓"常态性"，是指讲授不是激动人心、心潮澎湃的表演，而是心静如水、返璞归真的平实、扎实和真实；所谓"有待完善"，是指讲授留下了诸多的遗憾（比如有口误、没有掌控好时间等），而遗憾恰恰是一种美，可以成为教师继续探索和提升的动力。

---

[1] 张楚廷：《教师与教育哲学》，《张楚廷教育文集》第 19 卷，湖南人民出版社 2012 年版，第 19 页。

[2] 叶澜：《好课的基本要求》，《中国教师报》，2013 年 9 月 11 日。

第七种是著名中学语文教学专家李镇西的"有效＋有趣"

李镇西先生发现有些课程重点突出，条理清楚，知识准确，但就是枯燥沉闷，所以学生依然不喜欢。这些课程从成人的角度看，似乎没有任何问题，但从儿童的视角看，总感觉少了点什么。最后他发现，少了点"情趣"。因此他认为"好的教育"应该是"既有意义又有意思"。顺着这个逻辑，他对"什么是好课"做了比较通俗易懂的理解，就是"有效＋有趣"：

> 有效，就是教师完成了教学任务，而学生们有收获；有趣，就是能够吸引学生，让学生在课堂上兴趣盎然，心情愉悦，如沐春风，觉得时间过得很快，下课后盼着第二天再听这位老师的课。如果只是有趣而没有效，上课就成了看小沈阳，搞笑而已；但如果课堂没趣，只追求所谓的"有效"，一味地灌输，这样的课学生不爱听，也很难达到真正的有效。①

上述七种名家表述说明，好的讲授可以是幽默的语言，可以是丰富的学识，可以是轻松的氛围，可以是哲理的话语，可以是动人的故事，可以是无法抵御的激情。这样的讲授是任何一位学生，哪怕是最不循规蹈矩的学生也不愿错过的。如果错过了，就算他到时候补看教材、笔记或者相关的文献，也是补不回来的，因为他错过了现场的亲身体验。这种遗憾如同歌迷错过了看现场演唱会的机会而无法通过在家听歌来弥补一样。

---

① 李镇西：《我们应该成为什么样的语文教师？》，《中学语文教学》，2016 年第 3 期。

第三节　五种个性化表述

对于"什么是好的讲授"，名家们的理解有着异曲同工之妙，即他们的核心观点基本是一致的，但表述出来又给人以耳目一新之感。其实，每一位在讲课方面有着更高追求的老师，都可以尝试着用自己的语言，描绘出自己心目中的"好的讲授"。不妨再介绍五种非名家的个性化表述。

第一个词：赏心悦目

所谓"赏心"，是指讲课的内容让学生听了"心里"很开心；所谓"悦目"，是指讲课的老师让学生看了"眼睛"很舒服。教师"赏心"，讲课就要"寓教于乐""深入浅出""雅俗共赏"，或曰既有"学术性"，又有"艺术性"；既"架天线"，又"接地气"；既"有理"，又"会讲理"；既"有意义"，又"有意思"。教师要做到"悦目"，20 世纪 40 年代有一位老教育家这样幽默地写道：

> 我们固不能尽求魁梧奇伟，广额隆准之男教师，或美丽标致，窈窕丰盈之女教师，但短小之侏儒，或官体残缺者，其废疾者，畸形者，确能减少教师的威力。其残缺程度致使学生大感不快的教师，影响于学生尤大。仪容简洁，服饰整齐，从各方面看来，皆为重要。服饰既为"身之章"，囟首垢面，不修边幅，或油头粉面，华丽妖艳，皆显然能产生不良之影响。教师与学生相处甚久，首入学生之眼帘者便是仪表，故教师之一举手，一投足，

皆可与学生以深刻之印象。①

在全民审美的时代，年轻一代学生对教师的形象气质也提出了更高的期待。高学历的大学老师满足学生对教师外形的期待是一件比较艰辛的事情，即是说，大部分大学教师需要通过后天自觉的修炼，才能让自己由内而外地散发出一种独特的气质和气场。现在大学里的"男神教授""女神老师"，主要是通过后天的修炼才"悦目"的。教师如何修炼自己的仪表，萧承慎先生在20世纪40年代提出的11条建议今天依然有效：

1. 以优良之仪表自矜许。2. 行路时姿势端正。3. 不要天天穿着同样一件东西。4. 不始终穿暗色的衣服。5. 不搭鞋。6. 头发梳得整洁。7. 着朴素而不讨厌之衣服。8. 装束形式优美。9. 皮肤保持健康的状态。10. 行路身体挺直。11. 服装合时。②

有的男老师每次上课前都要精心装扮自己的仪表：梳头发，打摩丝，系领带，擦皮鞋。在他们看来，这些课前准备也是对学生的尊重，也是一种职业精神的体现。有的女老师每次上课时都会换不一样的衣服，这样每次面对学生都可以呈现不一样的风貌和气质。这不免想起童庆炳先生将上课视为仪式的往事：

上课前的那一个晚上，或上课的那天清晨，你必须洗一个

---

① 萧承慎：《教学法三讲》，福建教育出版社2010年版，第124页。

② 萧承慎：《教学法三讲》，福建教育出版社2010年版，第129页。

澡，身上的污垢去掉了，会平添几分精神。平时你可以穿得随便一些，就是让学生看见你穿短裤，也没有什么不妥。但在走上讲台时，你必须穿上你的最好的服装。这是你的节日，此时不穿，何时再穿？我有几身西装，真过节时，倒很少穿，可上课时是一定要穿的。我全部的名牌就是一条金利来领带，这是货真价实的，是我获曾宪梓教育奖时亲自从曾先生手里接过来的，绝对假不了。每次我都细心地系上它。皮鞋必须擦亮，这我得感谢我的妻子，因为她知道我的习惯，她总是在上课前一天，把皮鞋擦亮，并放在我的书房门边，我很方便穿上。[①]

第二个词：软硬兼施

所谓"软"，指教师依靠自己强大的教学魅力和人格魅力，悄然地熏陶学生和吸引学生；所谓"硬"，指教师凭借强硬的课堂纪律，约束和规范学生。我大学时期的古代汉语课老师夏先培先生就是这么做的。回想他当年上课的情形，我灵机一动，决定用"软硬兼施"来总结他的讲课风格。

讲课"来软"的，这应该是大部分名师的共同特点。但讲课还"来硬"的，这的确是大部分名师没有的个性。夏先培先生的"硬"，包括每堂课都点名、让学生定时提交听课笔记和每天早晨抽查学生背诵指定的古文（还要背得流畅和熟练）等。从保证教学效果的角度看，"软硬兼施"比只"来软"的显然要有效得多，理由至少有二：

一是古代汉语这样的专业课、基础课、核心课，是非常有

---

① 童庆炳：《我的"节日"》，载吴子林编：《教育，整个生命投入的事业——童庆炳教育思想文萃》，华东师范大学出版社2016年版，第58页。

难度的课。有难度的课，不管老师讲得多么寓教于乐、深入浅出和雅俗共赏，听起来也是有挑战性的，趋乐避苦的本性很容易让学生逃避和放弃这类"痛并快乐着"的课。这时，老师一来"硬"的，自然有利于他们克服畏难情绪，激发他们潜藏在内心深处的"斗志"。

二是不管学生多么热爱学习，在没有任何外界约束的情况下，也可能会偷懒耍滑。更何况如今社会的诱惑越来越多，比听课的快乐更快乐的东西越来越多。可以想象，易中天老师做一次讲座，学生肯定不会走神、不会看手机、不会中途走开，但如果易中天老师讲一个学期的课，就很难保证学生不会审美疲劳，不会在其他更具有诱惑性事物的诱惑下，迟到和缺课。此时，如果易中天老师像夏先培老师一样，每堂课都点名，课后还抽查听课笔记，那到课率和听课率自然又直线上升。

第三个词：笑声掌声不断

精彩的讲演，一般都是笑声和掌声不断的。"笑声"源于教师讲得"有意思"，"掌声"源于教师讲得"有意义"。浙江大学郑强教授的讲演，据粗略统计，现场爆发的笑声有百余次，伴随着笑声的掌声也有百余次。百余次的笑声和掌声交融在一起，算得上"笑声掌声不断"了。

讲课大致分为三个层次：讲课、讲座和讲演。好的讲授其实就是讲演，因为是讲演，所以自然也就是精彩的。教师要有把日常"讲课"提升到"讲演"层次的目标和信心。日常的讲课，学生鼓掌的时候不多（最多在心里鼓掌），但教师讲得"有意思"，他们会发出笑声；教师讲得"有意义"，他们也会发出笑声。因此，日常的一次讲课（通常是九十分钟），有个几十次笑声，也就相当成功了。

第四个词：亦正亦谐

所谓"正"，是指知识正确、观点正确、思想正确，价值观正确，不能讲违背常识的话，不能讲三观不正的话，不能讲反党、反国家、反社会、反人类和反智慧的话。所谓"谐"，是指表达的方式有趣、好玩，有生活气息，尤其有幽默感。

老师们在"正"方面一直比较重视，为此也投入了不少的时间和精力去探索，但对于"谐"的关注不够，甚至在潜意识中还有点反感和抵触"谐"。不过，我们很容易发现，每所大学里最受学生喜爱的老师，多少都是有点"谐"的，他们给人的感觉是，无论是生活方式还是语言方式，都非常有个性和"情调"。

当然，也有人提出这样的疑虑：老师讲课故意讲段子，要幽默，会不会显得油腔滑调，会不会有故意迎合学生之嫌。我的意见是：能够称之为幽默的语言，绝不会显得油腔滑调。作为一种综合智慧，幽默是指有思想的搞笑。单纯的搞笑可能会显得油腔滑调，但幽默层面的搞笑肯定是亦正亦"谐"的。

教师的讲课固然有提高学生思想和审美水平的目标，但这个目标的实现是一个循序渐进的过程。老师必须充分考虑和照顾到学生现有的审美水平，借助一些"谐"的手段去实现这个目标。就像一个导演要拍一部电影，不能只顾自己想要表达什么，却从不考虑观众喜欢什么样的表达，从而拍一些自说自话、莫名其妙的电影。从某种程度上说，导演就是要"迎合"观众，老师就是要"迎合"学生。

"迎合"并不会导致"低俗"，因为有闲情逸致走进电影院的观众多少是有些文化品位的，没有内涵的搞笑肯定不能"迎合"他们，更不能"糊弄"他们。因此郭德纲的相声听众很喜欢，郭德纲演的喜剧电影却成了票房毒药，因为那些事实上是闹剧的喜剧无一例外受到观众的唾弃。考入大学的孩子们多少是有文化底蕴的，并且迫切期待成为更有文化底蕴的人。没有思想和智慧的搞笑绝不能"迎合"他们，更不能"糊弄"他们。因此，问题的关键不在于教师是否"迎合"学生，而在于教师以什么样的态度、什么样的理念、什么样的方式、什么样的水平"迎合"学生。

第五个词：好剧本 + 好导演 + 好演员

刘晓丽老师是湘潭大学 2015 年青年教师课堂教学比赛一等奖获得者，在文学与新闻学院拥有诸多的拥趸。刘晓丽老师对什么是好的讲课有着独特、精准、生动和形象的理解，而这些理解完全可以视为"好的讲授"的国际标准。刘晓丽老师以韩国电视剧《来自星星的你》走红的原因作为参照，提出好的讲授如同好的电视剧，是好剧本 + 好导演 + 好演员。

所谓"好剧本"，是指教师在准备讲授时，应该像拍电视剧那样做好编剧的工作。讲授的剧本就是指讲稿。讲稿写得好，是指讲稿既有知识性、思想性，又能像剧本那样，充满悬疑性，能持续吊起观众的胃口。在信息化时代，教师在编剧本的时候，还需要充分考虑到视频、音频、图片等因素与文字的有机融合问题。

所谓"好导演"，是指教师在讲授的过程中，能够像导演一样掌控全场。在教师这个导演的心目中，教室就是一个大片场，除了学生，还有桌子、椅子、粉笔、灯光和投影仪等等都是他可以调控的"道具"。一般老师只注意到讲授的"时间"要素（每节课45分钟，两节课共90分钟），却忽略了讲授的"空间"要素（整间教室）。高水平的讲授不仅可以掌控时间——根据两节课的时间来安排讲授的进程，还能够掌控空间——如利用自己锐利的目光让走神的学生回到剧情之中。

所谓"好演员"，是指教师自身的"表演"能力。演员演绎的是剧本，教师演绎的是讲稿。会讲课的易中天教授之所以称为"表演艺术家"，就是这个道理。在刘晓丽老师看来，《来自星星的你》成功的主要原因之一在于演员的"角色魅力"，因此可以说，推而广之，很多时候，我们是因为喜欢某个明星才去观看、喜欢某一部剧的。同样的道理，不少学生是因为喜欢某一个老师才喜欢某一门课的。

第四节　一个日常案例

上述种种理论上的阐释，或许依然让人感到困惑和迷惑。不妨以大家耳熟能详的消防安全讲座作为案例，来简约剖析一下何为好的讲授。消防安全讲座固然不是大学的课程，但是讲授的基本原理却和大学的课程基本相通。

作为听众，我先后听过三次消防安全讲座。这三次讲座，是不同的演讲者，却是相似的内容和相似的套路，当然也取得了相似的效果。第一次听完消防安全讲座，我用600元买了两个灭火器、一把消防刀——如果车掉水里了，可以用刀在第一时间割断安全带。第二次听完消防安全讲座，我用1400元买了两个灭火器，一条灭火毯——如果半夜失火可以用来裹着身体安全地冲出火海，以及一根安全绳——家住五楼，起火后可以顺着绳子爬下楼。第三次听完消防安全讲座，我更是"豪掷"2000元人民币增添了一条灭火毯，四个防毒面具和两个烟雾报警器。

消防安全讲座只有短短半个小时，讲授者语言能力一流（天赋加后天钻研的结果）；案例都是精心收集、整理和编排的，有图片，有视频，有音效，每一个都典型、鲜活和生动，并且都能将听众吓得半死，感觉这些惨剧随时可能发生在自己身上；有幽默感，现场是笑声掌声不断；道理通透，让听众立刻明白人生在世不能要钱不要命；金句频出，如"老师们，这些事情发生在别人身上是故事，发生在我们自己身上就是事故啊"；"包袱"不断，如"你们家淘汰的电视机一般送到哪里？——老人那里！这等于送去一颗定时炸弹"。

从讲授过程判断，这样的讲授可谓是传说中的"金课"。听众从这样的演讲中，既学到了不少有用的消防知识，又对消防安全产生了强烈的兴趣，听完讲座后更是毫不犹豫、面带微笑地购买消防产品。因此从讲授效果判断，这样的讲授也堪称"金课"。如果我们大学老师能够像他们那样讲课，相信学生的满意度也会成倍增加。

讲课如同推销，推销的是真善美。可惜，我们的客户对我们推销的产品一点兴趣没有，不仅没有兴趣，还骂我们是骗子。所以，每一位立志站稳讲台的大学老师，都可以试一试向卖消防器材的推销员们学习，苦练语言基本功，再根据教学目标和受众的特点，正确地备课和备正确的课。由此可以建议，高校的教师教学发展中心在设置"示范课"环节时，可以请他们来讲一讲，虽然他们的讲授和大学里的讲授在内容上有差异，在讲授目标上也不尽相同，但讲授方法上是可以通用的。

当然，也有听众提出建议：他们的确讲得好，我们也根据各自重视生命的程度，购买了消防器材的大礼包或小礼包。可是，我们从来没有亲自用过这些产品啊，万一真的发生险情了，不知道怎么用怎么办？如果他们在讲授之后，再适当引入翻转课堂、体验式教学、互动式教学等，比如现场放一把小火，让我们亲自体验一下产品效果，那教学效果无疑更完美了。

综合上述种种说法，可以发现，好的讲授，归结为一句话，就是"内容"与"形式"的统一。大学讲授学的意义，主要不在于研究讲授的"内容"，而在于研究讲授的"形式"，这是因为三个显而易见的原因：

第一个原因，讲授的内容属于各个学科、各个专业的事情，我们没有这个能力，也没有这个必要去关注不应该关注和关注不了的事情。每位大学老师，只要做好自己学者的本分，在做科研的过程中，用心去丰富讲课的内容即可。

第二个原因，讲授的形式虽然也需要结合具体的学科和专业而有所选择，但依然有一些可以通行、通用的要素和规律能够总结，也需要去总结。比如脱稿、插话（讲段子）、举例子、讲故事、有激情和幽默感等等，可以成为所有讲授的共同追求。

第三个原因，大学讲授虽然最终拼的是"内容"，但是，这些年来，正因为大家过于关注"内容"，遗忘了"形式"，或者说鄙视"形式"，导致不少大学老师不仅缺乏基本的讲课能力，而且也缺乏基本的讲课技巧。因此，专门强调讲课的形式，在一定程度上可以起到"矫枉过正"的功效。有朝一日，大学教师都具备了讲授的基本能力，又熟练掌握了讲课的基本技巧，那时，再去谈讲授内容的广度和深度，再去谈"内容"与"形式"的统一，那么离"好的讲授"就更近一步了。

第三章

什么是好的讲授?

——讲授效果的角度

评判讲授的好坏,内容是一个重要的尺度,效果是另一个重要的尺度。从内容的角度看,好的讲授是指教师讲得好;从效果的角度看,好的讲授是指学生学得好。学生学得好,有三项重要指标,一是收获了知识;二是萌生了兴趣;三是塑造了精神。通常而言,好的内容自然会带来好的效果。

第一节 传递知识

山东蓝翔技校的办学理念是:"蓝翔人不学好技术,和清华北大有什么区别。"这句素朴的表达并没有受到教育工作者应有的重视。因为谈起教育的目标,那些诗意的、玄妙的描述更容易吸引我们的目光。比如雅斯贝尔斯那句不知道出自何处的名言"教育就是一棵树摇动一棵树,一朵云推动一朵云,一个灵魂唤醒另一个灵魂"就不断被推崇和传颂。印度哲学家克里希那穆提在《心的对话》中也写了一段异曲同工的话:

你接受教育的目的到底是什么?是不是想成为有专业训练,却无法完整生活的社会学家、考古学家或科学家?你充满着知识、文学、高明的解说与合理化的借口。也许未来电脑能做的远远凌驾于你。教育应该有截然不同的意义——不仅仅是把白纸黑字输入你的脑袋。教育应该意味着打开那扇觉知之门，使我们通往人生的巨大活动。它应该帮助我们学习如何获得快乐、自由、无嗔恨、无混乱，充满着美。而现代的教育却使我们盲目，我们愈来愈懂得彼此竞争。正确的教育是找出截然不同的生活之道，使我们的心从局限中解放。只有如此，爱才会出现，从爱出发的行动一定能带来真诚的人际关系。[1]

这样散文诗一样的语言，很优美，很诗意，但可能会让在一线从事具体教学活动的教师无所适从。实际上，这样的教育格言被推崇、传颂得多了，也有可能走向鄙视知识、冷落知识的极端。

对于大学的讲授，人们容易产生一种误解，就是知识的传授不是很重要，甚至是可以忽略的。而这可能导致大学生的"综合素质"很高，却缺乏基本的专业知识，以至于北京大学中文系陈平原教授感慨：

反而是北大中文系，学生水平很不均匀，常常是才气有余而训练不足，甚至到了博士阶段还在改病句，调注释。思维活跃，想法很多，初看才气横溢，细问不知所云，这样的学生，我戏称为"演讲综合征"。这跟我们的教学方式有关，越是名校，越是名教授，越不屑于"斤斤计较"，于是培养出一大批意气风发但粗枝大叶的学生。[2]

---

[1] 克里希那穆提：《心的对话》，胡因梦译，深圳报业集团出版社2007年版，第29-30页。

[2] 陈平原：《上什么课，课怎么上？》，《中国大学教学》，2011年第2期。

不少教育理论工作者认为，在高度信息化的时代，知识层面的信息学生自己可以通过各种途径获得，何必要老师耗费大力气去讲授。持此论调者，可能忽略了这些事实：一是学生可以自己去找，但他们是否愿意去找呢？二是老师，尤其是高水平的老师，他们所掌握的专业知识远比学生丰富，毕竟他们为了上一门课长期在做研究，乃至研究了漫长的一辈子；三是老师对知识的对与错、好与坏、有用和无用的判断、辨别和选择也远比学生准确；四是知识是能力提升、思维培养的基础，缺乏知识，能力的提升和思维的培养无从谈起。

著名作家、四川师范大学教授何大草对大学教师的知识水平非常知根知底，他在自己的长篇小说《忧伤的乳房》中这样调侃、讽刺那些缺乏"知识"的大学老师：

我父亲在中文系新闻专业当硕导。他念本科时在校报干过两年通讯员，暑期中茅盾来这儿开会，他去招待所采访了三次，三次都被工作人员挡开了。他倒不气馁，写了篇毫无现场感的《三访茅盾》，主要内容都是茅盾的生平背景介绍，在校报上登了一大版。后来留校教新闻，《三访茅盾》一直是他自编教材的第一篇。没做过一天记者，倒教了一茬一茬的本科生、硕士生。我问父亲，做这个教授，有没有力不从心的时候呢？他回答："我比大多数人强多了。"我又问强在哪里呢？他说："我毕竟有一篇《三访茅盾》啊！"

……

我母亲比我父亲还要随和些。她教外国文学，也是硕导，她老实跟我承认，一本外国文学的原著她也读不懂。五十年代倒是突击过俄文，早忘了。唯一的纪念，就是给女儿起了个半中半俄的名字。外国名著的翻译本，她也绝大多数没读过，读过的，多是缩写本。她说，照本宣科，如果"本"没有错，也不算误人子弟嘛。①

小说中，除了名字是假的，其他的都是真的。现实的大学里，像小说中"我的父亲母亲"这样缺乏基本知识素养的大学老师还真不少。教新闻的，自己没有干过记者；教小说欣赏的，自己没有读过几本小说；教基础写作的，自己从来没有写过任何文章；教计算机编程的，自己的编程技术远比不上学生；教电视编导的，自己的技术还停留在二十年前刚入职时的水平，一直没有进步过……

不管是多么追求思想、理念和精神的课程，判断其是否是好的讲授，知识是否丰富，是否精准，是否有价值，一直都是一个重要标准。北京师范大学著名教授童庆炳先生说，自己上文学理论课，首先要做的就是把这门课最基本的概念、最基本的知识讲清楚：

对本科生的教学或教育问题，先从教学讲，我觉得一个老师要抓住一些最基本的东西讲好。比如说文学理论，可能有三十到四十个概念是最基本的概念，作为老师，一定要把这些概念给学生讲清楚，讲透彻，让学生真正把知识吸收进来。因为这些最基本的概念连接着最基本的知识。现在有一些老师在课堂上东拉西

---

① 何大草：《忧伤的乳房》，安徽文艺出版社2014年版，第264页。

扯，不是围绕着最基本的问题来讲，迁就学生，让学生觉得有意思，能够笑一笑、乐一乐就行了，或者给学生放个电影，然后讨论电影，老师随便说几句，课就结束了。学生也觉得挺好，看了电影，挺高兴的，老师也讲得满生动的，这就够了。在我看来，这种课偶尔上上可以，但我觉得每门课都有它最核心的问题，一门课的几个核心问题和核心概念，一定要给学生讲清楚，这是教学质量高低的标志之一。①

童庆炳先生的讲授观有些可以进一步讨论。他认为教师讲授最基本的概念与让学生笑一笑、乐一乐是矛盾的，其实倒也未必。如果一个老师是讲课艺术家，那么，就算是讲解最基本的概念也可以既让学生听得开心，又让学生掌握最基本概念。他认为上课放电影然后讨论电影是太随意了，应该说也要具体情况具体分析，如果老师上的课就是"电影欣赏"，那么先放电影后讨论电影，反倒是非常好的案例教学法。在童庆炳先生的讲授观中，有一点是不需要讨论的，那就是最基本的概念一定是任何一门课程不可或缺的内容，是需要教师讲清楚的。

因此说，好的讲授第一层次就是能够用适当的技巧和尽可能少的时间，帮助学生了解、掌握一门课程基础、核心和经典的知识。这些知识，学生或许无法自学，或许虽然可以自学却极费时间，而且效果还不是很好。简言之，好的讲授，从知识传递的角度看，就是能帮助学生提高学习效率、节省学习时间的讲授。不

---

① 杜云英：《"为祖国教育事业健康服务五十年"——访北京师范大学文学院童庆炳》，载周作宇主编：《人文的路线——北京师范大学名师教学访谈录》，北京师范大学出版社 2008 年版，第 367-368 页。

少口碑较好的考研辅导班，能够在最短时间里帮助考生获得最理想的分数，从知识传递角度看，这些辅导班老师的讲授就是好的讲授。不妨再以我自己的一次听课经历为例，来说明好的讲授是如何实现知识传递目标的。

我虽然是一位中文教授，但惭愧得很，古文修养并不好。很多古文的具体含义，我是"只可意会不可言传"。比如《诗经·卫风·硕人》中描写卫庄公夫人庄姜之美的这一段：

> 手如柔荑(tí)，肤如凝脂，领如蝤蛴(qiú qí)，齿如瓠犀(hùxī)，螓(qín)首蛾(é)眉。巧笑倩兮！美目盼兮！

这段著名的描写女性美的话，我从小听到大，似乎明白，其实又根本说不清。而全国优秀教师，湖南科技大学人文学院的吴广平教授，用高超的讲授技巧（用PPT演示，图文并茂、语言幽默生动等），三言两语就让我豁然开朗：

1. 手如柔荑：手像初生的白茅芽，白白的，柔柔的（展示白茅芽的图片）。

2. 肤如凝脂：皮肤如凝结的猪板油，白白的，滑滑的（展示猪板油的图片）。

3. 领如蝤蛴：脖子如天牛的幼虫，白白的，嫩嫩的（展示天牛幼虫的图片）。

4. 齿如瓠犀：牙齿像瓠瓜籽，白白的，齐齐的（展示瓠瓜籽的图片）。

5. 螓首蛾眉：额头像蝉的头部，饱满而立体，俗称长开了

（展示蝉头部的图片）；眉毛像蚕蛾的触须，长长的、弯弯的、细细的（展示蚕蛾触须的图片）。

上述五句诗，写的是庄姜的静态美。但庄姜的美并没有停留在此。她不是传说中的美得拒人于千里之外、让人望而生畏的"冷美人"。她的美是生动的、有温度的、有亲和力的，也就是说，她因为"巧笑倩兮"而从"美貌"进入"美丽"的层面。

庄姜的美不仅是动态的，还是有灵魂的。俗话说，眼睛是心灵的窗户，"美目盼兮"的庄姜，让自己的美直击人的灵魂深处，让人"只因为在人群中多看了她一眼，就再也无法忘记她的容颜"。所以，当这位既美貌又美丽的超级美女，还能用一双多情、深情和传情的眼睛向男性暗送秋波的时候，生活的经验告诉我们，没有哪一位男性可以抵抗得住，不信大家看看著名演员许晴和著名演员洪欣"勾魂"的眼睛（用PPT展示影视明星许晴和洪欣的眼睛），看能否经受得住这样的"撩拨"？

这段讲解，充分体现了吴广平教授扎实的古文字功底、比较深厚的文学修养、较强的沟通古今的能力，以及令人敬佩的敬业精神——为了找到一张恰当的猪板油的图片，他足足花了一个多小时，只差亲自去菜市场买肥肉回家炼油了。听完吴广平教授短短三五分钟的讲解，我对《硕人》第二章的字、词、句就比较有把握了。这段艰深的文字，我如果要自学的话，估计也得三五天才能理解。

一门课程的教学目标，不外乎有三种：一是丰富知识；二是培养技能；三是塑造人格（包括审美素养）。当然，不同类型的课程又会各有侧重。大学课程大致可以分为三类：一是"为实类"，比如数理化课程，以丰富专业知识为首要目标；二是"为事类"，比如文学理论与批评实践、社会调查与统计分析、科学研究方法与论文写作等课程，以提升专业技能为首要目标；三是"为人类"，比如历史课、哲学课、文学课、艺术课等，以塑造人格为首要目标。

一般而言，越"实"的课，越容易检验知识传递层面的讲授效果；越"虚"的课，越不好判断知识传递层面的讲授效果。比如数理化课程，一就是一，二就是二，要想知道学生在听课之后有没有掌握，借助一张考卷差不多就可以达到目的。当然，要想传递数理化的文化和精神，则另当别论。但文史哲课程，更注重思想启迪，其知识传递的目标很多时候也是服务于思想启迪的目标，因此，学生到记住、理解和运用这些课程知识恐怕需要一个过程，有时候，这个过程还是漫长的。

当然，再"实"的课，也有"虚"的部分，比如数理化课程，多多少少也包含着"思想启迪"的部分；再"虚"的课程，也有"实"的部分，哪怕是文史哲课程，有确定答案的知识一直都是不可或缺的授课内容。而有些课，则可能是"虚实相生"。比如我给非中文系学生上的"基础写作课"，像"写作的意义"之类的内容是属于比较"虚"的，而具体的文体训练是属于比较"实"的。学生到底有没有领会"写作的意义"，其实是没有办法真正检测的（他们自己写的心得体会也不足以作为证据），但学生写作水平有没有提高，通过他们提交的习作，又是可以做出比较明确评判的。

总体而言，越"虚"的课或者越"虚"的内容，对讲课方法和讲课艺术的要求越高。因为学生听这样的课或者这样的内容，他们不仅期待教师能一五一十地讲得"清楚"，自己能听得"明白"，还期待教师用艺术的方式讲得"精彩"，自己能听得"过瘾"。文科课程因为更容易讲得艺术，所以更可能受到学生欢迎乃至追捧，但一旦文科课程讲得过于"实在"，其实也最容易让学生失望，最容易受到学生鄙弃。

第二节　引发兴趣

读大学时，我每听到一门好课，就萌发了报考授课老师所学专业的研究生的冲动。冲动得太多了，发现弱水三千只能取一瓢饮，于是我选择了江龙老师所任教的外国文学作为考研的方向。我内心深处也因此一直愧对自己同样喜欢的古代文学老师、古代汉语老师、中学语文教学法老师：总觉得如今没有和他们干一样的工作，实在辜负了他们当年精彩的讲课。

也就是说，授课老师通过好的讲授，引发了我对一门门新学问强烈的兴趣，继而希望成为他们那样的人。当然，也有完全相反的情况：一位学生，原本想考古代文学研究生，却因为古代文学老师课讲得太差了，为了以后不成为古代文学老师那样的人，他决定改报古代汉语的研究生。其实他起初是恐惧和厌恶古代汉语的，但古代汉语老师课讲得太好了，直接改变了他学术研究的方向。这让我想到了一个很经典的案例，即朱德熙换专业的事：

1939 年，朱德熙就读于西南联大物理系。他的老师王竹溪是中国著名的物理学家。一次偶然改变了朱德熙的选择，朱德熙听了唐兰的古文字学、甲骨学课，产生浓厚的兴趣，于是，从物理系二年级转到中文系，和汪曾祺同班。[①]

　　只因为唐兰老师课讲得好，也仅仅听了一次，朱德熙就直接从杨振宁的同学变为汪曾祺的同学，从未来的物理学家变成了后来的著名语言学家。这就是好的讲课的神奇和魔幻之处！这样的例子还有不少。北京师范大学厦门海沧附属学校副校长、特级教师戴曙光，在师范学校读书时遇到一位教音乐的老师，这让他对音乐产生了强烈的兴趣：

　　　　让我庆幸的是，在师范时遇上一位好教师。她是一位音乐教师，每天晚上都会多买一些馒头给我吃。我不知不觉喜欢上了音乐，每天练练声、弹弹琴，感到其乐无穷，记得当时在琴房里一整天不吃不喝也不饿。毕业时，我组织了一场五人音乐会轰动一时。我立志要当音乐人，走音乐路。[②]

　　一位读中文专业的学生"立志要当音乐人，走音乐路"，全因音乐老师对他的影响，当然这影响一方面来自音乐老师教得好（课堂讲课水平高），另一方面来自音乐老师买的馒头（课外育人水平高）。

　　北京大学夏晓虹老师，在大学里选修了陈贻焮老师的"三李研究"课（三李即唐朝李白、李贺、李商隐）。陈先生这门课不

①　刘宜庆编著：《绝代风流——西南联大生活录》，北京航空航天大学出版社 2009 年版，第 32 页。

②　朱永通：《做幸福的好教师——名家名师教育访谈》，华东师范大学出版社 2015 年版，第 64 页。

是单纯地讲解文学与历史知识，而是用了一半时间讲自己的论文《唐代某些知识分子隐逸求仙的政治目的》的写作过程——为什么想到这个题目，怎样开始构思，怎样搜集资料，怎样提炼观点，最后怎样成文。那时还没有复印机，他就用手写，用蜡纸印，上课时发给他们论文中使用的材料，然后一条一条讲，把撰写论文的全过程演示给他们。夏晓虹觉得这门课对他们帮助非常大，使她一下子明白了做研究原来是这么回事，进而产生了研究李白的兴趣："受陈贻焮老师的影响和启发，我在他的课上写了一篇《谈谈李白的'好神仙'与从政的关系》，后来发表在《文学遗产》的增刊上。"①

　　陈景润的中学数学老师，有一次上课，用生动传神的语言讲到了哥德巴赫猜想，并且打了一个著名的比方："自然科学的皇后是数学，数学的皇冠是数论，哥德巴赫猜想，则是皇冠上的明珠。"这个比方一下子激发了陈景润对哥德巴赫猜想强烈的兴趣，进而让他立志用毕生时光去攻克这个千古难题。徐迟在报告文学《哥德巴赫猜想》中，运用合理的想象力，这样描写当时的场景：

　　　　有一次，老师给这些高中生讲了数论之中一道著名的难题。他说，当初，俄罗斯的彼得大帝建设彼得堡，聘请了一大批欧洲的大科学家。其中，有瑞士大数学家欧拉（他的著作共有八百余种）；还有德国的一位中学教师，名叫哥德巴赫，也是数学家。

　　　　一七四二年，哥德巴赫发现，每一个大偶数都可以写成两个

---

①　郭九苓、缴蕊：《发近代之精微，教前人之所未见——夏晓虹老师访谈》，载郭九苓、漆永祥、赵国栋主编：《北大中文名师教育谈》，广西师范大学出版社 2015 年版，第 30 页。

素数的和。他对许多偶数进行了检验，都说明这是确实的。但是这需要给予证明。因为尚未经过证明，只能称之为猜想。他自己却不能够证明它，就写信请教那赫赫有名的大数学家欧拉，请他来帮忙作出证明。一直到死，欧拉也不能证明它。从此这成了道难题，吸引了成千上万数学家的注意。两百多年来，多少数学家企图给这个猜想作出证明，都没有成功。

说到这里，教室里成了开了锅的水。那些像初放的花朵一样的青年学生叽叽喳喳地议论起来了。

老师又说，自然科学的皇后是数学。数学的皇冠是数论。哥德巴赫猜想，则是皇冠上的明珠。

同学们都惊讶地瞪大了眼睛。

老师说，你们都知道偶数和奇数。也都知道素数和合数。我们小学三年级就教这些了。这不是最容易的吗？不，这道难题是最难的。这道题很难很难。要是有谁能够做了出来，不得了，那可不得了呵！

青年人又吵起来了。这有什么不得了。我们来做。我们做得出来。他们夸下了海口。

老师也笑了。他说，"真的，昨天晚上我还做了一个梦呢。我梦见你们中间的有一位同学，他不得了，他证明了哥德巴赫猜想。"

高中生们轰的一声大笑了。

但是陈景润没有笑。他也被老师的话震动了，但是他不能笑。①

————————

① 徐迟：《哥德巴赫猜想》，载黄伟宗、朱慧玲选编：《当代中国文学名篇选读》，广东旅游出版社 2001 年版，第 613-614 页。

第二年，给陈景润上数学课的这位老师就回到清华大学去了。他就是后来的北京航空学院副院长、全国航空学会理事长沈元教授。沈元教授或许已经忘记当年上的两堂数学课了，他又怎能知道，自己当年的讲课却影响了陈景润一生的选择。

浙江大学著名学者郑强先生应邀去重庆南开中学做报告。报告结束后，该校高考成绩前 300 位的同学，有 90% 选择了报考浙江大学，而不是以前首选的北京大学和清华大学。后来，该校校长就再也不敢请郑强教授去做报告了。这就是好的讲授的影响力。

我自己也体会到课讲得好会有一些意想不到的收获。自 2015年以来，我作为"湘潭大学教授进中学"团队的一个核心成员，应邀到长郡中学、明德中学、长沙市一中、湘潭市一中等 60 余所重点中学做文学、教育或励志方面的演讲。在演讲的过程中，我假装无意，实在有意地穿插一些宣传湘潭大学的软广告。应该说，这些软广告也的确发挥了一些作用。后来，有好几位同学在可以选择其他同等层次学校的情况下，怀着能近距离看看我，听听我的课的动机，选择了湘潭大学。还有几位同学，在我布置的"比较文学"课程作业中，写到了第一次见到我正是在他们的中学时代，因为我去他们学校做过演讲，而他就坐在下面。

2014 年，我在湘潭市作家协会做了一场演讲《文学的功能》。听众中有 7 位小作家——某初中文学社的社员。一开始，我担心他们听不懂我讲得还算比较专业的内容。出乎意料的是，他们不仅听懂了，而且还感动了。讲座结束后，纷纷和我拥抱，合影。他们的指导老师悄悄告诉我，有一个同学因为听了我的讲座，对我以及我的工作单位湘潭大学产生了强烈的兴趣，决定将来考湘潭大学中文系。几年过去了，我再次碰到他们的指导老师，询问那个立志考湘大的孩子如今在哪里读大学。指导老师告诉我，很遗憾，她当年的确想考湘潭大学，可惜高考分数没有上湘潭大学的线，只能去二本学校了，当然，读的肯定是中文系。

第三节　塑造精神

大学的讲授，还有一个更高，也可以说是最高的追求，那就是塑造精神。北京大学教授朱天飚认为，精神的熏陶对大学教育而言非常重要，可是我们常常忘记了这一点：

> 我们应该反思的是，大学到底应该教什么，是要教一门技术吗？我个人感觉，咱们有点朝着这个方向走了，咱们专业化太严重了，这其实不是大学的目的。大学的英文是 university，是普及、普遍的意思。学生来上大学不是学一门手艺，而是想通过大学提高素质，使视野更加广阔，这样培养出来的人才以后可以胜任各种工作。[1]

大学让学生掌握一门手艺和让学生提高素质其实并不矛盾。大学完全可以在让学生掌握一门手艺的前提下再去提高他们的素质。尤其是底蕴深厚的大学，越是重视看不见、摸不着的素质的养成。而何为素质，往往只可意会不可言传。可以肯定的是，素质中包含了诸多精神的要素。我们常常说某个人一看就是北京大

---

[1] 郭九苓：《拓展自由选择的空间，培养独立思考的能力——朱天飚老师谈教育教学问题》，载郭九苓主编：《教学的魅力——北大名师访谈录》，北京大学出版社 2010 年版，第 65 页。

学毕业的，一看就是清华大学毕业的，一看就是湘潭大学毕业的，说的都是整体的气质，整体的品位和整体的精神。

好的讲授不仅能传递知识，引发兴趣，也能塑造精神。比如北京大学钱理群教授，上课有一种强大的气场，这种气场对学生有着巨大的引领和熏陶作用：

> 确实有不少同学说过听我的课好像处在一个"气场"中一样，我一坐在那儿就能把学生"罩住"，他们始终能感到一种吸引力甚至"控制力"。孔庆东以前听我课的时候，一开始是坐在第一排，但后来他就坐到教室的角落里去了。他说他要反抗我对阅读和思想的控制力，但又舍不得不听，所以只好离我距离远一点。还有一个学生曾经说："钱老师，您课上得太好了，听完您的课我们宿舍整整一个星期都在谈论。"因为我的课信息量太大，他们需要用一个星期来消化。这也说明我的课是有局限的，没有给同学留下足够的自由思考空间。[1]

我在大学里遇到了不少讲课讲得好的老师。直到今天，我依然认为，他们当年的讲课水平是国家级和世界级的。我的古代文学老师成松柳先生，以声音的磁性和语言的哲理而著称。我的古代汉语老师夏先培先生，以"软硬兼施"而闻名——自己有学问，课也讲得好，这是"软"；通过种种铁一样的课堂纪律对我们严格要求，这是"硬"。

当年我的古代文学考得并不是很好，我的古代汉语甚至还补考了一次。而且随着时间的推移，他们当年在课堂上讲授的专业知识我也遗忘得差不多了。所以，单从知识传递的角度，很难判断他们的讲课有多好。由于我后来既没有从事古代文学研究，也没有选择古代汉语研究，所以从引发兴趣的角度，也不好确定他们的讲课有多好。但我内心清楚，我虽然遗忘了他们当年传递的知识，也缺乏对古代文学和古代汉语的兴趣，可是，我永远无法忘却他们在课堂上讲课的样子。他们的样子，深深地感染了我，乃至直接影响了今天的我对大学教师的身份有着自己始终如一的理解，对大学教师的职责有着自己从未改变过的坚守。毕业很多年后，我在《教师才是最好的教材》中这样写道：

> 很多年过去了，中文系教过我的很多老师都退休或即将退休了。他们在课堂上讲的话，绝大多数我都忘记了。但是，他们的执着、他们的善良、他们的气质和他们的精神，我是永远不会忘记的，并且或多或少，在湘潭大学的课堂上，我会继续传承着他们的执着，他们的善良、他们的气质和他们的精神。
>
> 从这个角度上看，教师才是最好的教材，学生在心里深处，时时刻刻在阅读、感受和学习着这部教材。这部教材用什么样的态度写，用什么样的目的写，用什么样的方式写，写得如何，对学生的成长要远比一所大学位于何地、排名多少和大楼有多高更为重要。①

---

① 宋德发：《用整个的心做大学老师——宋德发教育随笔》，湘潭大学出版社 2016 年版，第 6 页。

我的老师夏先培先生当年教的古代汉语知识，我几乎都不记得了。可是他对《庖丁解牛》艺术精神的分析，不知何故，深深融入我的记忆，一直在我的耳边回响，甚至融入我的灵魂和精神深处：

> 我一直非常欣赏庖丁的那种敬业精神，他不光是敬业，还能够以审美的态度对待职业，对待事业，对待工作，能够把那样一份血腥肮脏的工作做得那么富有诗意，那简直是令人神往啊！
>
> 人家动不动就说，某某某，是杀狗的，人家也说庖丁杀牛了，但是你不觉得那有任何不爽，一点都不血腥。这段里面还有一句话"牛不知其死也"。牛死了都不知道自己是怎么死的，毫无痛苦地死去，能够做到那个分上，一般人就关注庖丁那出神入化的技巧："善哉！技盖至此乎"，但是我们更应该关注的是庖丁以审美的态度对待工作、对待事业那样一种精神。
>
> 其实很多事情在道理上是相通的。我记得好像是居里夫人说过，"工作者是美丽的。"这里我也可以说一说我自己的感受。我在进入大学当老师之前，曾经当过六年知识青年，当过八年工人，就是说在工厂和农村，我一共干了14年，然后才去读研进入大学当老师。前些年有记者采访我，就问我说，你对自己的工作满意吗？我说非常满意，就是对自己的教师职业，对自己的专业汉语言文学事业非常满意。在从事这个专业的时候我感到非常愉悦，所以有些人可能不理解我为什么那么早起来抓着学生背书呢？因为我从这里面能够收获一种审美愉悦，有同学当年不理解，问我，老师你放过我吧，别叫我背了！我也问过同学：你觉得我每天听你磕磕巴巴背一些我自己早就滚瓜烂熟的东西是很有

趣味的吗？我不是从这个里面获取趣味，我是对一块璞玉进行雕琢，把它琢成一件价值连城的工艺品、艺术品，我是在这个过程中收获了愉悦。[1]

夏先培老师在分析课文的时候，结合自己的从教经历和从教体验说的这番发自肺腑的话，直接参与了我职业精神的塑造。夏先培老师认为，不管从事什么工作，都不要只把它作为一份谋生的职业，即如果我们干工作只是停留在"不做没饭吃"这个层面应该是比较可悲的，我们应该有把自己从事的工作做到审美层次的志向和追求。

当我也做了一名大学老师后，我一直坚信，虽然在当下教师算不得什么时髦和时尚的职业，很多时候，还被视为既没"钱途"又没前途的职业，以至于好多有教学才华的孩子对这个职业避而远之。但是，和厨师、屠夫相比，教师职业的创造性和艺术性还是要强一些。既然庖丁都可以把屠夫这样看起来毫无创造性和艺术性的职业做到极致，做成了艺术，那么我们为什么不可以将教师这份更有创造性和艺术性的工作做到极致，做成艺术呢？我们大学老师，除了立志做科学家，难道不应该立志做教学艺术家吗？而成为教学艺术家的前提就是：成为讲课艺术家！

---

[1] 宋德发：《大学教学名师研究》，湘潭大学出版社2015年版，第58页。

第四章

没有声音，再好的戏也出不来！

——讲授的语言基础

三百六十行，每一行要求的核心能力是不一样的。有的行业特别需要仰望星空，有的行业特别需要脚踏实地；有的行业特别需要动如脱兔，有的行业特别需要静如处子；有的行业特别需要沉默寡言，有的行业特别需要能说会道。

教师，从理想的层面看，当然是综合素质越高越好。但教师的核心能力，也可以说基础能力之一，无疑是语言能力，或者说，后天的勤奋决定了当教师的下限，先天的语言能力决定了当教师的上限：

> 在很大程度上，教学艺术会表现为语言艺术。语言艺术的典型形式，包括相声、小品一类。在文中，诗可能是最具语言艺术的文学形式了。把教学做到如诗如歌如画，当然就是教学艺术了。[①]

老一辈的教学专家萧承慎先生在《教学法三讲》中认为，教师的"人格"（此处所谓人格并非完全含有道德的意味）诸要素中，至少包含了11条：① 教育的爱；② 公正；③ 同情；④ 幽默

---

① 张楚廷：《论教学艺术》，《当代教育论坛》，2018年第5期。

性；⑤ 自制力；⑥ 热心；⑦ 忍耐性；⑧ 自信力；⑨ 康健；⑩ 可爱的仪表；⑪ 良好的声调。对于"良好的声调"，他是这样论述的：

> 教师之工作，用声最多。俗语有句幽默话："轿夫的腿，教师的嘴。"所以良好的教学声调，几为教师无价之宝。有许多人于声音具有微妙不可思议之势力，以影响他人。雄狮一吼而百兽足舞；丹凤一鸣而百鸟来朝。最好的教学声调是清晰而悦耳、和谐而抑扬。陈述一事，有轻有重；形容一物，有声有色。教学声调所最忌者，有：A.尖锐、高亢、粗躁的声音；B.喧哗或躁嚣的声音；C.口齿不清，发音不正的声音，弱小低微、有气无力的声音；D.单调平淡而无抑扬顿挫使人入睡的声音。说话太响、太快或不清晰，实为教师通病。嘈杂的声音，最为恶劣。因为无形之中，常引起教室中学生的吵扰与絮乱。①

司机，默默地开车，不影响成为好司机；警察，默默地办案，不影响成为好警察；球员，默默地踢球，不影响成为好球员。天天要讲课的教师，如果缺乏必要的口才，肯定会影响成为好教师。诚如李雪健拍的润喉片广告词所言："没有声音，再好的戏也出不来！"而教师的"声音"并不是单纯的"声音"，而是包含了"声音"在内的语言，即俗称的"口才"。在张楚廷先生看来，教师要有"相声演员般的口才"：

> 所以，语言的讲究是教师最重要的基本功之一。作家主要

---

① 萧承慎：《教学法三讲》，福建教育出版社2010年版，第124页。

依靠书面语言，相声演员主要依靠口头语言，教师则两者都要依靠。有的教师肚子里有货，就是倒不出；也有教师口才并不差，肚子里货却不多。有的教师，书面语言还可以，口头语言则不怎么样；有的教师，口头语言不错，书面语言并不理想。教师须要有思想家的深刻、文学家的文采、相声演员般的口才，这也许是理想化的想法，却是应当去追求的目标，却是教师的使命。[1]

李镇西先生认为，当老师和做其他工作一样，可能是需要某些天赋的，如果缺乏这些天赋，可能不管多么努力，也很难体验到当老师的成就感和幸福感。当老师可能需要的天赋包括对孩子的亲和力、细腻而丰富的内心世界、敏锐的洞察力、幽默感、浪漫气质、独特的爱好或优势，以及出色的语言表达能力：

这里的所谓"出色"也是相对的，但和有些行业比，教师应该具备较强的语言表达能力，这是毋庸置疑的。教师的语言表达能力，包括口头的和书面的。教师以上课为自己基本的职业形式。课堂上，教师广博的知识、丰富的智慧、出色的能力……都是通过口头表达语言来呈现的。除了外在的形象，学生初见老师的第一评价便是这位老师是否有"口才"。一个说话结巴、冗赘、枯燥、无序的老师，是无法赢得学生的尊敬的；而流畅自然、思路清晰、词汇丰富、用语得体、不枝不蔓的口头表达，无疑能让学生佩服不已。再"高大上"的道理，老师也能讲得通俗易懂，生动形象。有口才的老师特别会讲故事，一件本来似乎平淡无奇的事，

---

① 张楚廷：《教学范畴一百讲》，《张楚廷教育文集》第 2 卷，湖南教育出版社 2007 年版，第 67—68 页。

被老师讲得曲折动人，这样的老师肯定会让孩子着迷的。①

如果著名相声演员郭德纲在我们文学与新闻学院当老师，那我只好主动申请转岗做行政去了。因为郭德纲的口才已经不能用"相声演员般"来形容了，他本身就是相声演员啊，而且是大师级的相声演员。总之，世界上有很多职业，有的职业对口才无太高要求，甚至无任何要求；有的行业，对口才却有要求，甚至极高的要求。教师正是对口才有极高要求的行业："不过，对整个演讲来说，最重要的还是语言。是语言在讲述故事、建构思想，是语言在阐释复杂的概念、进行理性的分析或提出有力的号召。"② 这里的"演讲"自然包括最高级的"讲授"。虽然研究者也一再强调表情、动作等对于讲授效果的作用，但我们相信，表情、动作等只起到锦上添花的作用，它们无法取代"语言"的位置。

第一节　不会讲课的章太炎

有些教师，就其综合表现而言是好教师，但由于缺乏必要的语言能力，所以属于不会讲课的好教师。不会讲课的好教师，当然是好教师，但也是有遗憾的好教师，比如章太炎先生。章太炎先生是公认的学术大师，所以常有人慕名邀请他做学术报告。又因为他享有盛誉，所以听者如云——可以容纳几百人的会场都坐满了，晚来的人只好站在窗外旁听。但在张中行的回忆中，有学

---

① 李镇西：《当老师可能是需要某些天赋的》，《基础教育课程》，2018年第4期。

② 克里斯·安德森：《演讲的力量——如何让公众表达变成影响力》，蒋贤萍译，中信出版社2016年版，第22页。

术魅力和人格魅力的章太炎先生实在缺乏教学魅力：

> 我去听，因为是讲世事，谈己见，可以容几百人的会场，坐满了，不能捷足先登的只好站在窗外。老人满头白发，穿绸长衫，由弟子马幼渔、钱玄同、吴检斋等五六个人围绕着登上讲台。太炎先生个子不高，双目有神，向下望一望就讲起来。满口浙江余杭的家乡话。估计大多数人听不懂，由刘半农任翻译；常引经据典，由钱玄同用粉笔写在背后的黑板上。①

　　章太炎作为国学大师，学问深，名气大，气场足是毫无疑问的。但问题是，他讲课学生听不懂啊。满口浙江余杭的家乡话，对于非本地学生来说，难懂的程度或许相当于湖南湘乡的方言或者笔者老家安徽省庐江县的"塑料普通话"。因此，章太炎先生做一次讲座，同时需要两位同样是学术大师的教授，一个做"口译"，一个做"笔译"。这阵势无疑太大，成本显然太高。如果章太炎先生天天做这样的讲座，就算教务处愿意，同样很忙的刘半农先生和钱玄同先生应该不会答应吧？所以，章太炎先生做研究生导师肯定是好导师，但给本科生上普及性的课，的确算不得受欢迎的老师。

　　不会讲课的著名老师中，沈从文先生也是有代表性的一位。在学生杜运燮等人的眼中，沈从文先生善于在课下手把手地指导学生，但的确不善于在课堂上讲课：

---

① 张中行：《负暄琐话》，中华书局 2006 年版，第 4 页。

虽然也曾慕名去旁听过，但讲课的口才不是他的特长，声音很低，湘西乡音又重，有的话听不见，有的听不懂，因此听过几次后，就不想去了。但一直认为他是我的一位好老师。可说是不上课的老师。更确切点说则应该是，在他家里上课的老师。他是一位善于个别辅导和施行身教的难得好老师。我十分爱上这种课。[1]

应该说，在每一所大学里，都有类似章太炎先生、沈从文先生这样，因为几乎不会讲普通话而极大影响讲授效果的老师（当然，他们又通过其他教学方式的运用而成为名副其实的好老师）。尤其当我们的学生来自五湖四海而不只是来自本地的时候，只能讲方言的老师成为会讲课老师的可能性又会大大降低。

方言太重，是导致口齿不清的重要原因。但口齿不清并不仅仅因为方言太重。有些老师讲不清楚的原因是其他方面的。著名学者王一川先生，读本科时遇到过两位风格迥异的外国文学老师，一位特别会讲课，一位特别不会讲课：

龚翰熊老师，他讲课非常精彩，具有强大的感染力，善于把我们带入到外国文学作品的世界中去。这也让我认识到，作为一名文学老师，一定要让你的学生感到文学的魅力。另外还有一位同样教外国文学课的戴震老师，虽然他上课非常用心，但授课效果不是很好，每当他上课就有一些同学选择逃课，以至于后来只要这位老师一上课，不少同学就感到没劲。但后来毕业时我们

---

[1] 杜运燮：《可亲可敬的"乡下人"》，巴金、黄永玉等：《长河不尽流——怀念从文》，湖南文艺出版社2018年版，第238页。

才知道，戴老师为了把第二天的课讲好，头一天晚上总是整晚备课，准备很充分，因为他知道77级的学生基础好又善于思考，需要全力应付。而每次他给我们讲完课回到家，就会瘫坐在沙发上很久说不出话来。①

　　说到敬业，说到努力，说到投入，戴震先生可谓是教师的典范，但他的讲课却让学生"感到没劲"，比较合理的解释是：他缺乏讲课的语言天赋。所以，戴震先生和章太炎先生一样，适合在幕后做学问，再偶尔做一次学术讲座。当然，他们手把手地指导研究生也是毫无问题的。

　　北京大学中文系著名学者李零，是一位颇有"自知之明"的老师，他认为自己喜欢写作，善于写作，但不喜欢也不善于讲课：

　　　　我不善言辞，讲课讲不好。讲话不像写东西，可以从从容容，反复修改，改好了再发表。除了私下聊天，我不喜欢讲话，特别是在大庭广众讲话。讲课是一门艺术，很难很难，我驾驭不了。准备太多，写成文章，太累，写出来再讲也索然无味，没有准备，思绪万千，线索太乱，人家又不知道你在讲什么。讲话，条理和节奏很重要，有些领导讲话，半天蹦一个字，倒是有条有理，但多是千篇一律的废话。随机的想法，有条有理说出来，不容易。录音，自己听了都脸红。我讲课，主要是吹风，要把问题

_____

① 杜云英：《"从游和研究是我的本分"——访北京师范大学文学院王一川教授》，载周作宇主编：《人文的路线——北京师范大学名师教学访谈录》，北京师范大学出版社2008年版，第445页。

说清楚，还是靠写。①

　　著名学者和作家周国平，文章写得极为漂亮，他的《尼采：在世纪的转折点上》《妞妞：一个父亲的札记》等著作，深邃的思想和风铃般的文字让读者获得极大的美学享受，但他的讲课却非常一般，至少没有他的文字那般漂亮。他亲口承认：

　　在演讲这件事上，我有自知之明，知道自己不是这块料。善演讲的人有三个特点，而我都缺乏。一是记忆力，名言佳例能够信手拈来，脱口而出，而我连自己写的东西也记不住。二是自信心，觉得自己是个人物，老生常谈也能说得绘声绘色，而我连深思熟虑过的东西说起来也没有信心。三是表演欲，一面对观众就来情绪，而我却一上台就心慌。所以，每接到这类邀请，我的第一反应是推辞，万一心软接受了，灾难便从此开始，直到讲演之日没有一天心安。从实践看，我的讲演也基本上是一个失败的历史，经常是怀着对自己沮丧和对听众歉疚的心情走下讲台的。②

　　因为有自知之明，周国平先生干脆选择到社科院做不需要讲课的研究员，做一个专注于写作的安静的美男子。只是后来太出名了，才有人出于对名人的仰慕，请他出来相见。而他因为不善于演讲，所以从未从演讲中获得成就感和幸福感：

---

①　郭九苓：《厚积薄发的探索者——李零老师访谈》，载郭九苓、漆永祥、赵国栋主编：《北大中文名师教育谈》，广西师范大学出版社2015年版，第11页。

②　周国平：《周国平人文讲演录·自序》，上海文艺出版社2006年版，第1页。

其实我是不太喜欢做讲座的，对于这方面的邀请一般都拒绝，因为我有自知之明，我这个人口才不好，刚才主持人说余秋雨先生来这里讲过，我可没有他那个出口成章的能力。我自己觉得我最喜欢的事情就是坐在家里看书、写东西，我觉得这是我最舒服的状态，所以一般我也不太愿意出来做讲座。①

周国平先生是善于选择的，他到中国社会科学院做专职的学术研究，不需要面向学生讲课，做到了职业选择的扬长避短。正因为他不是大学教师，讲课不是他的日常工作，所以他不太会讲课丝毫不影响他的职业形象和职业发展。问题是，口才不好，还要经常上课的大学老师又该如何是好？

第二节　为讲台而生的蒋昌建

有人是为讲台而生的。蒋昌建，复旦大学的明星教师。虽然说复旦大学博士和耶鲁大学博士后给了他成为名嘴的底蕴，但不可否认的是，这两个学术身份不要说在复旦大学稀疏平常，就算在湘潭大学也算不得惊为天人。真正让蒋昌建的讲课从"优秀"走向"杰出"的，正是他超常的语言天赋：他读研究生时率领复旦大学辩论队荣获 1993 年首届国际大专辩论赛冠军，他本人也荣膺全场最佳辩手。担任四辩的他，总结陈词的最后一句引用顾城的"黑夜给了我黑色的眼睛，我却用它寻找光明"，一直被无数自认为声音不错的人模仿，却从未被超越。当年辩论赛顾问王沪宁先

---

① 周国平：《居住文化的哲学解读》，载《周国平人文讲演录》，上海文艺出版社 2006 年版，第 89 页。

生回忆："第一次到新加坡广播局试音的时候，蒋昌建一开口，他那特有的男中音和有魅力的嗓音，就吸引了大家。新加坡广播局的郭奕好小姐，就向我这里看，并伸出大拇指。"①

讲台上更著名的易中天先生，凭借比较深厚的学术底蕴和非同寻常的语言能力，在初登讲台之时，就已经风靡武汉大学的校园，成为公认的"男神"：

> 为什么易中天的课程获得了如此的成功呢？当时，我曾经总结了他的成功经验，并向全校做了介绍。他的成功在于：一是，他讲授的内容新，不同于那些几十年一成不变的老式课程。二是，他思维敏捷，口才好，这就像俗话所说的："一年胳膊两年腿、十年练就一张嘴。"没有良好的口才，要获得满意的教学效果是困难的，现在许多教师教学的弱项也就在于此。三是，他富有激情，不仅能够调动学生们的兴趣，而且还能够抓住他们的心理，知道他们需要什么，他们的疑点、难点在哪里。②

刘道玉先生所言的"没有良好的口才，要获得满意的教学效果是困难的，现在许多教师教学的弱项也就在于此"并没有引起我们足够的重视。在"年年中基金，月月发论文"的"指引"下，大学老师对教师必备的语言基本功越来越缺乏应有的尊重。而这也直接导致会讲课教师的数量远远达不到学生的期待。

---

① 徐琳玲：《蒋昌建这20年》，《南方人物周刊》，2014年第8期。

② 刘道玉：《大学的名片——我的人才理念与实践》，湖南教育出版社2019年版，第44页。

第三节　语言天赋是教师的"一"

认为天赋决定一切不是唯物主义者；认为勤奋决定一切也不是唯物主义者。大学里，如果说教师课外教学的水平更靠耐心和爱心，那么，教师课堂讲课的水平则更靠绝对的能力。而在讲课能力的形成过程中，语言天赋是必不可少的基础。尤其从数量较多的"讲课好的教师"晋升为屈指可数的"大学名嘴"，语言天赋的作用就尤为重要。关于天赋对于成为顶尖人才的作用，作家马笑泉在《还原廖耀湘》中是这样分析的：

在各行各业，那些出类拔萃的人物，除了后天的努力和机缘外，天赋也是一个不可忽略的因素。天赋欠佳，就算再勤奋，也难以取得创造性的成就。有人常以爱因斯坦小时候反应迟钝为例，来说明后天勤奋决定一切，却不知爱因斯坦的先天大脑构造就异于常人：他大脑中负责视觉思考和空间推理的区域——顶叶，要比常人的大百分之十五。而且，它不像常人的大脑那样，被大脑外侧裂分成两个部分，而是一个相对完整的部分。换了一个普通大脑，就算天天冥思苦想，恐怕也难以蹦出相对论这样石破天惊的构想。还有人常引用爱迪生的名言：天才，是百分之一的灵感，百分之九十九的汗水，却从未想过，若没有那百分之一的灵感，百分之九十九的汗水都会作废。这百分之一的灵感出不出现，主要是由天赋决定的。①

---

① 马笑泉：《还原廖耀湘》，《湖南文学》，2015 年第 1 期。

著名学者刘再复对天赋的理解也非常全面和得体。他将关于天才的定义归纳为四种不同意见：第一种意见，强调天才是上帝制造的，自天而降的，即强调天才的先验性、先天性与神秘性，也可以说是强调天才的神性与魔性及不可知性。第二种意见，强调天才是父母给的，即强调天才的遗传性、生理性。第三种意见，强调天才乃是自己争来的，即强调天才的自创性，也就是后天现象。持守这一意见的人，几乎不承认天才的存在。第四种意见，强调天才是老师给的，即教育传授的结果。[①]

在先天的秉赋与后天的勤奋到底哪个更重要的争论中，刘再复亮出自己的观点：天才确实既包括百分之一的天赋，又包括百分之九十九的勤奋。这就是说，两者都极为重要，两者都是天才的根本条件，但两者不是爱迪生所说的相加的关系，而是相乘的关系。换言之，如果没有百分之一的生理性条件，也就是说天分是零，那么，后天的百分之九十九乘以零还是零；但如果具有"一"的前提而没有后天的努力，"一"也没有用。后天的"九十九"（勤奋的程度）乘"一"（天赋的程度）得九十九；后天的"六十六"乘"一"得六十六；后天的"三十三"乘"一"得三十三。如果后天是懒洋洋的零状态，那么先天的"一"也必将归于零结果。即是说，天才既需要先天的生理性的前提（"一"），又需要后天的文化性提升。而"提升"的动因舍"勤奋"别无其他。按照上述的天才观，语言天赋便是教师的"一"。教师的讲课正因为通过语言传播信息才具有文字传播无法替代的作用：

---

① 刘再复：《文学中的天才现象——在香港岭南大学和安徽铜陵三中的演讲》，载《教育论语》，福建教育出版社2012年版，第80-81页。

有一个根本的问题：为什么要劳心费神地做演讲呢？

为什么不把电子文本用邮件发送给每一位可能的观众？

一场 18 分钟的演讲约包含 2500 个单词，许多人能在不到 9 分钟的时间内读完 2500 个单词，而且能够很好地理解。因此，为什么不这样做呢？还可以省去会场的费用，免得每个人舟车劳顿，免得你可能会忘词而出丑，观众只要花不到听演讲一半的时间就可以读完你的演讲内容。[1]

声音和仪态赋予文字以生命，即演讲真的能传递一些打印文字所不能传递的东西。这是演讲的价值，也是教师讲课的价值。有了"语言"这个"一"，教师便有了成为"名嘴""名师"的基础。当然，有语言天赋的人也不少，但好多人并不愿意选择当老师。我每年在中文系上"比较文学"课的时候，都特设一个"八分钟演讲"的环节，从中发现了不少有语言天赋的学生。我问他们："将来愿意当老师吗？""将来愿意成为跟我一样的老师吗？"他们露出"意味深长"的微笑。据我所知，他们后来主动选择当老师的不多，因为那些更有"前途"和"钱途"的职业对他们更有吸引力。

有语言天赋却心甘情愿地放弃发挥自己语言天赋的机会，这令人感到遗憾。因此，我在很多场合都说，媒体宣传时，不要刻意强调和渲染优秀教师的贫穷和凄惨，这样做主观上是宣传优秀教师的高尚，赞美优秀教师的品德，客观上却可能让那些有当老师天赋的孩子们产生误解：优秀的教师都这么穷，这么惨，那不优秀的教师岂不是更穷，更惨？算了，还是选择别的行业吧。极

---

[1] 克里斯·安德森：《演讲的力量：如何让公众表达变成影响力》，蒋贤萍译，中信出版社 2016 年版，第 241 页。

有语言天赋想当老师而不能选择当老师的，同样令人感到造化弄人。华中师范大学戴建业教授便讲了他的老乡尹贵民的不幸故事，读起来让人感伤不已：

> 我家乡那个山村里，有一位叫尹贵民的老兄，他特别喜欢也特别擅长讲"笑话"，每次他讲笑话总是让我笑得肚子疼。他的举手投足无不滑稽，他的语言又极富幽默感。在我印象中，他的喜剧天才绝对超过赵本山、周立波之辈。赵本山的小品虽然很有幽默感，但都是别人事先帮他写好了台词，然后他再出色演绎脚本；周立波在台上表演时，更是时时离不开脚本，他的海派清口其实就是在朗诵和表演事先写好的台词。赵、周二人都算不上脱口秀，而我的这位老乡每次都是脱口而出，舌灿莲花，而且他的幽默都是冷幽默，听众当场笑得前仰后合，过后又能回味无穷。你要是听过他讲"笑话"，再听赵本山的小品，再听周立波的海派清口，你肯定想哭；不，你要是听过他讲"笑话"，你肯定不想再见到赵本山、周立波之辈了。可是，他身体比较瘦弱，砍柴、挑担、犁田样样不行，他讲的"笑话"引得村民大笑，他的笨手笨脚又使村民冷笑。大伙笑他"只会耍嘴皮"，可怜的乡亲从来就没有觉得"会耍嘴皮"是一种才华，而且还是一种难得的才华。当时即使让大家笑破了肚皮，也不能收人家一分钱。在农村一分钱也没有，只能呼吸到清新的空气，找不到半个老婆——他终生光棍。前天听说他已经告别了人世，他留给世人的是笑声，世人回馈给他的是眼泪。①

---

① 戴建业：《辩才：教育的起点》，载《你听懂了没有》，上海文艺出版社 2019 年版，第 98—99 页。

可以想象，如果尹贵民当老师，非常有可能成为易中天、戴建业这样的老师。可惜，人生没有如果。尹贵民的命运和我的父亲类似。笔者父亲宋茂春，1956年出生，会写文章，又是一个极具幽默感的人。可惜由于时代和家庭的缘故，他只读到了初中毕业。由于学历低，他只能先种田后打工。可惜，无论是种田还是打工，都用不上他的幽默感。如果他是一位老师，哪怕教中小学，也能充分发挥自己的幽默天赋，成为受人尊敬的名嘴和名师。但是，他最后只能在田间和工地上浪费着自己的语言天赋，他的语言天赋不仅未能给他带来成功的事业，反而让他常常遭到误解和嘲笑。

相比较而言，易中天老师、蒋昌建老师，在愿意选择当老师的时候又能够选择当老师，这真是无比的幸运和幸福。笔者一直认为，这辈子能够在众多职业中选择并且又能够选择在大学里当老师，真是智慧、幸福的选择。而易中天老师、蒋昌建老师，在完全可以选择其他更有前途或"钱途"的情况下，由于喜欢大学校园里的自由自在，很坚定地选择在大学当相对清贫的老师，这选择本身就是值得尊敬的，而他们后来充分发挥自己的语言天赋，成了所在大学最受学生喜欢的老师之一，无疑更值得尊敬。

第四节　美好声音的五个特质

关于美好声音对于信息传播的重要性，夸美纽斯在标志着现代教育学诞生的名著《大教学论》中有一段非常经典的论断："一个能够动听地、清晰地教学的教师的声音该像油一样浸入学生的心灵，把知识一道带进去。"[1] 根据我们小时候的生活经验，这里的"油"应该是指妈妈用买回来的肥肉炼出来的"猪油"，而非现在从超市里买的菜籽油，因为猪油才有如此悄然的渗透性。

无疑，声音是语言最外显的条件之一，它至少包括五个要素：① 音准；② 音量；③ 音色；④ 音律；⑤ 音质。如果教师的声音同时具备这五个要素，那无疑是"中国好声音"；同时具备其中四个要素，那肯定是"湖南好声音"；同时具备其中三个要素，那可能是"湘潭好声音"。

所谓"音准"，就是普通话要尽量标准。如今大学都是面向全国招生，学生也来自全国各地。在这种情况下，教师如果方言太重，有些学生不免有"完全听不懂"的感觉。教师如果普通话标准，无疑会大大改善讲课的传播效果。华中师范大学的"网红教授"戴建业先生，讲课讲得极好，却因为普通话太差，无法通过中央电视台《百家讲坛》的试讲，因而丧失了走向更广阔舞台的机会。幸运的是，他后来又借助"抖音"红遍了神州大地。

所谓"音量"，就是声音要足够大。如果是大班上课，音响效果又不太好，那教师天生的大嗓门无疑会让信息和情感的传递更具有穿透力。但的确也有老师讲课，声音始终无法打开，导致第一排的学生听起来都感觉吃力，最后一排的学生更只能通过做其他事情来打发时光了。

所谓"音色"，就是声音要动听优美。女教师的声音如果温柔甜美，男教师的声音如果浑厚磁性，自然会给学生带来一种春天般的温暖。如果教师声音很"尖锐刺耳"，那学生听了自然会心烦

---

① 夸美纽斯：《大教学论》，傅任敢译，教育科学出版社2014年版，第206页。

气躁。根据我目前的听课经验，华中师范大学的吴军其教授、国防大学的金一南教授，都属于"音色"极好的教师。金一南教授做讲座，有些地方分明是在读 PPT，我却听得热血沸腾。

所谓"音律"，就是声音要富有节奏感。 节奏感其实就是韵律感。为什么有些教师明明普通话标准，音量也足够大，音色似乎也不错，但听久了会感到很疲倦？正因为他的声音缺乏传说中的"抑扬顿挫"。

所谓"音质"，就是声音要具有辨识度。大学的"名嘴"们，虽然普通话整体而言都还算不错，却很少有像播音员那样字正腔圆的。或许，播音腔的声音固然标准，但也缺乏点个性。因此，像易中天这样普通话不太标准，戴建业这样普通话非常不标准的教师，可以通过鲜明的辨识度、特殊的"质感"等个性化特征，弥补声音其他方面的不足。

声音对于语言而言固然极为重要，但语言并不仅仅局限于声音。声音是一种外在的形式，但语言却是和内容紧密联系的。脱离了内容的声音，可以成为朗诵，但不能成为讲课。因此，教师最终要修炼的并不是单纯的声音，而是内容与声音悄然融合的语言能力：

> 教师的语言应做到：1. 准确；2. 深刻；3. 简练；4. 生动、诙谐；5. 富于启发。语言是通过听觉和视觉传递的符号或符号集合，但其主要反映思想、情感，这里所说的五点也体现了这种反映。这五点既是对教师语言的要求，也是对教师思想的要求。①

———

① 张楚廷：《教学范畴一百讲》，《张楚廷教育文集》第 2 卷，湖南教育出版社 2007 年版，第 68 页。

有些教师声音条件极好，但其讲课却因为缺乏丰富多彩的内容而让人感到毫无语言魅力。毕竟讲课不是朗诵，声音好听就可以了。就算是朗诵，也还需要融入必要的情感，而不是单纯的拼声音。有些教师声音条件明明不是很好（如普通话不标准），却能让学生听得如痴如醉，因为他们的语言有深厚的内涵。比如戴建业教授，他的语言是有个性的、有想象力的、有辨识度的、有幽默感的，因此，他在声音天赋极为缺乏的条件下，也通过后天的修炼拥有了独特的语言：

> 我长期为不会讲普通话而苦恼，读大学和研究生时，我的方言一直是室友们的笑料，走上大学讲坛后因不会讲普通话，差点被校方转岗去"搞行政"。何曾料到，如今"戴建业口音"上了热搜榜，网上还不断出现"戴建业口音"的模仿秀。[①]

因此说，教师语言的锤炼和思想的锤炼是相伴而生的。没有语言的锤炼，思想常常不能得以顺利展开，思想的光芒可能会黯然失色，但没有思想的锤炼，语言的锤炼失去了基础和内涵。总之，教师如果有先天的好声音，那无疑给拥有好语言打下了扎实的基础。但"好语言"的内涵远远比"好声音"要丰富。教师，最终要修炼的，是内涵更为丰富的"好语言"，而这显然是任重而道远的事情：

> 教学艺术乃一种语言艺术，这是必然要外显出来的。然而，

---

① 戴建业：《"何曾料到"与"未曾做到"——写在九卷本"戴建业作品集"出版之前》，载《你听懂了没有》，上海文艺出版社 2019 年版，第 1 页。

又必是由内而外显现的。凡艺术都是锤炼的结果，磨砺的结果。教学艺术尤其需要千锤百炼，需不断打磨。我们已提到过伽达默尔关于"语言是我们拥有世界的唯一方式"的著名言论。由此，我们可知，一个人语言的丰富程度，反映了他拥有的世界的丰富程度，他语言的精深程度，反映的是他对世界认识的深刻程度。他语言的美妙，反映的是他所看到的世界的美妙。由此亦知，当一个人在磨砺自己的语言时，无论他是否自觉到了，都是在打磨自身，都是他在通往一个更广阔的世界的路上行走着。用海德格尔的话说，就是在回到自己的"住所"的路上走着。①

从某种程度上说，教师以声音为核心的语言能力多半是天生的。但也不得不说，教师的语言能力整体上偏弱，不仅仅是天赋不足的问题，也有后天训练有限的缘故。实际上，在我们的教育体系中，口才训练一直都是薄弱环节。在这一点上，西方教育倒是值得我们借鉴的。早从古希腊教育开始，以论辩为核心的口才训练占据了重要位置，而这个传统又被古罗马人所继承：

> 在古罗马人的世界里，就像在希腊人的世界里一样，由于没有印刷的书籍，没有报纸或其他交流媒介，公共事务都是在议会和法院里面对面进行的，因此演讲术的精通掌握是获得权势的钥匙。但是这并不仅仅指把话说得动听的能力——罗马人认为人有别于动物就是由于说话的能力——而且还指能够抓住和提出论点或者批驳

---

① 张楚廷：《论教学艺术》，《当代教育论坛》，2018 年第 5 期。

论点的思维能力，这就需要在文科学科中受到全面的教育。[①]

后来这个传统就一直被传承下来，并且得到了强化和发展。相比较而言，我们的教育向来不重视口才，这导致口才好的老师不仅得不到尊重，甚至常被误解为缺乏学问只会夸夸其谈的典型。所以，我特别认同著名学者，同时也是讲课艺术家的福建师范大学教授孙绍振陈述的一个严峻事实：

> 演讲，在社会生活中占有如此重要的位置，但其特殊规律的研究却长期没有得到应有的重视。我们的领导、教师、经理可能多达几千万以上，在他们工作、生活中，演讲（作报告），可能是一个很重要的组成部分。但是，在我们的集会上，在我们的课堂上，把演讲与写文章混为一谈的习惯势力从来没有受到挑战，哪怕是一个很小的会议，念讲稿，眼睛不看听众，几乎成了天经地义的常规。从理论上来说，这就混淆了为文与演讲的最基本的界限……对于演讲、讲座、讲课规律的轻视，造成了普遍的盲目无知。似乎演讲、讲座就是书面研究成果的传达。[②]

当我们成为大学老师后，应该有很多机会弥补过去教育忽视演讲的过错，那就是充分利用站讲台的"权力"，有意识地锤炼研究和研究演讲。遗憾的是，大学老师对写作的重视远远超过对演讲的重视，对书面发表的钟爱远远超过对口头发表的钟爱。大学

---

① 阿伦·布洛克：《西方人文主义传统》，董乐山译，生活·读书·新知三联书店1997年版，第5页。

② 孙绍振：《演说经典之美》，福建教育出版社2017年版，第3-4页。

老师演讲意识和演讲能力的薄弱，通过各种学术会议上的发言和报告便可窥一斑：

　　作为学者，除沉潜把玩、著书立说外，还得学会在规定时间内向听众阐述自己的想法。有时候，一辈子的道路，就因这十分钟、二十分钟的发言或面试决定，因此，不能轻视。中国大学没有开设演讲课程，很多学者缺乏这方面的训练。①

　　说到底，我们做学者的动机太强了，赢得学界承认的动机太强了，我们做老师的意识太弱了，赢得学生认可的意愿太弱了。我们对自己语言上的不足缺乏足够的认识，对自己语言上的追求缺乏清晰的规划。因此，我们发表了很多非常有新意的论著，主持了很多有新意的课题，但我们可能真讲不好一堂面向本科生的、带有普及性质的课。如果真有做好老师的雄心壮志，那么想一想，完全不会说普通话差一点被转岗的戴建业先生，都可以通过后天艰苦、自觉的修炼成为享誉神州的名嘴，那我们还有什么不敢期望的呢？

---

① 陈平原：《语文之美与教育之责》，载《六说文学教育》，东方出版社2016年版，第141页。

第五章

幽默感

——讲授的方法一

讲课不外乎有三种风格，一是抒情的，以北京师范大学于丹老师为代表；二是哲理的，以复旦大学陈果老师为代表；三是幽默的，以厦门大学易中天老师为代表。抒情过度，可能会煽情；哲理太多，可能会说教；幽默泛滥，可能会油滑，因此，特别会讲课的老师，可能会将三种风格统一于一身，该抒情的时候抒情，该哲理的时候哲理，该幽默的时候幽默。当然，就算将三种风格统一于一身，也还会有一种风格会相对突出一些的。总体而言，幽默的风格最受欢迎，为何？同人的心理和精神需求有关："人为何对越是婉转、深沉、隐喻的东西，越有兴趣呢？因为，人的笑容是写在脸上的，人的喜悦是留在心里的，只有进入心灵深处的东西，才会引起由衷的喜悦（或悲伤），而后才有脸上的笑容（或眼泪）。"[1]

幽默正是"婉转""深沉""隐喻"的东西，能让人喜悦或悲伤，露出笑容或流下眼泪的"东西"，对于各种类型的演讲而言，幽默的作用显而易见：

---

[1] 张楚廷：《高等教育哲学》，《张楚廷教育文集》（第1卷），湖南教育出版社2007年版，第247页。

幽默会消除观众的抗拒。从开始就使观众发笑，你就是在巧妙地告诉他们：亲爱的朋友，请跟随我的脚步，我会让你看到有趣的风景。那些跟你一起笑的观众很快就会喜欢上你。如果有人喜欢你，他们就会认真聆听你的演讲。笑声会冲开人们的防线，这样，你就有机会跟他们真诚交流。"[1]

那什么是幽默呢？我给幽默下的定义就是：意味深长的搞笑。幽默肯定搞笑，但搞笑却不一定幽默。幽默是一种综合智慧，凡是能被称之为幽默的搞笑，或多或少都是高级的、有一定内涵的搞笑。所以，教师需要谨防搞笑过度，但不需要担心幽默过度。幽默又可分为表情幽默、动作幽默和语言幽默三种类型。在实际操作中，一般以语言幽默为主，表情幽默和动作幽默作为有力辅助。[2]

第一节　中国人缺幽默感吗？

中国人缺幽默感吗？当然不缺。不仅不缺，中国人的幽默感在世界上可以说是数一数二的。但为何还有人感觉中国人缺幽默感呢？因为中国人的幽默感缺乏展示，或者说，中国人的幽默感是被各种因素压抑住了。

一般来说，有话语权的人才有更多的机会展示幽默。可是越有话语权的人受到的束缚就越多，有些话就不敢讲了。所以人们

---

[1] 克里斯·安德森：《演讲的力量：如何让公众表达变成影响力》，蒋贤萍译，中信出版社 2016 年版，第 63 页。

[2] 参见孙海燕、刘伯奎编著：《口才训练十五讲》，北京大学出版社 2015 年版，第 220 页。

总感觉有话语权的人喜欢讲"正确的废话"。但如果有机会私底下和他们接触，在他们敞开心扉的时候，就能发现他们还是很幽默的。

中国人的幽默感不仅在私底下展示得很充分，在网络上也体现得淋漓尽致。网友们在不发表反动言论的前提下，可以尽情展示自己的真想法、真性情和真感受。在这样的过程中，幽默也就自然地流露出来了。不妨举两个例子，让大家真切感受一下中国人特有的幽默感。

第一个例子：网友们调侃国足

民间有一种说法，有两种球根本不需要看，一是中国乒乓球，谁都打不赢；二是中国足球，谁也打不赢。辱骂中国足球太不尊重他人，赞美中国足球太不尊重自己，调侃或许是最合适的选择：

1. 请别喷男足，男足是我一个同事的救命恩人。去年他出车祸，成了植物人，一直躺在医院里，怎么叫都不醒，医生都说没有什么希望了。直到昨天护士开了电视，刚好是男足比赛，他硬是起来把电视给关了……

2. 甲：听说你哥哥在国家队踢球？乙：你哥哥才在国家队踢球呢！你们全家都在国家队踢球！

3. 中国男子足球，前面两个字侮辱了这个国家；中间两个字侮辱了这个性别；后面两个字侮辱了这项运动。

4. 你说人种吧，日本韩国场场虐西亚；你说经济问题吧，战火纷飞的叙利亚也把你赢了；你说体制问题吧，朝鲜也进了世界杯了；难道是性别问题？那泰国还能赢你个五比一……我真是服了。

5.等中国足球队赢了，我就跟你离婚。他淡淡地说。听完后，她心里暖暖的，她想，没有比这更天长地久、海枯石烂的承诺了。

6.中国足球要想再进世界杯可分为五步走：第一步：通过运作，让国际足联分配给南极洲一个名额；第二步：贿赂国际足联，使中国男足被分到南极洲赛区；第三步：中国男足和企鹅争夺出线权；第四步：客场逼平企鹅；第五步：主场安排在三亚，热死企鹅后直接出线。按目前实际来看，这"五步走"计划的唯一难点就是第四步了。

第二个例子：《战狼 2》公映后的网友评论

2017 年 7 月 27 日，吴京导演和主演的《战狼 2》全球公映，同期上映的还有当红"流量明星"云集的《建军大业》。请看网友们想象力非凡的评论：

1.在《战狼 2》中，吴刚负责演"战"，吴京负责演"狼"，张翰负责演"2"。

2.强烈支持《建军大业》，为了庆祝《建军大业》隆重上映，本人携带一家老小购了 6 张《战狼 2》的票以表祝贺！祝《建军大业》票房大卖！

3.《战狼 2》一点都不好看，虽然也是一部爱国主题的电影，但是我个人觉得还是《建军大业》更值得大家去看一下！因为你们都去看《建军大业》，我就能买到《战狼 2》的票了。

4.吴京你好，昨晚看了你的《战狼 2》，很震撼，辛苦了！就是新买的电动车 3000 多块，在电影院外面被偷了，请问能报销吗？

5.想看《战狼2》，结果走到电影院门口，看到一辆没有上锁的电动车，顺手卖了1600，怕被人发现，赶紧跑回家了。

6.偷我电动车者，虽远必追。

中国人不缺幽默的能力，但有些缺幽默的意识和幽默的胆量。尤其在一些正式的、隆重的、严肃的场合，我们对"幽默"是敬而远之的，主要是担心"言多必失"。幽默的话固然有趣，但也是有风险的；无趣的话固然无趣，但至少是没有风险的。

我主持的中国大学视频公开课"故事中的人生——西方古典文学选讲"在讲古希腊神话故事时，便是用幽默的方式复述诸神的好色，却被一些听众评价为"低俗、媚俗"①。我非常尊敬的著名学者和讲课艺术家孙绍振先生，在讲到中国女娲造人的神话和《圣经》上帝造人时，得出一个结论：西方是男性上帝创造了第一个人，我们是女性（女娲）英雄创造了人类，接下去他是这样说的：

> 当然，这一点不能说绝了。因为我们的汉字里，还有一个字，那就是祖宗的"祖"字。这个偏旁，在象形方面，是一个祭坛，而这边的而且的"且"字，则是一个男性的生殖器的形象，里面的两横，就是包皮，很形象的。（笑声）不要笑啊，我据很严肃的学者考证啊，它的确是在座男同学无论如何，都要认真遮挡起来的那个部位。（笑声）这在今天来看，是很不严肃的，是

---

① 参见宋德发：《西方文学欣赏课教学心得——申报"中国大学视频公开课"背后的故事》，《郑州师范教育》，2014年第6期。

吧？但在当时可能是很庄重的，是受到顶礼膜拜的。这玩意儿，有什么可崇拜的？可了不得啦！庙堂里那些牌位，包括孔庙里，祠堂里那些牌位，包括我们所有祖先的，为什么千篇一律都是那样一个样子？你们想过没有？就是因为，它仿照而且的"且"啊！（笑声，掌声）在很长一段时间里，不管是皇帝，还是老百姓，都要向这样而且的"且"磕头的啊。而且……（大笑声）这一磕，就磕了上千年。磕得忘乎所以，都忘记了这个而且的"且"原本是什么玩意儿了。甚至皇帝们称自己的前辈为太祖、高祖的时候，也忘记了，太祖、高祖的原初意义，应该叫人怪不好意思的。太，可能就是天下第一吧，太祖，就是天下第一生殖器啊！（大笑声，鼓掌声）而高祖，就是高级的那个东西，有什么了不起的嘛？！（鼓掌声，欢呼声）据考证，东南亚一带，至今仍然有拜石笋的风俗，石笋就是而且的"且"字的另一种形象，不过那个很庞大、伟大，而且，（大笑声）你们不要笑，我说的这个"而且"，不是那个"而且"。（大笑声）一般人，没有那么庞大、伟大，就是了。（大笑声）而且，（笑声），好，糟了，从今以后，我不能再说这个连接词了，而且，（大笑声）连讲"祖国"都感到亵渎了。（大笑声）①

　　这一段讲解是非常幽默的，乃至每一句话都能引发笑声，而且是"大笑声"。但这样讲会不会有风险？当然有！这段讲解涉及诸多"性"的内容，比我讲古希腊神话中诸神好色的故事要大胆、直接和豪放很多。想一想，我那还算保守的讲课都有网友在网上

---

①　孙绍振：《演说经典之美》，福建师范大学出版社2017年版，第10—11页。

骂我轻浮，怎么不会有"一本正经"的人质疑孙绍振先生这样讲课？但孙绍振先生像所有有幽默感的人一样，对自己幽默的方式和幽默的分寸是有把握的。

还有人认为，幽默是男人的专属，和女人无关。比如享誉教育界的ＡＳ尼尔说，"说一个男人缺乏幽默感，犹如说他不会开车，无疑是奇耻大辱。类似评价实在难以被男人原谅。"① 这个说法有一个潜台词，就是男人比女人有幽默感，所以，女人不幽默是情理之中，男人不幽默是天理难容。这相当于说坚强只是男人的标志，与女性无关一样。其实女人也是有幽默感的，就像女人也是可以坚强的一样。如果说男生受到儒家文化和现实生存的束缚而不敢幽默，那么女生还要受到男权文化的制约，更加要压抑自己的幽默感。不妨也来举个例子，让我们感受一下女人的幽默感。针对网友提出的"有趣的高晓松和无趣的吴彦祖，你选哪一个？"这个问题，女网友们是这样回答的：

1. 我不是一个只看外表的肤浅女人，我选吴彦祖。

2. 我觉得长得好看就很有趣啊。

3. 谁说吴彦祖无趣了？人家还做得一手好菜呢！

4. 我觉得高晓松和吴彦祖之间选没有什么悬念啊。不过如果是吴彦祖和马云，那我就得考虑考虑了。

5. 好看的皮囊多，有趣的灵魂很少。我选吴彦祖！

6. 高晓松真的很不错啊，会唱歌会讲段子，又幽默又有智慧，我选吴彦祖。

---

① ＡＳ尼尔：《尼尔！尼尔！橘子皮！》，沈湘秦译，北京师范大学出版社2017年版，第320页。

7.跟高晓松做灵魂的伴侣，和吴彦祖做世俗的夫妻。

8.我喜欢有内涵的人，当然要选吴彦祖了。

9.选高晓松当爸爸，选吴彦祖当老公。

10.我选吴彦祖陪我一起听高晓松。

有女老师提出，好多话只有男人说得出口，女人说出来就显得轻浮。但反过来想一想，有些话也只有女人说得出口，男人就说不出口。比如有一位美女老师，在下午2：30上课，发现前排都是空的，而且有午睡习惯的学生都在昏昏欲睡。这位美女老师灵机一动，只讲了一句话，不仅改变了班上座位的格局，而且立刻让沉闷的课堂气氛热烈起来："第一排来几位帅哥，让老师我提提神！"如果一位男老师也这样说："第一排来几位美女，让老师我提提神。"那学生们会怎么看？他们肯定会说："这个老师真猥琐、真道貌岸然啊！"

第二节　幽默感对讲课的作用

每所大学，能被全校学生公认为"名嘴"的，多半是有幽默感的。从这个角度看，当老师所需要的众多天赋中，幽默感的确是不可或缺的。

我认为，幽默感是一种极富智慧与情感的语言表达，这种语言表达机智而敏捷，能给人带去轻松愉悦。但幽默本身并不只是一种外在的语言，而是其心灵的敏锐、精神的饱满和乐观的情怀的自然而然的呈现。所以幽默绝不是"耍嘴皮子"，而是积极友善的心灵散发出来的芬芳。我看过很多关于"学生最喜欢的老师的品质"的调查，"幽默感"往往排在前列。是呀，具有幽默感的老师，让学生觉得有趣，能够最快地缩短师生之间的心理距离，可以减少学生可能出现的来自学习、生活的压抑与忧虑，让学生维护自己心理的平衡，进而产生一种安全感和愉悦感。我自己倒没觉得我有幽默感，但毕业多年后的学生来看我，往往给我讲一些我自己都忘记了而让他们捧腹并记忆犹新的"段子"。我喜欢开玩笑，喜欢自嘲，这可能是我与生俱来的特点吧！而正是这些特点让我的学生觉得我"有趣""好玩儿"，进而喜欢我。试想，一个不苟言笑也不善玩笑的老师，会让学生感到索然无趣，而一个无趣的老师，他的教育往往还没出发，便被学生"敬而远之"了。①

幽默对讲课的作用有多大？早在 20 世纪 40 年代，对讲课颇有研究的萧承慎先生就作出了比较好的回答。在他看来，教师在课堂上"说一两句清淡的笑话"，可以"引学生松散一次"：

许多教师在班上上课，总是道貌岸然，滔滔不绝，有时班上的空气异常紧张与不自然，而最易感觉疲乏。故教师遇有空气紧张的时候，应当说一两句清淡的笑话，引学生松散一次。教师对于所授课业固应十分严肃，但是自己不要表示过于严肃的态度，总要使学生觉得自然。此即所谓"温而厉，威而不猛，恭而安"（《论语·述而》）。不然则使学生见师如见虎，因此而影响其对学习之态度。古人曾有打油诗一首形容此种情形。诗曰："读书年

① 李镇西：《当老师可能是需要某些天赋的》，《基础教育课程》，2018年第4期。

十五，见师如见虎，秦火未烧完，留下我受苦。"故在美国关于教学的优良品质之各种研究中，幽默性（或作诙谐意味）亦列在首要之地位。[1]

幽默对于讲课的作用，我想举一个例子来说明或许更为生动具体。电影《中国合伙人》中的主角之一成东青，最初是北京大学的英语老师。电影中有一个片段，展示了他在北京大学上英语课的场景。只见黑板上写了三行英语：

Both of them stayed behind
the man who stayed behind
the man who was left behind

成东青老师背对着学生，拿着教鞭指着黑板上的句子，开始毫无激情、有气无力地讲解："Both of them stayed behind，由他们两个留守，stayed behind，留守……"他无意中回了一下头，发现全班学生都趴在桌子上睡觉。他忍无可忍了，大声呵斥起来："你们可不可以不要在课堂上睡觉，你们上的是最好的大学，你们的父母花了半辈子的辛苦钱，把你们送到这里，不是让你们睡觉的。如果你们实在不喜欢听我讲课，你们可以走。"

一个女生立刻收起书本，在他眼皮底下头也不回地走出了教室。成东青老师惊愕。虽然他也知道自己上课没有意思，但此时此刻，他的心灵还是受到了创伤。尴尬和沉默了十秒钟后，他走

[1] 萧承慎：《教学法三讲》，福建教育出版社 2010 年版，第 121-122 页。

下讲台，走到前排的一个桌子前，坐了上去。开始了一段很即兴的讲话（估计深埋心底很久了）：

　　同学们，你们为什么要学英语啊？

　　（一女生答：去美国啊，成老师。）

　　那你们喜欢英语吗？

　　（学生答：不喜欢。）

　　我也不喜欢。可是你们知道我的单词量还不错吧。都是被你们逼的。有一天有一个同学拿着一个单词问我：这个单词怎么读啊？它认识我，我不认识它。（学生大笑）我觉得太丢人了。我就回去背词典。上市一本我背一本。我看你们还能不能考倒我。（学生笑）

　　你们知道吗？我特别害怕别的同学看不起，因为我是从农村来的。我就特别想讨好他们。我最好的朋友孟晓骏和王阳嘲笑我，说我这是儿媳妇大肚子，装孙子。（学生大笑）那时我还听不懂什么是装孙子。我还傻傻地说，我没有装孙子。我真的是孙子啊。

　　后来我就追上了全校我觉得是最漂亮的一个女生。然后我们就毕业了。毕业了，就去考托福，去签证，结果她通过了，我被拒签了。我就成了 the man who was left behind（那个被留下的男人）。她出国前一夜还把我给睡了。（学生狂笑，掌声）

这段即兴演讲之后，刚才那位说学英语是为了去美国的女生立刻做出评价："成老师，您今天讲课和平时不太一样。"成东青老师深鞠一躬。学生们致以最真挚和热烈的掌声。可以说，这堂课成了成东青老师讲课方式发生巨变的转折点。

在北大当教师时，成东青的讲课能够将中国最优秀的一群学生给催眠了。原因何在？王阳对他的一句评价道破了天机："20年前，成东青还没有学会当众讲笑话。"所以，那天当成东青坐在桌子上来了一段很任性的讲话后，学生大为惊讶："成老师，您今天讲课和平时不太一样。"不一样在哪里？原来成老师这么会讲笑话啊！这个在绝望中无意做出的改变为成东青赢得了学生的掌声，也让他瞬间领悟到了什么。

因为在课外办培训班而被北京大学开除的成东青，成了英语培训学校的英语老师。面对一群充满野性的学生，成东青知道，在北大课堂那种规规矩矩却也沉闷枯燥的讲课方式已经行不通了。以前的学生不喜欢你，最多是睡觉，偶尔有胆大的走掉了，也不会影响你拿工资，而现在的学生不喜欢你，就会肆无忌惮地起哄，然后直接走人。他们走了，你就只能饿肚子了。为了留住学生，也为了吸引更多的听众，呆板的成东青学会了风趣：

1. 救护车，ambulance，怎么读？一个人为什么需要救护车啊？因为他受伤了但又不想死，所以 ambulance 可以读成"俺不能死"。

2. 怀孕，pregnant，怎么读？女人为什么会怀孕啊？因为"扑来个男的"，所以 pregnant 可以读成"扑来个男的"。

3. 同学们，学英语就像学鸟叫。你在树林里学鸟叫，当有四只鸟落在你肩膀上的时候，说明你过了英语四级；当有六只鸟落在你肩膀上的时候，说明你过了英语六级；当有一群鸟落在你肩膀上的时候（学生齐答：说明你考过托福了），说明你成了鸟人。

4.我觉得男人的梦想，都是从追女人开始的。在认识我的初恋女友之前，我常常给另外一个女生打热水。可后来我发现她有男朋友，就问她：那你为什么还要我给你打热水呢？她说是为了让自己的男朋友休息一下。

电影作为艺术，在表达上不免夸张。所以成东青老师讲的笑话，有些浮夸，有点重口味，在真实的大学课堂，其实不适合讲。但是，他尊重学生的情感和需要，及时而又勇敢地转变讲课方式，并且取得了极好的效果，无疑值得大学老师学习。

新东方的英语老师和大学里的英语老师最大的不同不是英语水平，而是讲课的方式：他们都被要求做"段子手"，要在讲课时穿插各种"段子"，好让课堂充满幽默感。比如他们为了让学生迅速记住英文单词，是这样教读音的：

1. 经济 economy（依靠农民）

2. 海关 custom（卡死他们）

3. 地主 landlord（懒得劳动）

4. 雄心 ambition（俺必胜）

5. 强壮 strong（死壮）

6. 羡慕 admire（额的妈呀）

7. 脾气 temper（太泼）

8. 律师 lawyer（捞呀）

可不可以这样教学生记英语单词？仁者见仁，智者见智。从记住单词的角度看，完全没有这个必要。我本人考过英语四级和六级，记单词时什么技巧都没有用，都是"死记硬背"的，刚开始有点艰难，后来越来越觉得轻松。但大学的英语课堂是比较容易枯燥、沉闷的，老师通过一些"奇思妙想"偶尔插科打诨一下，的确有助于活跃课堂气氛。

幽默感对于讲授的作用，还体现在可以很好地弥补教师其他方面能力的不足。如我年轻的同事来森华博士，普通话不太标准，但学生特别喜欢他的课，因为他太有幽默感了，以至于有学生称他为"湘大戴建业"。比如讲古人如何学驾车的课，他将非常文雅的"御"说成"开车"，将古人学习"御"说成是"考驾照"，还说古人的"驾照"也分为"A 照"和"B 照"。一番讲解后，居然还联系当今的考驾照，煲起了心灵鸡汤，让人"喷饭"却又不得不点头称道：

如今，驾驶汽车已成为一项基础技能。造父"上驾校"的故事虽然讲的是驾驶马车，但二者具有很多相通之处。

其一，不可心浮气躁，半途而废。造父学车三年，泰豆没有告诉他任何驾车技术，但造父没有放弃，最终打动了泰豆。当今世界，个别人往往因短暂的挫折或失败而自暴自弃，真是一大遗憾。

其二，练好基本功，熟能生巧。泰豆并没有让造父直接上车练习，而是让他在梅花桩上练习步法，这跟当下学车时先必须熟悉路规、分别熟练每一个技术动作等道理相通。可是，不少人急于拿到驾照而容易忽略基本功的扎实练习，甚至用一些非常规手段火速拿到驾照，结果生手上路往往会酿成一幕幕悲剧。

其三，内心专注，握好"方向盘"。开得稳，才能行得远。

驾车的时候，一定要做到气定神闲、泰然自若，身临险境而心神不乱。这既是尊重自己的内心意愿，也是对车辆性能、道路状况的积极适应。

就教练而言，最大的启示就是要寓教于乐、善于启发、触类旁通。①

华中师范大学的戴建业教授，在普通话极为不标准或者说几乎不会说普通话的情况下，正是通过天然的幽默感让自己的语言充满了独特的魅力。为了方便几十年、几百年后的读者还能真切地感受戴建业老师的幽默感，请允许我多摘录一些他的幽默语录：

1. 杜甫《饮酒八仙歌》中写到"知章骑马似乘船，眼花落井水底眠"，讲述贺知章喝醉酒后坚持骑马，随后掉入井中，写的什么东西呢？这是典型的酒驾。

2. 陶渊明是个特别有幽默感的诗人，你要是不认真读，你就不知道幽默在哪里。他第一句写得特别隆重，种豆南山下，你以为他种得蛮好，他突然来一句，草盛豆苗稀，种的个鬼田。要是我种的这个水平，我绝不写诗……

3. 王之涣的《登鹳雀楼》大家都知道，他也是狂得要死，狂得要命，都是狂得没办法，看这首诗一般人是写不出来的，"白日依山尽，黄河入海流"。我们认为这境界已够阔达，他还觉得不过瘾，又来个"欲穷千里目"。还觉得不过瘾，再来个"更上一层楼"！这叫盛唐！浪漫得要死，狂得要命。

---

① 来森华：《先秦时期"上驾校"能学到什么》，《智慧中国》，2019年第8期。

4. 自我感觉最好的人就是李白。李白自我感觉之好，那真是好得你不可理解。他觉得天下没有什么他搞不定的，但是老实说，他只是有文才、诗才。但是他一直以为他有政治才干，他在四十岁那年，接到了唐玄宗的诏书，召他进京。哇，他写下了"仰天大笑出门去，我辈岂是蓬蒿人"。一看他这个德性就当不了官。

5. 杜甫是李白的粉丝，跟着李白一起，从河南洛阳出发，夏天里，到河北、山东，找仙人、采仙草、炼仙丹，半路上又遇到了高适。三个人从夏天里搞到秋天，找仙人、采仙草、炼仙丹，三个人搞得蓬头垢面，都没有成仙，听懂了没有？

6. 唐玄宗有一件事让大家觉得他腐败，尤其是他爱杨贵妃爱得死去活来，结果把天下都给爱丢了，让我原来对他印象也不好。我今年59岁，对人的评价慢慢都开始比较宽容了，知道将心比心。他当了几十年皇帝，到了晚年才开始腐败，听懂了没有？我要是当了皇帝，我这么爱老婆的人，我估计最多五年就腐败了。

7. 十年之后李白漫游到宣州，写下了"人生在世不称意，明朝散发弄扁舟"。这话什么意思？就是说今天过得不开心，明天我就能撂挑子不干。都过气网红了，还想着耍大牌呢。

8. 孟浩然的《过故人庄》打头的是"故人具鸡黍，邀我至田家"。农村里散养的鸡才是幸福的鸡，一家煮鸡肉，整个村子能闻到鸡香。现在城里人吃的都是关在笼子里、流水线上养的不幸福的鸡，在厨房煮鸡肉，客厅里都闻不到香味。

9. 李白狂，杜甫呢，我们都觉得他是个老实巴交的人，其实你都想错了，他也一样的狂！"读书破万卷，下笔如有神"，我告诉大家，我上大学之前就知道是杜甫写的，但我原来以为他是写别人的。一上大学我大吃一惊，他是说自己的！他说自己"读书破万卷，下笔如有神"。如果是我写的，大家肯定觉得我恬不知耻，是吧。

10.中国的历史上有个奇怪的现象，人才来的时候，都来了，走的时候，一下子就没了。你看，春秋战国有孔子、老子、庄子、韩非子等诸子百家；魏晋南北朝有曹氏三杰、建安七子、诗人陶渊明；唐朝有李白、杜甫、王维、孟浩然等大批诗人；宋朝有黄庭坚、朱熹、苏轼；近代有鲁迅、胡适、梁启超、郁达夫、沈从文……哎呀，那个群星灿烂啊！像赴宴一样，一群群来，一群群走。

11.那个鬼汪伦走了狗屎运了，李白的一首诗让他流芳千古了，后代人谁都知道唐朝有个农民叫汪伦。

12.现在好多小孩没有美感，一说到洗衣服就想到小天鹅。看看唐诗描写的洗衣归来："竹喧归浣女，莲动下渔舟。"多美，多有诗意。

13.唐朝是个火热的时代，是个经常亮肌肉的年代，每个人都有机会改变自己的命运，寒门出宰相，士兵成将军。

14.李白是唐朝文人中自我感觉良最好的，他好到什么程度？他认为自己身上有仙气，所以他不屑和俗人打交道，所有人他都看不上眼，他只视贺知章为知己，因为贺知章称呼他为"谪仙人"。他一辈子只正经工作了一年半，其余的60年都在游手好闲。

15.李白他总是在名楼设名宴、请名人，不晓得是哪里来的钱，有人研究他的经济来源，到现在也没有搞明白。

16.我最崇拜武则天了，哎！太了不起！我要是生活在那个年代，我不教书了，要去为她工作。

17.武则天是个了不起的皇帝。中国的女性中有两个伟大的人物，一个是武则天，一个就是李清照，她们让我对中国的女性刮目相看。如果武则天是我们今天的省委书记，打死我也要去考公务员！

18.即使是爱情诗，在盛唐也是明亮的。来看看王昌龄的《闺怨》："闺中少妇不知愁，春日凝妆上翠楼。"老公不在家，还打扮得漂漂亮亮，所以这首诗的中心思想就是——想老公。

19.骆宾王给武则天写了篇檄文，他那檄文写得波澜壮阔，把武则天骂得狗血淋头，最后两句："请看今日之域中，竟是谁家之天下！"武则天一看，她不生气，她说："这么有才的人，你们干嘛不把他搞到"中央"来，把他搞到外面去骂我，搞到"中央"来帮我骂别人多好！"

20.杜甫四十多岁时还只是个仓库管理员，但他的诗却忧国忧民，这就是吃地沟油的命，操"中南海"的心。

21.有个成语叫"扬眉吐气"，说的是哪个人呢？就是李白。我们都用习惯了，都麻木了，都不知道出自什么地方，"扬眉"呢就是眉毛不停地上扬，"吐气"呢就是吐出一口气——"呼，老子总算是出头了！"

22.古代女子十九岁还没嫁人那就有问题了，听懂了没有？——那是要么穷，要么丑，要么就是又穷又丑！

23.诗歌一到宋朝就不行了。宋朝有个宰相非常有才华的，叫晏殊，他写了"无可奈何花落去，似曾相识燕归来"。你与唐诗对比看，就知道什么叫盛唐——昂首阔步，老子就是天下第一！

俗话说，好看的皮囊千篇一律，有趣的灵魂万里挑一。戴建

业老师幽默的重要途径就是通过天马行空的想象，对古代诗人的言行做了一些出乎意料、又情理之中的神一样的点评。这的确需要老师有过人的才情，也需要老师真正能观察生活、拥抱生活和感受生活。余光中先生说：

> 世界上高级的人很多，有趣的人也很多，又高级又有趣的人却少之又少。高级的人使人尊敬，有趣的人使人欢喜，又高级又有趣的人，使人敬而不畏，亲而不狎，交结愈久，芬芳愈醇。[①]

戴建业无疑属于"又高级又有趣的人"。有专家认为，戴建业教授没有把自己变成诗和诗人的奴仆，没有将中国古典诗词放在高雅神圣的高处，小心翼翼地供奉着、伺候着，而是像一个老朋友一样走进诗人生活的时代，走到诗人面前，撕下他们的"伪装"，直面他们的欲望与挫折、困窘和理想，然后把他们的诗掰开了、揉碎了，捏成幽默轻松的方式呈现在学生面前，诗的内涵与意境一下子就清晰了。他的讲课，就像街头老伯拉家常一般，既幽默风趣，又不失内涵和他自己的态度。

第三节　无声语言中的幽默感

学生不仅"听"老师讲课，也"看"老师讲课。因此，大学老师除了有声语言要有魅力，无声语言也不能逊色。不少大学教师上课，且不说内容多么无趣，单说教态就很是单一和呆板：从头

---

① 余光中：《朋友四型》，载《茱萸之谜》，山东文艺出版社 2018 年版，第 274 页。

到尾，一种表情，一种姿态站在三尺讲台上，除了嘴皮外，身体其他部位动也不动——能够做一些表情，做几个手势的，就算很放得开了。说得积极一点，这体现了中国人的含蓄和内敛，说得消极一点，这说明很多大学教师对"无声语言"的运用几乎没有。课堂缺乏"无声语言"，现场的感染力自然大打折扣。

好不容易出了一个易中天，便让人觉得很另类、很新鲜、很欧美范儿。易中天的独特魅力不仅体现为有声语言幽默和生动，还体现为不拘一格的教态：表情丰富、肢体舒展，甚至还有精心设计的剧情表演。所以说易中天是"表演艺术家"一点也不为过。

> 我惊奇地发现，易中天，他也许是一个普通意义上的学者，一个作家，一个教师，但他更是一个有着特殊意义的艺术家，一个表演艺术家。他在我心目中的形象，渐渐地和袁阔成、单田芳、郭德纲甚至黄健翔联系在一起……他的表演通俗易懂、老少皆宜、引人入胜、雅俗共赏，他是我们这个时代创出的明星，他的出现，是偶然的，也是必然的，偶然性蕴藏在必然性中。[①]

在"百家讲坛"上，易中天为了解释"避席"（离开席子）的含义，居然将一张早已准备好的席子铺在讲台上，然后脱掉鞋子，像演电视剧一样，当场示范古人是如何"避席"的。应该说，这样的场景让人忍俊不禁，这就是一种无言的幽默。易中天在"讲台"上获得的成功启示我们，大学教师除了要革新讲课的内容，还需要革新讲课的形式。所以，我们要学习易中天，放松乃至放

---

① 红霞：《杂说易中天》，《师道》，2009 年第 1 期。

开自己的表情和肢体，在讲台上结合讲授内容，适当地"表演"起来。当然，除了学习易中天，外国不少大学教师的教态也值得我们借鉴。或许是天生比较外向的缘故，国外不少大学教师上课时，手舞足蹈是常见的场景。还有更夸张的，如谢利·卡根（Shelly Kagan）教授，讲课时干脆坐在讲台上，但学生们也觉得非常地自然。谢利·卡根教授是耶鲁大学公开课"死亡"的主讲人。对中国大学生来说，这门课最让人震撼的地方可能不是内容的深邃，也可能不是教师的帆布鞋、牛仔裤、格子衬衫和杂乱无章的大胡子，而是教师放荡不羁的"盘腿而坐"。中国大学生何曾见过这样的讲课姿态，又何曾想象过这样的讲课姿态未曾被教务部门定性为"教学事故"。

我们常常说"讲台即舞台"。舞台又有何特别的要求？举个例子就能解释这个问题。我有一个同事，平时给人的感觉就是很木讷和土气，穿衣打扮也很老气横秋。突然有一天，我看到他在湘潭大学毕业生晚会上的表演，被吓了一大跳：只见他穿着白裤子、套着红上衣、戴着黄帽子，在台上又蹦又跳、撕心裂肺地唱着摇滚："我的心，在等待，永远在等待！"可谓激情四射，星光灿烂。

一个中年男老师，日常生活中如果穿衣打扮很老气，大家都会觉得很正常；如果穿着白裤子、套着红上衣、戴着黄帽子，大家肯定会认为脑子有病。但是，他在舞台上表演的时候，尤其是唱摇滚的时候，衣着如此地浮夸，我们又认为非常地正常，甚至觉得很有艺术的美，而且还能呈现出一种充满个性的幽默感：我们一边鼓掌，一边忍不住笑起来。相反，如果他在舞台上穿日常生活中穿的衣服，我们则认为毫无美感。

相同的道理，当大学老师走上讲台（亦即舞台）的时候，在言行举止上是可以适度夸张一点的。可又有多少大学老师真的把讲台当作舞台那样去表演？其实，将讲台当作舞台还远远不够，我们还应该将整个教室当作舞台。大学教师的躯体不应该为三尺讲台所局限，而应该根据教学的需要，将整个教室掌控在自己的手中，然后"用我们的表演撑起整个舞台"。

第四节　幽默感是先天的吗？

幽默感可能是先天的，所以一个缺乏幽默感的人，就算对照着《口吐莲花：幽默自我训练50法》（百花文艺出版社2011年版）、《幽默逻辑揭秘》（福建人民出版社1998年版）、《孙绍振幽默文集》（三卷本，广东旅游出版社2002年版）等幽默学著作刻苦练习，估计也没有特别明显的效果。我本人的幽默感基本上也是遗传的。在一本书的后记中，我也不无骄傲地写道："我自觉从父亲那里继承了两笔宝贵的财富：络腮胡和幽默感。对男性而言，这应该算是两件性感的武器吧。"[①]络腮胡是外在的性感，幽默感是内在的性感。幽默感加上络腮胡，那就是由内而外的性感。这句话既是调侃，也是真情实感。我的父亲没有赐给我物质的财富，却赐给我当老师的一种天赋：幽默感。实际上，对如今的我而言，幽默已经成为一种人生态度和生活方式，"以幽默的方式过一生"也成了我的信仰和追求。所以就像非常幽默的琢磨先生所言：

　　总有人让我写个关于幽默的文章，但我觉得幽默应该不是

---

① 宋德发：《厄普代克中产阶级小说的宗教之维·后记》，湘潭大学出版社2009年版，第242页。

一篇文章，而应该是一种人生态度，就是能始终找到最有趣的角度，把残酷的生活，变成一个大大的玩笑，自己逗自己乐，自己笑了，便什么都放下了。[①]

幽默感是天生的。所以，有些老师讲话，看似平淡无奇、轻松写意，却获得很好的幽默效果。如某大学法学院和中文系合并为文法学院，校长在年终总结大会上说："今年，我校所有的系都已经升级为学院，这意味着我校从此没有系（戏）了。"老师们大笑。过了几年，文法学院又分为法学系和汉语言文学系，校长在年终总结大会上说："这意味着我校又有系（戏）了。"老师们大笑。我的同事吴岳添先生讲法国文化时，将自己留学法国时的所观和所感很自然地说出来，就能引发阵阵笑声：

> 有法国人打电话请我看电影，我高高兴兴去了，却是自己排队买票。假如有法国人请你吃饭，一定要听到"请你"才去，否则你去了，就是他请你吃饭，你自己掏钱买单。（笑声）
>
> 法国人喜欢晒日光浴，有钱的在海滩上晒，没有钱的在公园里铺个席子晒。（笑声）他们将皮肤晒成古铜色，认为这就是美。其实日光浴是有害的，你看他们三十多岁皮肤就不行了。老了的时候，皮肤像个油彩盘似的。（笑声）
>
> 有一个巴黎男人请我去他家里，在我身上摸来摸去。（笑声）还赞叹说："你们亚洲人皮肤真好啊。"（笑声）我问："你是不是同性恋？"他说是的，吓我一跳。（笑声）他说："这不是我的错，

---

① 琢磨先生（郭城）：《以幽默的方式过一生》，中信出版社 2017 年版，第 282 页。

是上帝，因为上帝把我们的大脑构造得与常人不一样。"（笑声）

法国人从小用计算机用习惯了，导致算数很不好。我和法国人去买东西，我头脑一转，就算出来找多少钱。但这个巴黎人从怀里掏出一个计算器，在那里按啊按啊。（笑声）我就奇怪了，这么简单的数学也要拿计算器按啊？！十块钱买了七块五的东西，找二块五，不就完了，还要按啊？这是什么脑袋？（笑声）

一个法国人和一个中国人在一起，他肯定搞不赢中国人，但一群法国人和一群中国人在一起，中国人肯定不行。法国人的思维是：你好，我要比你更好；中国人的思维方式是：我还是以前那样好，但先将你弄得不好，然后我就比你好了。（笑声）

法国人很有敬业精神，他们上班不能迟到，如果迟到了，唯一可以原谅的是：出了车祸。（笑声）如果是家里老妈病了，行不行？不行！因为医院救护车可以将你老妈拉到医院，照顾得很好。

法国人喜欢周末聚会：要么请人，要么被人请。如果不参加聚会就会被边缘化。在我们国家，最好的男人是下班后回家，但在他们看来，男人如果这样，没有出息，所以他们就算一个人，也要去酒馆喝个半醉，然后回家。（笑声）

听完吴岳添老师的讲课，可能感觉幽默原来就是这么简单。或许，就像幽默的赵本山先生说的那样，讲真话就是一种幽默："是啊，现在很多时候，真话就是幽默。你说句真话，下面哄堂大笑。"[1] 总之，幽默感可能是天生的，但幽默的意识和幽默的胆量却是后天获得的。除此之外，具体课程中所呈现的幽默感，更需要

---

[1]　张斗和：《说话是一门艺术》，语文出版社2015年版，第165页。

教师有意识地钻研和积累，否则，空有幽默感，也没有幽默素材啊。为了更好地说明这个问题，我想举一个例子。

我的同事刘稳丰老师被湖南省教育工委授予"湖南省高等学校优秀党校教师"称号，可谓是讲党课讲得最好的党课老师之一。党课因为课程性质的特殊性，无疑比一般的课更难讲。刘稳丰老师本着"寓教于乐""雅俗共赏""深入浅出""亦正亦谐"的讲课理念，刻苦钻研讲党课的方法和艺术，最后形成了自己独一无二的讲课风格：用幽默方式表现庄重的内容，让听众在轻松愉悦中受到教益，途径之一就是将打油诗融入党课中。为此，多年来他坚持收集、创作和改编打油诗，再结合讲课内容，在两者之间建立起巧妙的联系。

1.讲共产党员要吃苦在前享受在后，要有吃亏的打算和行动，他写了这首打油诗："共产党员要肯吃亏，肯吃亏才能有作为；要常吃亏，常吃亏才能有权威；要多吃亏，多吃亏才能有人随；肯吃亏常吃亏多吃亏，工作才能向前推，人生才能不后悔。"

2.讲共产党员不仅要思想好、工作好，身体也要好，他说"身体好，我们为人民服务；身体不好，人民为我们服务"，他还化用为打油诗："身体好，自己不受罪，家人不受累，节省医药费，有利全社会。"

3.讲到共产党员要处理好公和私的关系，他化用河南南街村写在墙壁上的标语："大公无私是圣人，先公后私是贤人，公私兼顾是好人，先私后公是庸人，损公肥私是坏人。"显然，共产党员不能做庸人，更不能做坏人，共产党员要做贤人和圣人。

4.讲到干部综合素质应该要高，他引用打油诗："本领不强会被笑死，办法不多会被急死，品行不正会被骂死，时间不够会愁死，身体不行会累死。"

5. 讲到有的地方有一种不良风气，就是不敢批评，不愿批评，大家都说一些正确的废话、严谨的套话、漂亮的空话、美丽的假话，他引用了打油诗："批评领导职位难保，批评同事关系难搞，批评下级选票减少，批评自己自寻烦扰。"于是，"对领导放礼炮，对同事放空炮，对自己放假炮"。

6. 讲到有的共产党员盲目自信，看不到自己的缺点，他创作了"段子"："人最大的缺点是看不到自己的缺点；最危险的缺点是坚持自己的缺点；最无知的缺点是为自己的缺点辩解；最可笑的缺点是睁开眼睛看不到自己的缺点，闭上眼睛感觉别人全是缺点。"

7. 讲到共产党员对别人的批评要有正确的态度，他运用了这首打油诗："正确的话要诚恳听，错误的话要参考听，反对的话要分析听，刺耳的话要冷静听，奉承的话要警惕听，讥讽的话要忍受听，批评的话要虚心听。"

8. 讲到党员干部要坚持民主集中制，将民主基础上的集中和集中指导下的民主统一起来，特别是主要负责人要注意多讲民主，他用了一首打油诗批评个别领导的专权霸道："一把手说一不二，二把手说二不一，三把手说三道四，四把手说是是是，如是五六七，专心做笔记。"

9. 讲到党员要有感恩之心，努力回报社会和组织，他创作了打油诗："以德报德正常，以怨报怨平常，以怨报德反常，以德报怨超常。"党员做不到超常，至少应该做到正常。

10. 讲到党员要言行一致，但有的人表里不一、言行不一，说与做脱节，他写了打油诗进行批评："说金钱是罪恶，都在捞；

说美女是祸水，都想要；说高处不胜寒，都在爬；说烟酒伤身体，都不戒；说天堂最美好，都不去。"

党课可谓是思政课中的思政课。刘稳丰老师讲党课常用的方法对我们讲思政课显然是有启发的。思政课极为重要，讲思政课的方法也同样重要。思政课是"德育"的重要组成，但毋庸讳言，我们的思政课以及我们的"德育"多少存在着"裸化"的现象，但事实又证明赤裸裸的说教和灌输效果又是最糟糕的：

人们为何喜欢相声？因为它诙谐、幽默。人们为何喜欢音乐？因为它深情、婉转，从那里可以听见自己的心声。人们为何喜欢诗歌？因为它隐喻、辽阔，从那里可以看到未来和一个更美好的世界。从形式上即可看出，对于从神秘到深隐、从隐喻到直陈、从直陈到露骨渲染的东西，人们的兴趣是逐渐下降的。然而，我们的教育，或者我们的课程，常常就是从学生最低兴趣的地方开始的，从最露骨的地方以最露骨的方式开始的。[1]

赤裸裸的东西常常就是最肤浅的东西，两者之间必然性的联系是容易理解和判断的。所谓赤裸裸，在内容上就是表层的、外在的、平淡的，在形式上就是灌输的、说教的、死板的、生吞活剥的。而教育心理学的研究表明，暗示、隐喻是效果更佳的教育方式；反之，明示或过于张扬的方式，效果相对欠佳。刘稳丰老师讲党课的成功启发我们：幽默和故事一样，是消解德育"裸化"

---

[1] 张楚廷：《高等教育哲学》，《张楚廷教育文集》第 1 卷，湖南教育出版社 2007 年版，第 247 页。

非常有效的方式。

幽默感已经属于显性的教学艺术范畴了。并不是说所有的教师和所有的讲授都需要幽默感。但从我们做学生、做听众的经验看，幽默感的确是增加讲授无形魅力的有力武器。厦门大学的易中天教授、华中师范大学的戴建业教授、北京师范大学的王向远教授、南京大学的潘知常教授、湖南科技大学的吴广平教授、深圳大学的王立新教授等，都是以幽默著称的教师，他们的讲授知识含量、思想含量和智慧含量是充分的，而他们传递知识、思想和智慧的方式，由于借助了幽默的手段更显得独树一帜。此外，我们需要承认，每一所大学公认的"名嘴"，多多少少都是有幽默感的。幽默也不仅仅是幽默，它还暗含着充满个性的语言方式、思维方式，甚至生活方式：

> 诙谐与幽默只是一种形式，其实质在于自由思想、自由表达。在这种情况下，社会拥有了个性，才可能拥有幽默和诙谐。实质也在于，这是创造。创造总是出其不意的，因而很有味，再加以有趣的表述，就可能是幽默或诙谐了。①

幽默在讲授中的运用，会让知识的传授变得不再枯燥；会让思想的传递变得不再直白；会让智慧的启迪变得悄然无声。幽默可能是无声的（通过表情和肢体），但更多时候是有声的（通过语言）。有声的幽默与无声的幽默相配合，大大地提升了讲授的效果。

---

① 张楚廷:《改革路上——张楚廷口述史》，西南师范大学出版社2019年版，第265页。

第六章

讲故事

——讲授的方法二

讲授要不要讲故事？原本以为这是一个不需要争论的话题。讲授当然需要讲故事！但我们的确听到了不同的声音。一种质疑的声音来自理工科老师，他们认为，在理工科的课堂上讲故事，有偏离教学目标的嫌疑，再说理工科的课堂也没有故事可讲啊；另一种质疑的声音来自文科老师，其中还包括文学老师，他们认为，在课堂上讲故事是老师在迎合学生的低级趣味，有哗众取宠的嫌疑，老师就应该讲有深度的内容，哪怕他们听不懂，听得没有意思，听得痛苦不堪，那也绝对不能妥协。面对这些质疑，我们依然可以坚定地说，讲授一定要讲故事。

第一节　为何讲故事？

一是喜欢听故事是人的本性。人类有四大显而易见的本性：一是喜欢吃喝；二是喜欢美色；三是趋乐避苦；四是自我欣赏。其实，还有一个不太显而易见的本性，就是喜欢听故事。可以说，喜不喜欢听故事和人的职业无关、性别无关、肤色无关、年龄无关。诚如毛姆所言："他们把为讲故事而讲故事看作是小说的一种庸俗形式。我认为这很奇怪，因为听故事的愿望在人类身上，同财产观念一样是根深蒂固的。自有历史以来，人们就聚集在篝火旁或市井处听讲故事。"①

人类学家波莉·维斯纳（Polly Wiessner）通过40年的研究发现，古人白天讨论的话题多聚焦于经济及社会，到了晚上，心情开始变得放松，就会有唱歌、跳舞、仪式活动等，但大多数时间是用来讲故事：

> 这些故事把人们带到火堆旁，走进聆听者的内心。有些故事讲述活着的人，有些讲述去世的人，有些关于现在，有些关于过去，有些让人欢笑，有些让人紧张或害怕，有男人们讲的故事，也有女人们讲的故事。故事明星常常是老者，有时他们虽然已经视力不济，但依然因其精彩的故事而受到人们的尊敬。②

我的同事吴岳添老师，曾经给一位退休的政府高官讲课。这位前政府高官读大学时期是一位喜欢法国文学的工科男，退休后，闲暇时间比较多，就想重温一下青春时期的感觉，便邀请吴岳添老师到家里给他一个人讲法国文学。刚开始时，吴老师认为给"大人物"讲课必须要讲点有深度的，于是便讲了不少法国文学思潮和流派方面的内容，但这位特殊的"学生"反应不太明显。当吴岳添老师讲到乔治·桑与缪塞、肖邦的爱情时，这位特殊的"学生"突然来了兴致，立刻与吴老师进行了积极的互动，提了好多有意思，乃至有些八卦的问题。这时吴岳添老师突然领悟到：哪

① 毛姆：《巨匠与杰作》，孔海立译，华东师范大学出版社1987年版，第16-17页。

② 克里斯·安德森：《演讲的力量——如何让公众表达变成影响力》，蒋贤萍译，中信出版社2016年版，第76页。

怕是一位 80 多岁的老人，哪怕他是理工男，哪怕他以前是从政，他也喜欢听故事；他不仅喜欢听故事，而且喜欢听爱情故事；他不仅喜欢听爱情故事，而且喜欢听那些"不太正常"的爱情故事。有此领悟后，吴岳添老师后面的课就讲得无比顺利了，因为法国文学最不缺爱情故事，尤其不缺"不太正常"的爱情故事。

吴岳添老师的法国文学私教课就在各种好玩的故事中结束了。那位特殊的"学生"听得很开心，一开心，中午就请吴岳添老师喝茅台酒。吴岳添老师说，这一辈子没有喝过这么好喝的茅台酒。吴岳添老师给前政府高官讲故事的事例也给我们一个启发：听故事不仅是人性，而且是一种美好的人性，教师讲故事，不过是尊重这种美好的人性而已。

二是学生更喜欢听故事。喜欢听故事是人的本性，那学生自然毫不例外。学生其实比一般人更喜欢听故事，因为学生还是孩子，而孩子无疑比大人更喜欢听故事。我的孩子刚出生的时候，我就仔细地观察他到底最喜欢什么。最后发现，他最喜欢两样东西，一是玩具，尤其是各种各样的车；二是听故事，每天晚上，他都是在我们朗读故事的声音中甜甜地睡着的。他五岁的时候，听过的故事书已经超过 200 本了。学生其实就是大孩子，大孩子也是孩子，喜欢听故事是他们的特点。因此，为了更好地讲授，教师也要讲故事：

学生喜欢听故事，故教师宜喜欢讲述故事。原理与故事相比，他们更喜欢听故事；直白与隐喻相比，他们更喜欢隐喻。故事，是过去了的事，他们有兴趣知晓过去已发生的事，因而喜欢故事；教育不就是传递经验吗？故事可承载着经验，通过他们所喜欢的故事去传递经验，从方法到目的，都合适。故事就是种隐喻，隐喻着经验和原理。①

以学生为中心，是现在比较流行的教育理念。但我们对"以学生为中心"的理解却过于狭隘。"以学生为中心"并不等于教师不要讲课，更不等于所有的教学都变成"翻转课堂""线上线下混合式教学"。"以学生为中心"也包括教师在讲课的时候，根据学生的兴趣、特点、感受和期待选择恰当的讲授方法。而讲故事，正是讲授中"以学生为中心"的一个重要体现。

三是故事充满了力量。在人类思想史上，故事所扮演的角色不说比理论更重要，至少和理论同等重要。2012 年，莫言荣获诺贝尔文学奖。在颁奖典礼上，他作了题为"讲故事的人"的演讲，其中有几句说得尤为动情和动人：

> 我是一个讲故事的人。因为讲故事我获得了诺贝尔文学奖。我获奖后发生了很多精彩的故事，这些故事，让我坚信真理和正义是存在的。
>
> 今后的岁月里，我将继续讲我的故事。②

讲故事，讲好故事，这就是作家的价值。在知识分工之前，人类的思想主要是通过故事的方式承载和传播的。就像在古希腊，

---

① 张楚廷：《教师与教育哲学》，《张楚廷教育文集》第 19 卷，湖南人民出版社 2012 年版，第 18-19 页。

② 莫言：《讲故事的人——在诺贝尔文学奖颁奖典礼上的讲演》，《当代作家评论》，2013 年第 1 期。

《荷马史诗》长期承担着教育古希腊人的角色。古希腊人也正是从《荷马史诗》的故事中获得知识、思想、智慧和快乐，所以古希腊人的日常生活呈现出这样一幅图景：

> 篝火旁围坐着大圈呵欠连天的人们，有老人、年轻人，还有孩子。与他们一起坐着的是一位盲人，他一边拨弄着七弦琴，一边向人们娓娓讲述着那永远讲不完的神祇、黄（应为"英"——引者注）雄与祖先的故事——这就是人们想象中的荷马时代。①

古希腊人在故事中度过岁月，走向成长，其他民族的先民应该也是在听故事和讲故事中，度过漫漫长夜，走向智慧的殿堂：

> 请想象这样一幅场景：夜幕降临，美丽的星空下篝火闪耀，燃烧的木柴噼啪作响，一位老者起身站立，所有的目光都投向他，看他饱经风霜的面容在舞动的火光下熠熠生辉，于是，故事拉开序幕。随着老者的讲述，每一位观众渐渐融入故事情节，感受着故事中人物的喜怒哀乐。这是一个奇妙的旅程，不同的心灵凝聚成一个共同的意识。在一段时间内，所有篝火会成员行动一致，就像一个独立的生命个体，他们一起起身，一起跳舞，一起歌唱。从这一共同背景出发，他们即可迈开共同行动的步伐，或开启一段旅程，或投入一场战斗，或建造一座居所，或举行一场庆典。②

---

① 高小康：《导言：讲故事的人》，载《人与故事——文学文化批判》，东方出版社 1993 年版，第 1 页。

② 克里斯·安德森：《演讲的力量——如何让公众表达变成影响力》，蒋贤萍译，中信出版社 2016 年版，第 15 页。

当代人围着篝火跳舞的场景能时常见到，但围着篝火听故事的日子可能一去不复返了。不过，老人和孩子，男人和女人，坐在电视前，观看一个又一个荧屏上的故事，为之哭，为之笑，依然是日常生活的一部分。

随着知识的分化，讲道理逐渐从讲故事中独立出来，哲学开始登上历史舞台，但充满道理的哲学依然无法取代故事传播道理的作用，因为故事自身就饱含了道理。黑格尔是伟大的思想家，莎士比亚也是伟大的思想家，只不过，前者是通过逻辑来传递道理的，后者是通过故事来传递道理的。很难说黑格尔比莎士比亚更有深度，也很难说一个研究黑格尔的老师就比研究莎士比亚的老师更有深度。

四是故事充满了隐喻。故事的力量是通过隐喻体现出来的，这是故事与原理的主要区别。原理的目的是讲道理，故事的目的也是讲道理。讲相同的道理，通常情况下，故事比原理更受学生欢迎，这既因为故事比原理更有趣，也因为故事更能体现人与人之间、教育者与受教育者之间的平等："一般来说，故事中不会含有直接教训人的那种内容，没有那些乏味的教条。因而，故事常常也就以平和的口气述说某人、某事或某物。人在故事面前是平等的、主动的。"①

张楚廷先生说，"教育是关爱，不是指挥；教育是亲近，不是摆布；教育是介入，不是干预；教育是启迪，不是外加；教育是建议，不是命令；教育是促进，不是安排；教育是辅导，不是取代；教育是交谈，不是唠叨；教育是权利，不是恩赐；教育是欣赏，不

---

① 张楚廷：《院校论》，西南师范大学出版社 2015 年版，第 132 页。

是耳提面命；教育是生长，是师生共同的生长；教育是生活，是诗画般的生活……"① 教育的这些特征决定了隐喻比赤裸裸的灌输和说教更值得期待，而充满隐喻的故事自然也应该走进教育。因此，好的教师不只是懂得原理，熟知原理，而且还知道围绕着原理发生的很多故事，可以在教学中信手拈来。

故事在讲授中的意义，不只是限于文学、史学、哲学之类的课程，也适用于理学、工学之类的课程。理学、工学之类的课程，概念、命题、推理固然占有更重要的地位，但这不等于它们不能讲故事，不需要讲故事。以数学课为例，如果数学课中只有计算和论证，只有逻辑和命题，似乎也是可以的。但是，如果数学课要传递数学文化和数学精神，要恰当和适当地融入"思政"的内容，那么就需要讲一讲数学故事。

数学教育在相当程度上可以是故事性的，而且应当是故事性的。数学教育必定要有论证，有计算，即使是在论证中，计算中，也可以有许多有趣的、好听的故事；如果数学教育中只剩下纯粹的论证、纯粹的计算，那肯定是一种失败。数学中可亲近的东西没有了，数学中可体验的东西没有了，数学中可供欣赏的东西没有了，于是，它极可能让学生感到枯燥，并疏远它，厌恶它。会觉得它如一位在他们生活之外的教育者，因而与之保持长长的距离。②

---

① 张楚廷：《教育基本原理——一种基于公理的教育学》，湖南师范大学出版社 2009 年版，第 185 页。

② 张楚廷：《论教育》，《张楚廷教育文集》第 13 卷，湖南人民出版社 2012 年版，第 482 页。

张楚廷先生在做大学校长之前，是一位正宗的、优秀的数学老师。他根据自己讲授数学的经验和心得，确认数学教育在相当程度上可以是故事性的，也应当是故事性的，所以在讲授数学课时，他乐于讲数学故事，也善于讲数学故事。他讲了毕达哥拉斯的故事，牛顿、莱布尼茨的故事，笛卡尔的故事，伽罗瓦、阿贝尔的故事，高斯、黎曼的故事，鲍耶、罗巴切夫斯基的故事，欧拉的故事。他还特别讲到了三位女数学家的故事，她们是法国人吉尔曼，德国人艾米·诺特，俄罗斯人柯瓦列夫斯卡娅。因为女数学家特别稀少，所以她们的故事更为灿烂夺目。他还说到了我们中国的数学家陈省身、丘成桐、华罗庚、陈景润、王子坤、王元、潘承洞等人的故事。

既然看起来没有故事的数学课也有这么多故事，看起来不应该讲故事的数学课也可以讲这么多故事，那么，其他的课程自然能够讲故事，也需要讲故事。在天文学课程里有哥白尼的故事，有布鲁诺的故事；在化学课程里有拉瓦锡的故事，有门捷列夫的故事；在生物学课程里有达尔文的故事，有我们中国人谈家桢的故事。

北京大学生命科学院的汪劲武老师，也是一位喜欢讲故事、善于讲故事的理工科老师。讲到香椿树与臭椿树的一个显著区别就是它的树皮是纵向开裂的时候，为了给学生留下更深刻的印象，他讲了一个有趣的故事：

　　传说古代有一个皇帝一次到山里一户人家，到了吃饭时候，那家人急了，家里没吃的嘛，于是跑到山里捋了点香椿叶子炒了个鸡蛋。皇帝一吃："哎呀，世界上怎么有这么香的菜，我要封它为树王。"于是题了个字出去挂，把牌子错挂在了臭椿树上。结果旁边的香椿一看，哎呦气得皮都裂了！民间传说非常形象，今年校庆时，59届的同学返校了，来了不少人，一进来就跟我说，汪老师你当年讲香椿的故事我们现在还记得呢！①

综上所论，由于听故事是人的本性，更是孩子们的本性，由于故事和理论一样具有育人的力量，并且是通过"隐喻"而非"直白"的方式来传递这种力量，所以，大学老师在讲授时，要敢于讲故事、乐于讲故事、善于讲故事。故事并不是一切，但故事可以承载一切，它可以承载神圣，承载信仰，也承载奥秘；所有这些，随着故事一起融入学生的心灵，就像所有的营养随着红薯、高粱、玉米、鸡蛋一起融入学生的身体，而故事的讲演者好像是与学生一起在共饮共食。

第二节 何时讲故事?

讲故事是需要相当的语言能力的。一个相同的好故事，有的老师讲得很有吸引力，有的老师却讲得无趣和无聊。教师语言能力的修炼属于另外一个话题。在本章我们主要谈"何时讲故事"。

一是讲概念时用。美国著名社会心理学家费斯汀格曾提出一个判断：生活中的10%是由发生在我们身上的事情组成，而另外的90%则是由我们对所发生的事情如何反应所决定，这就是著名

① 郭九苓、李妍：《汪劲武：草木为邻，自然一生》，载郭九苓、昌曾益、柴真主编：《教学的魅力——北大生命科学名师访谈录》，北京大学出版社2012年版，第41-42页。

的"费斯汀格法则"。为了帮助人们真正地理解这个概念，费斯汀格讲了一个生动的故事。

> 卡斯丁早上起床后洗漱时，随手将自己的高档手表放在洗漱台边，妻子怕被水淋湿了，就随手拿过去放在餐桌上。儿子起床后到餐桌上拿面包时，不小心将手表碰到地上摔坏了。卡斯丁疼爱手表，就对着儿子的屁股揍了一顿。然后黑着脸骂了妻子一通。妻子不服气，说是怕水把手表打湿。卡斯丁说他的手表是防水的。

> 于是二人猛烈地斗起嘴来。一气之下，卡斯丁早餐也没有吃，直接开车去了公司，快到公司时突然记起忘了拿公文包，又立刻转回家。可是家中没人，妻子上班去了，儿子上学去了。卡斯丁钥匙留在公文包里，他进不了门，只好打电话向妻子要钥匙。

> 妻子慌慌张张地往家赶时，撞翻了路边水果摊。摊主拉住她不让她走，要她赔偿，她不得不赔了一笔钱才摆脱。待拿到公文包后，卡斯丁已迟到了 15 分钟，挨了上司一顿严厉批评。卡斯丁的心情坏到了极点。下班前又因一件小事，跟同事吵了一架。妻子也因早退被扣除当月全勤奖，儿子这天参加棒球赛，原本夺冠有望，却因心情不好发挥不佳，第一局就被淘汰了。

就解释"费斯汀格法则"这个概念而言，这个故事无疑是合适的故事，因为是合适的故事，所以也就是好故事。如果一个教师具备讲故事的能力，能够将这个合适的好故事讲得熠熠生辉，那么学生在听完之后，自然也就豁然开朗了。在此基础上，教师还可以借助"费斯汀格法则"这个艰涩的概念，对学生的生活提这样充满人间烟火气息的建议：同学们看，在这个事例中，手表摔坏是其中的 10%，后面一系列事情就是另外的 90%，都是由于当事人没有很好地掌控那 90%，才导致了这一天成为"闹心的一天"。假如卡斯丁在那 10% 产生后换一种反应，比如抚慰儿子："不要紧，手表摔坏了没事，我拿去修修就好了。"那么儿子高兴，妻子也高兴，他本身心情也好，随后的一切就不会发生了。由此可见，我们控制不了前面的 10%，但完全可以通过我们的心态与行为决定剩余的 90%。

二是讲理论时用。王立新教授曾是湘潭大学名嘴中的名嘴，2005 年 9 月跳槽到深圳大学后，又顺其自然地成为深圳大学名嘴中的名嘴。他在讲《经典与人生》时，提到一个经典的哲学命题"人是有良心的"。为了阐明这个理论，引经据典加以论证固然是一种比较有效的方式。但是讲授不是写论文，过多的掉书袋，只会催眠学生。作为会讲课的老师，王立新自然遵循讲课的规律而非写论文的规律。他讲了一个发人深省的故事帮助我们明白：良心虽然不能靠事实和逻辑来论证是否存在，但的确是存在的。

东汉时期，有个官员叫陈寔，相当于现在深圳市市长。晚上他下班回家，拿出《孟子》，一边读，一边对照检验自己白天在官场的所作所为，看有没有违背圣人的教诲。突然听到房梁上窸窣作响，他知道家里来小偷了。他继续在那里读《孟子》，读得没完没了，还将家里人召集过来，给他们讲起了孟子的教诲："人不可以不自勉自强。不善的人未必本来就恶，习惯形成个性，就这么一步步滑下去了。梁上君子以为如何啊？"小偷一听，知道自己被发现了，立刻跳下来。陈寔问他，在身上找一找，看你有良心吗？小偷看了看自己身上，说良心在哪里呢？陈寔说，那你脱衣服找找看。小偷脱了一件衣服，说没有。陈寔说，再脱。小偷又脱了一件衣服，还说没有。陈寔说，再脱。小偷说，不能再脱了，只剩下一块遮羞布了。陈寔说，哎，这就是良心，孟子说，羞耻之心人皆有之，回去后照着这个发现，保养它，培植它，你就会成为君子。我看你趴了一个下午，挺辛苦的，你也不能白趴，我两袖清风，就送你几个铜板，回去吧。在陈寔的感动下，这个小偷后来成为他所在地区远近闻名的大君子，专门急人所难，专门抓小偷，他有这个经验啊。大家看看，人有良心，到底是假设的，还是伺机呈现的？①

西方文化中与"良心"比较接近的一个词叫"宽恕"。外国文学老师为了帮助学生更好地理解这个"词"，理论推导是一种方式，但这更适合写论文，讲故事是另一种方式，这更适合讲课。我们可以讲曼德拉的故事：曼德拉在被关押27年后出狱，担任了南非总统。在就职典礼上，他特邀了当年经常虐待他的三个狱警作为观礼嘉宾，并且说出一句流传至今的名言："当我走出囚室、迈过通往自由的监狱大门时，我已经清楚，自己若不能把悲痛与怨恨留在身后，那么我其实仍在狱中。"曼德拉的故事或许有些老旧，那还可以讲一讲叶夫图申科在《提前撰写的自传》中讲的故事，既典型，又新颖：

---

① 宋德发：《王立新：讲台上的马三立》，载《大学的痛与梦》，湖南人民出版社2015年版，第139页。

1944 年，妈妈和我从西伯利亚回到了莫斯科。

于是我第一次看到我们的敌人。如果我没记错数的话，大约两万名德国俘虏，排成纵队，通过莫斯科的街道。

所有的马路都挤满了人，由士兵和警察封锁着。

围观的人大部分是妇女。

俄罗斯的妇女由于沉重的劳动手都裂了，嘴唇已经不习惯涂口红，肩膀瘦削而且弯弓着，——她们用这副肩膀承担了战争的一半负担。大概，她们当中的每一个人，或者是父亲，或者是丈夫，或者是兄弟，或者是儿子，让德寇杀死了。

妇女们怀着满腔仇恨，朝着大队俘虏即将走来的方向望着。

俘虏的行列终于出现了。

走在前面的，是将官们，傲慢地仰着厚实的下颏。他们的嘴角蔑视地紧抿着。他们摆出一副样子，竭力显示出一种贵族对战胜他们的平民的优越感。

"还洒香水呢，这些坏蛋！"人群中有人愤恨地说。

俄罗斯妇女们渐渐地把一双勤劳的手攥成了拳头。

士兵们和警察竭尽全力阻挡着她们。

于是我突然看见一个上年纪的妇女，穿着一双破旧的长筒靴，把手搭在一个民警的肩上：

"让我过去！"

她，这个妇女身上，好像带有什么东西，因而民警闪开了。

妇女走近行列，从怀里掏出来一个用印花布方巾包裹的东西，打开了。方巾里是一块黑面包头。

妇女不好意思地把面包塞到了一个疲惫不堪的、两条腿勉强支撑得住的俘虏的衣袋里。

于是妇女们从四面八方一齐拥向俘虏，开始把面包、香烟……塞给他们。

这些人已经不再是敌人了。

这些人已经是人了……①

三是启发时用。被誉为"哈佛大学最会上课的老师"迈克尔·桑德尔最善于此道。他在哈佛大学上的公开课"公正"是一门纯理论的课，但由于他善于讲故事，故能将一门纯理论的课讲得生趣盎然。他讲课的第一步就是"我们先讲一个故事"：

假设你是一辆有轨电车的司机，电车以每小时60英里的速度沿着轨道疾驰而来。在前方，你看见五个工人手持工具站在轨道上。你试着停下来，可是你不能，因为刹车失灵了。你感到无比绝望，因为你知道，如果你冲向这五个工人的话，他们将全部被撞死。（我们先假定你是知道这一点的。）

突然，你注意到右边有一条岔道，那条轨道上也有一个工人，不过只有一个。你意识到，你可以将有轨电车拐向那条岔道，撞死这个工人，而挽救那五个工人。

你应该怎么做呢？②

这个假设的故事，立刻将学生引入深深的思考之中。从现场

① 叶夫图申科：《提前撰写的自传》，苏杭译，花城出版社1998年版，第6-7页。又可参见摩罗《大地上的悲悯》，上海三联书店2013年版，第8-9页。

② 迈克尔·桑德尔：《公正——该如何是好？》，朱慧玲译，中信出版社2012年版，第22页。

举手情况看，大部分学生支持将电车转向右侧的轨道，少部分学生支持将电车继续往前开。持第一种观点的理由是：选择将电车拐向右边的岔道，可以少撞死 4 个人；持第二种观点的理由是：将电车拐向旁边的岔道，在思考方式上与种族灭绝、集权主义是同一类型的：为了拯救一个你以为的优秀种族，你可以消灭另一个你认为不优秀的种族。问题是，一个种族是否优秀，都是你以为的。

当针锋相对的观点及其理由都亮出来后，迈克尔·桑德尔开始发挥自己的专业特长，履行自己的教师职责了。他将专业术语引入这场看起来要没完没了的争论中：为了救 5 个人而杀死 1 个人，结果是好的，这叫"结果主义的道德准则"；为了救 5 个人而杀死 1 个无辜者，这行为本身就是错的，这叫"绝对主义的道德准则"。

迈克尔·桑德尔启发式的讲授给我们的启发在于：明明要讲一个非常抽象的、枯燥的、陌生的专业概念，却没有一开始就下一个定义，而是从一个有趣的、有悬疑的、有张力的，人人听得懂，人人愿意听，但人人又不太容易做出判断的故事开始，通过故事吸引学生的注意力，激发学生的思考，诱导学生表达的潜能，在学生"欲罢不能"的时候，再润物细无声地抛出专业概念。这节课结束后，学生不仅牢牢记住了这个概念，而且真正理解了这个概念，并且很熟练地运用这个概念。

"故事"的价值和"讲故事"的作用，我们已经做了比较充分的讨论。有一种观点是：学生是喜欢听故事的，而老师讲故事就是在"迎合"学生，这样做是否不妥？在我看来，既然老师是面向学生讲课的，如果不"迎合"学生，那"迎合"谁？迎合专家学者吗？不是有"一切为了学生""为了一切学生""为了学生的一切"的说法吗？老师按照学生的期待讲课，不正是践行这样的学生观吗？而且，通过讲故事的方式"迎合"学生，并不会降低课堂的厚度和深度。如果故事等于肤浅，那讲了一辈子故事的莫言岂不是没有资格荣获诺贝尔文学奖？讲了一辈子故事的莎士比亚又怎能体现英国文学的光辉？

当然，教师既要讲故事，还要善于讲故事。这包含三个层面的内容：一是讲故事的时间所占课堂时间的比例要恰当。讲故事不等于只讲故事。哪怕是文学课，也不能从头到尾讲故事，文学课还包含着对故事的分析和提升。其他的课，讲故事更是要适度，不能喧宾夺主。二是要不断提高讲故事的能力。同样是复述莎士比亚的《哈姆雷特》，有的老师可以讲得比原作还精彩，有的老师则语无伦次，不知所云，将一部世界名著讲得索然寡味。坦率地说，还真不是每个人都可以讲好故事的。从这个角度说，能不能讲故事，是能否成为杰出老师的一个前提和标志。三是要多讲好故事，多讲有思想、有智慧的故事，多讲和主题有关的故事。不要讲坏故事，不要讲肤浅的故事，不要讲庸俗的故事，不要讲脱离主题的故事。总之，对于讲授而言，故事不是一切，但故事可以伴随一切。讲授要生动，就要有故事；讲授要严谨缜密，就要有逻辑；学生思维要灵巧，就要听故事；学生思维要健康，就要学逻辑。故事与逻辑融合在一起才是最好的讲授。

第三节　故事与德育

在本章的写作中，我大量引用了张楚廷先生关于故事的论述，因为他是一位在观念上明确推崇故事，在实践中特别喜欢讲故事，在理论上对故事的价值做出有力阐释的教育家之一。而他对"故事"的偏爱，同他的童年体验有密切关系：

> 小时候，母亲对我讲："有一次，日本鬼子来了，慌慌忙忙，我一边夹着一个包，一边夹着你，跑啊，跑啊，不顾一切地跑，日本鬼子从后面一枪打来，打掉了一边。跑到了一个湾，藏下来，才来得及看看打掉的是包还是你，结果打掉的是那个包。"她讲过三次，每次就讲到"打掉的是那个包"为止，每次都几乎是自言自语。[1]

俗话说"幸福的人用童年治愈一生，不幸的人用一生治愈童年"，说的正是童年对于一个人未来生活的深刻影响。在文学研究领域，探讨作家童年和作家创作的关系是一种比较传统和经典的研究路径。著名作家余华谈到他的童年经历和文学创作的关系时也曾说过：

> 很久以来，我始终有一个十分固执的想法，我觉得一个人成长的经历会决定其一生的方向。世界最基本的图像就是这时候来到一个人的内心深处，如同复印机似的，一幅又一幅地复印在一个人的成长里。在其长大成人以后，不管是成功还是失败，不管是伟大还是平庸，其所作所为都只是对这个最基本图像的局部修改，图像的整体是不会被更改的。[2]

---

[1] 张楚廷：《论教育》，《张楚廷教育文集》第 13 卷，湖南人民出版社 2012 年版，第 481 页。

[2] 余华：《一个记忆回来了》，载《没有一种生活是可惜的》，陕西师范大学出版社 2019 年版，第 5—6 页。

余华童年里见到的人和事让当了作家的他念念不忘，并直接化为他小说创作的主题或底色。也正是一个看似简单的故事却让张楚廷终生难忘，进而成为他人生观、世界观、价值观，当然也包括"故事观"最直接、最深刻的源头：

> 就这个故事，伴随我一生，就这个故事，让我永远把自己的生命与自己的民族连在一起，祖国的独立、繁荣与强大成为我不竭的生命源泉。
>
> 我的文盲的母亲不知道爱国主义这个词，也根本未想到是在对我进行爱国主义教育，可是，那是最有力最有效的爱国主义教育，最刻骨铭心的教育，母亲未想到教育的教育。它深深影响到我后来的教育思想。
>
> 我想，这种教育，对于教育者来说，不论他是否意识到了，它是隐喻性的、故事性的；对于受教育者来说，它是感受性的、体验性的；教育内容是叙事性的，又是情感性的。其结果在于它留有很大的认识空间，又留有较大的想象空间，便于受教育者长久体验，感同身受。
>
> 这种教育，并没有直接告诉我：民族的苦难、侵略者的残暴；也没有明确告诉我要记住，要为了祖国的强大起来发奋努力。可是，这一切都隐喻在故事中，都可以感受得到、体验得到。
>
> 这种故事性和隐喻性的教育，往往使受教育者感觉站在自己面前的，不是教育者，而是亲近者，也是交谈者，是心灵的映照者。当教育者能够做到这一点时，受教育者就获得了自己去感悟、自己去体验的更大可能性，更主动地获得更多的教育资源，

可自我扩展的资源。①

　　张楚廷自身讲故事的实践，以及他的故事观，对教育工作者最大的启发就是：我们既要有讲故事的意识，也要有讲故事的能力。当然，首先是要有讲故事的意识。对故事的态度，其实就是一种对教育的态度。无独有偶，北京大学生命科学院的王镜岩老师也有类似的经历和体会：

　　我人生观的形成与小时候的老师有密切的关系。小学三年级的时候日本全面侵华已经开始，北京沦陷了，老师给我们念一本叫《孤儿历险记》的书，每天念一段，讲的是安德雷和若连两个孤儿如何经过千难万险从德国占领区回到祖国（法国）的怀抱。这个故事大大激发了我们的爱国情怀，一生都记忆犹新。②

　　从我们的教学现状来说，人们更多注意到让学生"认识到"，却忽视让学生感受到，体验到。要改变这种现状，我们设定教学教育目标时，就不只是让学生认识到，还要让学生感受到、体验到、欣赏到，即在知识传授的过程中，争取与学生心灵相通，并帮助学生拥有美好的心灵。这一点发现对我们现在的"德育"工作尤其具有启发性。

----

① 张楚廷：《论教育》，《张楚廷教育文集》第 13 卷，湖南人民出版社 2012 年版，第 481-482 页。

② 郭九苓：《王镜岩：环境造就人才，科学始于细节》，载郭九苓、昌曾益、柴真主编：《教学的魅力——北大生命科学名师访谈录》，北京大学出版社 2012 年版，第 86 页。

　　就道德而言，可表现为道德认知、道德情感、道德意志、道德践行。由于我们现在的德育只看重道德认知，以为道德问题主要是认识问题，于是必然产生大量的说教，这反映了我们对道德问题是一个全面的心理演进过程缺乏了解。心理学对德育具有极为重要的作用，对这一点缺乏足够的了解、认识和尊重，是赤裸裸的说教产生的根源之一。张楚廷先生将当前德育所存在的重要问题概括为"德育的泛化""德育的狭化""德育的玄化""德育的弱化""德育的裸化"。其中故事对解决"德育的裸化"问题有着直接的推动作用。

　　回顾我们的德育，一方面，曾把它与智育对立起来；另一方面，德育活动本身又着重于解决认识问题。平时我们一说加强德育，常用的方法便是，或增加德育课程的门类，或增多德育课程的时数；方法上又多偏于说教与灌输，这样，德育在很大程度上具有智育的性质，而且不算是很高明的智育活动。

　　现实中的德育，赤裸裸的东西实在是太多了。德育为自己设定"转变学生思想"的目标，不停地去转变，究竟要纯洁的学生转变到哪里去呢？为什么总要转、总要变呢？要他们由哪一站转到哪一站呢？由何方变到何方呢？为什么不是生长、生成和发展呢？

　　在教育者中，哪一类人员最喜欢以教育者自居？口里喊"教育"最多的是哪一类教育？最不假思索地以"人类灵魂工程师"自诩的又是哪一类人等？最强调"灌输"的又是哪一类教育？好端端的纪念馆、博物馆和展览馆的门口也要往那里挂上一块"教育基地"的牌子，这样做的效果一般是不会很好的。教育心理学的研究表明，暗示、隐喻是效果更佳的教育方式；反之，明示或过于张扬的方式，效果相对欠佳。①

　　张楚廷先生相信，教育是教育者与受教育者心与心之间的对话，是心灵与心灵之间的相互呼唤，是情感与情感之间的交流，是生命与生命之间的彼此映照，德育作为教育的一部分更应当明白这一点。可惜，如今教育中的德育反而更不明白这一点。

　　通过故事来达到"德育"之目标，著名作家余艳女士所做的报告为我们提供了一个范本。余艳女士是湖南省作家协会副主席，曾于2019年9月24日给湘潭大学师生做了一场名为"守望初心传承信仰——鲜活故事诠释湖湘红色文化"的主题报告。我虽然不是严格意义上的思政课老师，但也可以想象得出来，这样的报告要想做好有多难。

　　余艳老师也不是严格意义上的思政课老师，她甚至从未当过老师，但是她上的思政课却无比地动情和动人。她讲课的诀窍就在于"讲故事"，而且讲"鲜活的故事"——这些故事来自于她一年多的实地采访，绝大部分学生从未听过。比如她讲到红色湖湘文化有六大品格：忠贞、执着、大爱，奉献、坚韧、担当，便是通过六个鲜活故事来阐释的。讲"忠贞"的品格时，她便讲了红军女儿佘芝姑的故事。

　　佘芝姑是大名鼎鼎的游击队长谷德桃的女儿，谷德桃很多人知道，是当年为贺龙搞军需、筹粮草的功臣人物。可惜，性情率

_____

① 张楚廷：《教育基本原理》，《张楚廷教育文集》第13卷，湖南人民出版社2012年版，第210-211页。

真的谷德桃在肃反运动中被我们自己的人杀害了。她唯一的女儿没有记仇，没有改变对红军的信念，而是一直记住母亲的话：生仔、种粮、养猪。

红军长征后，佘芝姑为躲敌人的追杀，躲进了偏远的深山海儿峪。无论生活多么艰难，躲到哪里都开垦坡地，满山满坡地种包谷，养活她的孩子，再存一茅屋一茅屋的金黄，等队伍打回来，让扛枪的人不饿肚子。

佘芝姑在血汗浸泡的土地上，有了丰收的 15 个年成。新苞谷压着旧包谷，新腊肉连着旧腊肉，不知不觉堆满了一座座仓、炕满了一间间屋。一边种地，一边养猪，到桑植解放，佘芝姑在海儿峪的家已积攒了 38000 多斤苞谷，2400 多斤腊肉！再看她身后整齐地站着一排 6 个儿女，都是准备给红军带走的兵。

或许阅读这些文字，读者的感觉还不是那么强烈。但这些文字转化成情感饱满的声音之后，听众却听得无比的感动，有些学生流下了热泪，而我作为一个中年人，在不易感动的年龄也感到相当的震撼。我后来在总结和点评时说："我们大学里的思政课老师，应该通过这样的课程，反思我们自己讲思政课的方式，我们是不是陈旧的故事讲得太多了？我们是不是根本就不喜欢讲故事？"

● ● ● 第七章

举例子
——讲授的方法三

　　教师要讲教材上没有的，这就需要博览群书；教师要讲论文和著作中没有的，这就需要拥抱生活人生、观察生活、体验生活。而上课举例子，最能体现教师的阅读量和人生阅历。正像杜和戎先生所言："作为教师，要去讲授，第一件事，就是要找到尽可能好的例子。有了教材，为什么还要教师来讲授？很重要的一个因素就是要教师来举例说明。作为强调，我们还可以说重一些：没有例子，就不是教师，就不是讲授。教师应该充分认识到自己的这份天职。"[①]可以说，善不善于举例子，是大学教师会不会讲课的一个重要标准。不善于举例子的老师，往往只会从范畴到范畴、从概念到概念、从理论到理论，让听者雾里看花、水中望月；善于举例子的老师，往往会结合丰富、生动、有趣而又典型的例子，来阐明各种抽象的专业性知识，让听者在轻松愉悦中完成听讲的工作。对于举例子的价值，杜和戎先生在《讲授学》中写了一段非常好的话：

　　　　我们要突出强调：
　　　　例子第一。
　　　　没有例子，就不是教师。

────────

① 杜和戎：《讲授学》，华语教学出版社 2007 年版，第 67 页。

没有例子，何必开口！

就在青年教师刚一踏上讲台的时候，我们就要向他们强调例子的重要性，举例是教师的天职。举例是教师本质性的工作特征。如果不举例，要教师干嘛？

在学生觉得难懂的地方，教师在备课时要绞尽脑汁、挖空心思去寻求最好的例子。应该在这上面踏踏实实地下一番苦功。特别是头几遍教这一门课时，这更是不能忽视的大事。对于学生来说，一个好例子，真是无价之宝，比许多空话要有效得多。

对于初上讲台的教师来说，除了熟悉教材、掌握表达基本功之外，主要精力就应放在寻求好例子上。要在举例上执着地追求、反复地寻找。在头两遍教学过程中，应能在大部分难点上积累好自己绝妙的好例子，以后每年再不断地补充。

对青年教师教学能力的考察，一定要注意考察他的举例能力。在现阶段，这是一位青年教师的工作热忱、主动性、创造性、进取性的综合表现。①

第一节　五个案例

什么是举例子？不妨先举五个例子。

湖南科技大学吴广平教授，在讲课时"亮出"一个观点：汉语的奇妙处之一就在于，反义字在特定的语境中，不仅不构成反义词，反而构成同义词。学生一听，立刻充满期待：吴老师，那你举个例子看看。吴老师马上满足了学生的愿望，举了一组例子，

———————————

① 杜和戎：《讲授学》，华语教学出版社2007年版，第200—201页。

让学生印象深刻：

1."大胜"与"大败"

2."灭火"和"救火"

3."烟头"和"烟屁股"

4."地上"和"地下"

5."保证打死你"和"保证不打死你"

6."我不去"和"我去"

7."坐电梯"和"站电梯"

8."差一点摔倒"和"差一点没摔倒"

中国政法大学的丛日云教授，特别善于通过举例子来讲解概念。比如他认为暴力性减弱是人类文明的标志之一，而现代社会之所以被称为文明社会，就在于人类对人类自身，乃至对动物都越来越仁慈了。为此，他举了好几个例子：

如果你拿小白鼠、兔子等做实验，你必须给它麻醉，必须等到麻醉药充分起作用之后才能开始动刀子解剖它。如果在解剖的时候小白鼠龇牙咧嘴表示它很疼，你就麻烦了，你的美国同学可能打电话报警。

前些年乌克兰有一火车的猪运到法国，被法国拒收了，拒收的理由是什么呢？他说你们违背了我们保护动物的法规。按照我们的法规，在长途运输当中，每头猪必须要有多少立方米的空间，猪在长途旅行当中多少小时要休息一次，你没达到标准，我不能收你的。我看到这条报道时就想，你把猪退回去，它们不是又要受一回虐待吗？这法国人真教条。

前些年，丹麦的议会讨论通过了一条法律，要求必须让猪能够洗澡，于是，全国上下都忙着给猪圈安装淋浴器。欧盟国家为了照顾猪的情绪，不让它们太孤单，规定从2012年起，猪要放养，不能圈养。德国更进一步要求，饲养员必须每天与每头猪有20秒以上的接触时间，消除它们的寂寞。还要发两三种玩具给猪们玩。因为猪也有喜怒哀乐，也会抑郁。我到新西兰时，他们说，新西兰的奶牛是有法定假日的，在法定假日你不能挤它的奶。①

我曾现场听过中学语文教学专家李镇西先生的讲座《教育要有儿童视角》。李镇西先生说，与"儿童视角"相对应的是"成人视角"。那什么是"成人视角"呢？我们现在很多校园里的名人、伟人雕像就是用"成人视角"竖立的。在成人的观念中，名人和伟人是需要我们崇拜和仰视的，所以他们的雕像都要比真实的身高要高，而且要高很多。以至于真实身高一米七的名人或伟人，其雕塑的高度可以达到五六米。但在孩子们的心目中，是没有崇拜和仰视概念的。我们成人眼中的名人和伟人，在孩子的心目中不过是慈祥的爷爷和奶奶。孩子们对名人和伟人的崇拜和仰视，是我们成人通过竖立他们的雕像和讲他们的故事等途径不断暗示和明示的结果。李镇西在自己当校长的校园里，正是从"儿童视角"出发竖立名人和伟人的雕像，因此这些名人和伟人的雕像不仅都是真实的身高，而且都是坐在那里的，这样就真正可以和孩子们平等交流、促膝谈心。通过李镇西先生所举的例子，我对他所讲

---

① 丛日云：《文明的内涵》，载《西方文明讲演录》，北京大学出版社2011年版，第15页。

的"儿童视角"可以说是终生难忘。

易中天的讲课，我们关注最多的是幽默。的确，幽默是易中天的标志，离开了幽默，易中天不再是易中天。但是，易中天的讲课艺术并不局限于幽默。就算易中天隐藏了幽默，他的讲授也同样是一流的。这样说吧，如果易中天参加湘潭大学青年教师课堂教学比赛，使用了幽默，肯定是第一名；隐藏了幽默，也至少是第二名。作为一名讲授者，易中天的优点实在是太多了，致力于讲课技艺提高的教师，可以好好钻研一下易中天的讲稿，如《中国智慧》《品三国》等。他的讲稿是真正意义上的"讲稿"，可视为"讲稿"的典范。其中，善于举例子就是特别值得研究和借鉴的一条经验。或者说，由于有着强烈的"我要讲清楚"的追求，易中天自觉地为每一个重要的观点寻找、匹配至少一个经典案例。

在他的讲稿《中国智慧》中，有一讲叫"兵家的思考"。其中，易中天讲到了一个重要观点，即春秋时代特别讲究战争规则，而且这些规则今天看起来也很有意思。为了充分地说明这个观点，易中天一下子举了四组例子。

第一是时间。春秋时期的战争，原则上只有一天，最短的只有一个早上。就是太阳出来了以后，集合，打仗，早饭先不吃了，打完了再吃，叫"灭此而朝食"（《左传·成公二年》）。最长的，也就从日出打到日落，就不打了。

第二是地点。春秋时期的战争，在哪里打？一般在国境线上。国境线是有标志的。具体做法，是犁沟，灌水，把挖沟的土堆在两边，再种上树。这个动作，就叫做"封"，也叫"封疆"。封疆的地方，在边境，所以叫"边疆"。如果两国交兵，就要把军队开到这里来打，叫"疆场"。这是春秋时期最常规的做法。

第三是礼仪。春秋时期的战争，我总结了四句话，叫做"列阵如球赛，宣战如请客，交手如吃饭，格斗如竞技。"双方的军队（可能是一个国家的，也可能是联军），开过来，开到疆场就停下，宿营。第二天早晨，太阳出来了，大家开始布阵。这边摆摆，那边摆摆，就像我们现在踢足球，双方队员上场，先站好了。宿营或者布阵以后，派一位将军，或者使节，先去对话。态度，当然是客客气气；用词，也是外交辞令……

第四是讲究游戏规则。这些规则是：一，不斩来使。这个大家都明白。二，不鼓不成列。就是对方阵势没有摆好，不能击鼓进军。三，不重伤。就是格斗的时候，不能让同一个人重复受伤。如果对方已经受伤了，不管伤在哪里，都不能再打第二下。四，不擒二毛。就是花白头发的人不能俘虏，只能抓黑头发的。五，不逐北。就是敌人打败了，逃跑了，不能追。追也可以，五十步为限。跑到第五十一步，就不能抓他。从这个意义上讲，五十步是可以笑一百步的。跑五十步就不会做俘虏，你跑一百步干什么？最不可思议的，是有时胜利的一方还要帮助失败的逃跑。公元前597年，晋楚两国战于邲（在今河南省郑州市东）。晋国的军队逃跑时，有一辆战车陷在坑里跑不动。楚国的军队追过来，就教他们怎么办。教了两次，终于让晋军跑掉。更不可思议的是，晋国的逃兵得了便宜还卖乖，一边跑，一边掉过头来讽刺楚军：到底是大国的军队啊，逃跑的事挺内行的嘛（《左传·宣公十二年》）！①

----

① 易中天：《中国智慧》，《易中天文集》第十五卷，上海文艺出版社2011年版，第268-269页。

易中天通过举四组例子，让春秋时代贵族文化特别尊重规则的特点跃然纸上，让听众在听讲的过程中，对春秋时代人"傻得可爱"有了最直观和深刻的感受。易中天将举例子的讲授方法运用得最充分的，还是在讲"魏晋的风度"这一部分。他将"魏晋的风度"归纳为五个特点："怪异的风度""真性情""高智商""美仪容""风采与雅量"，这种提炼很好地体现了他作为教师应有的综合和归纳能力。为了将这五个特点具体化、形象化，易中天再次将自己举例子的意识和能力发挥到淋漓尽致，以至于在讲授的过程中，"不妨举例说明"成了他的口头禅。

讲"怪异的风度"时，易中天就举了四个例子：一是曹丕在王粲的葬礼上，要来宾学驴叫给王粲"送行"；二是孙楚在王济的葬礼上学驴叫；三是刘伶喝醉了酒，一丝不挂坐在家里，还说"天地就是我的房屋，房屋就是我的衣服"之类的怪话；四是恒温的老婆和恒温的小妾情同姐妹，等等。接着，易中天又说，这"怪异的风度"其实体现了一种价值观，一种崇尚和一种追求，那就是真性情、高智商和美仪容。何谓"真性情"？易中天举了三个例子，外带说了一件事情；何谓"高智商"？易中天举了包括著名的孔融在内的天才的故事作为佐证；何谓"美仪容"？易中天举了包括曹操在内的极品帅哥作为证据。可以说，每一个观点后面，易中天都会匹配三个以上有趣、贴近、好玩的例子，达到了理论与故事的水乳交融。

湘潭大学首届教学名师、湖南省普通高校青年教师教学能手、湘潭大学青年教师课堂教学竞赛一等奖获得者孙丰国副教授，也是一位举例意识和举例能力都很强的老师。他上课举例子有三个特征。

　　一是举例多。有些课程，案例讲解占比 75% 左右。他主讲的 32 课时的"品牌管理"课，举例涉及品牌 406 个。由于举例子多，这门课转化为湖南省精品在线开放课程时便将名称调整为"品牌管理：思维引导与案例解析"。

　　二是举例新。和文史类课程主要分析过去时的文献不同，广告类课程不但要分析"过去时"，更要关注"进行时"。因此，他讲课时，基本都是采用现在进行时的例子，例子的更新换代也就尤为频繁。

　　三是举例形式多样。2017 年 4 月 19 日下午一二节课，是大二学生"广告策划与创意"课的上课时间，刚好也是小米 6 手机新品发布会的召开时间，孙丰国决定和学生一起观看视频直播，并且提前要求学生重点关注和思考 7 项内容：① 产品本身；② 发布会流程及各环节的衔接；③ 演讲内容，包括文案、逻辑、产品卖点提炼、竞品对比、转折点、幽默点；④ 演讲 PPT，包括字体、字号、色彩、图表、逻辑；⑤ 演讲者，包括发型、服装、姿态、气场、谈吐；⑥ 发布会中播放的视频创意；⑦ 产品的营销推广策略。看完视频案例后，孙丰国会和学生一起讨论分析上述内容。这种一手的、进行时的、零时差的、能代表一流水平的案例，能让学生感受到"实战"的气氛，并通过及时"复盘"，把"看热闹"转变为"看门道"，进一步提高效果。

　　上述五位老师所举的例子，体现了好例子的四条标准："① 所举的例子，是学生充分熟悉的事物。② 所举的例子，对准了学生的难点和问题的要害。③ 所举的例子，对所要说明的问题具有很强的典型性和说明力。④ 所举的例子，形象生动、具体、富有趣味。"[①] 这四条标准的具体理解和执行，需要大学老师结合自己的讲学实践，加以揣摩和体会。

第二节　邬欣言举例子

邬欣言，心理学博士，湘潭大学哲学与历史文化学院讲师，主讲"普通心理学""社会心理学""社会学原理""爱情心理学"等课程，2012 年获湘潭大学青年教师课堂教学竞赛一等奖（文科组第一名）和湖南省普通高校青年教师教学能手，是湘潭大学公认的最会上课的老师之一，上课举例正是她的拿手好戏。

一、来源于阅历中的例子

刚从教的时候，邬欣言担心在课堂上讲太多自己或家人的事会引起学生的不适，但随着课堂教学经验的积累，她发现如果紧密联系专业知识，举一些自己生活中的例子，更容易让学生产生代入感和亲切感。

1.解释"刻板印象"。"刻板印象"在社会生活中有很多种类型，包括针对地域的刻板印象，针对年龄的刻板印象，针对性别的刻板印象。以针对地域的刻板印象为例：我们一听说谁是山东男人，脑子里马上会浮现出大高个、豪爽、讲义气、有些大男子主义的山东大汉形象。其实我们还没有见到这个人，更没有深入了解这个人，就因为他所属的地域群体，我们就预先给他贴

---

① 杜和戎：《讲授学》，华语教学出版社 2007 年版，第 201 页。

上了这些笼统的、概括性的标签。比如，我第一次见到我家先生时，他告诉我他是山东人，我就深表怀疑，因为身高勉强只有170cm。

我家先生到湖南工作，他听说谁是"邵阳人"，脑子里立刻浮现了"邵阳人凶猛"的刻板印象。有一次我和我家先生一起到邵阳走亲戚。我们坐车到了邵阳汽车站，想问路。我们看到几个车站的工作人员在圆形柜台内聊着天，就过去求助，其中一个五十岁左右的大姐，描着深黑眼线、画着烟熏妆，手里夹着烟，一开口，烟枪嗓，豪迈地手一挥，指引我们找到了方便打车的出口。当时"山东大汉"对大姐表现得特别恭敬，一转身就和我说："你看吧，邵阳的大姐都比其他地方的生猛！"一出车站门，有出租车停在外面，我们没多想，直接上车，向司机报了目的地，结果司机直接说要三十元。我觉得奇怪，问司机为何不打表，司机态度则有点豪横，根本没回头，说："我们就不打表！"我还想和司机理论一番，结果我家的"山东大汉"拉住了我，很怂地对司机说："好好好，三十就三十吧。"然后小声劝我："在邵阳人的地盘上，不要和他们起冲突！"

2.解释"自我服务偏向"。社会心理学的研究发现，人们都想在自己内心当中树立一个好的自我形象。事实上，在很多人心目中，自己的形象都是比较好的。在美国和加拿大的大数据调查的结果发现：60%的人认为自己的能力应该排在人群中的前50%；70%的人认为自己的性格应该排在人群中的前50%；80%的人认为自己的人品应该排在人群中的前50%。在现实生活中，当我们遇到好事时，往往主要归功于自己；当我们遇到坏事时，往往归因于别人。比如我去参加儿子的家长会，各科老师都表扬了我儿子，说这孩子各方面表现都很优秀，那我作为母亲，心中肯定忍不住地得意："也不看看是谁的娃儿，这么好的基因，这么好的教育，想不优秀都难！"但是如果孩子表现并不好，甚至有点差，成为老师批评的对象呢？气急败坏的家长在骂孩子的时候，很常见的一句台词是："真不知道你随了谁！"此外，还有一种常见的自我服务偏向的现象，心理学家命名为"虚假的普遍性"和"虚假的独特性"。比如一个事业成功的男人还在家经常做家务、做饭，他可能会认为："像我这种上得了厅堂、下得了厨房的男人，在当今社会已经很稀有了！"但如果他对婚姻不忠、出轨了呢？他可能会说"我只是犯了一个是男人都会犯的错误！"

3. 解释 "道歉有用吗？" 道歉在解决矛盾或冲突中真的有用吗？我儿子三四岁的时候，常在我校东门篮球场玩耍，很多小孩也在这里骑单车、滑旱冰。我儿子有个同学叫小黄。小黄很调皮，经常故意去撵其他孩子的车后轮，打起架来也很猛，我家娃从来不是其对手。有一次，有一个比他们小一点的小朋友在操场玩滑板车，小黄离那个小孩还有约 1 米的距离。这个小朋友突然摔倒，然后哇哇大哭起来。他的家长从旁边的石凳上走过来，我家娃儿也远远地跑过来，居然指着小黄对那位家长说："就是他推倒的！"（我家娃有个缺点，就是特别地爱说话。我经常教育他祸从口出，不要乱说话，但是好像没有效果，而且从中我们也能看到，一个小孩子的心理也会有偏见，偏见反过来会扭曲他的认知和记忆。）显然小黄被冤枉了，他很愤怒，从车上跳下来，追着我家娃就要打……我从来没见我家娃跑得如此之快过。他俩一圈又一圈地在操场追逐，最后被我拦截了下来，我看着怒气冲冲的小黄，把我家娃拉到一边，跟他解释："刚才的小朋友不是小黄推倒的，我可以证明，你错怪他了，所以他很生气，你快给小黄道歉！"孩子听了我的话，很真诚地向小黄道了歉："对不起，是我错怪你了！"平时非常顽皮，很有攻击性的小黄听完道歉之后，居然啥也没说，转身就走了。

4. 解释"亲密关系中嫉妒的两性差异"。已有的研究认为，无论是男性还是女性，在排他性的爱情关系中都会产生嫉妒心的，这一点并没有显著的性别差异。但是男性更容易对伴侣的身体出轨产生嫉妒，而女性相对而言更看重精神上是否忠诚。根据进化心理学的解释，这主要是由男女两性在繁衍后代时的生理分工特点决定的：男性的生理特点决定了他们没有办法百分百地确定"自己的孩子"就一定是自己的孩子。举一个例子，我的儿子一生下来，我和我爸妈都很失望，因为我从小是浓眉大眼、双眼皮，但是我儿子是小眼睛、单眼皮，怎么看怎么不像我，但是我充其量为自己的基因不够霸道而有点小失望而已，我从来都不会怀疑这不是我的儿子，因为谁生的谁知道——你看，女性怀孕生产受了很多苦，但是在这一点上还是有优势的。但是，从进化心理学的角度来看，男性天然就带有这种焦虑，所以一定要小心翼翼地保证自己花费了很多精力和资源养大的孩子真是"自己的孩子"，故对伴侣身体忠诚的介意程度可能会高于女性。

二、来源于阅读中的例子

1. 解释"文化中心主义"。我国中原地区的方言往往以自己为参照系，将往北的人称为"侉子"，往南的人称为"蛮子"——所谓"南蛮北侉西戎东夷"。很明显，"侉子""蛮子"都颇具讥讽之意。据说有一年，乾隆皇帝在中堂阮元陪同下一起到扬州游玩，君臣在船上一面品茶一面欣赏瘦西湖风光。突然间，乾隆心血来潮，开口道："阮蛮子（阮元是扬州仪征人），我问你，南方人说北方人说话侉，北方人又说南方人说话蛮，依卿之见，究竟是哪个地方人说话好听？"问题有些刁钻，阮元却从容不迫道："依老臣之见，有十个字可解这个困惑，便是'乡亲对乡亲，说话最好听'。"阮元一语中的地击中了"蛮"与"侉"划分标准的要害：并非地理上的南与北，也非语言上的优美与丑陋，而是心理上的"自我中心"。"乡亲对乡亲，说话最好听"体现的正是文化中心主义。

2. 解释"角色、角色冲突、角色失败"。宋江是《水浒传》里的男一号。作为起义军领袖，他亲手创建、发展、壮大了起义队伍，使之成为宋王朝的心腹大患。同时宋江也是一个极尴尬的人物：既委身于造反之列，又始终不能忘怀对封建统治阶级的耿耿忠心。宋江的尴尬在于他对自己角色定位的"贪心"：他既想扮演好对国对君的"臣"的角色（既为"臣"，便需"忠"）；又想扮演好对民对友的"及时雨""呼保义"的角色（既为"侠"，便需"义"）。但在当时的历史背景中，这两个角色又必然是冲突与矛盾的——"义"使宋江见义勇为，仗义疏财，倾向于革命，不满现实；而"忠"又使他瞻前顾后，优柔寡断，对国对君可以说达到愚忠愚孝的地步，在义军全面获胜后却再三乞求招安，最后被高俅用毒酒害死。宋江想要扮演好这两个相互冲突的角色，想要努力做到"忠义两全"，但最后不仅造成了宋江的个人悲剧，也造成了整个起义军的悲剧。

如果说宋江因为角色冲突而导致悲剧，那么程蝶衣则因为角色不清直至角色失败而走向毁灭。程蝶衣是电影《霸王别姬》中的男（抑或女）主角，当他还是一个小男孩的时候，便被卖入戏班学唱青衣。第一次学唱《思凡》，唱那段"小尼姑年方二八，正青春被师傅削去了头发，我本是女娇娥，又不是男儿郎……"时，他屡屡出错，偏唱成"我本是男儿郎，又不是女娇娥"。可见，当时的小男孩程蝶衣尚未能"入戏"。后在师傅的怒斥和体罚下，他终于改口，顺利地练成了《思凡》，逐步成长为一名出色的青衣。师兄段小楼和他感情甚佳，两人因合演《霸王别姬》而成为名角。程蝶衣戏演得多了，渐渐地，真把自己当成虞姬，人戏不分了，并且深深地爱上了戏中的"霸王"——师兄段小楼。程蝶衣一生最大的愿望就是当虞姬，和小楼在台上唱"一辈子"的戏。但可惜正如段小楼言："你是真虞姬，我是假霸王。"段小楼选择了舞台下正常人的生活，娶妻成家。后二人又在"文革"时期反目，程蝶衣终于在再次跟段小楼排演《霸王别姬》时自刎于台上。

有人说程蝶衣是"戏痴"，他痴在从小时候被师傅屈打成"女娇娥"之后，就逐渐放弃和模糊了一个普通人在生活舞台上的角色，转而专注于自己作为演员在戏剧舞台上扮演的角色。他一心一意地想要与段小楼做伴，永远生活在舞台上，演绎霸王与虞姬的恋情，殊不知他程蝶衣再如何疯魔，也终究成不了真正的虞姬——虞姬只是他一时的角色，他终究要走下台来，面对真实的生活去扮演生活中的角色。而程蝶衣，戏里的角色他呕心沥血去演，戏外的角色他却毫不在意，也根本不清楚，所以他一旦做不了"虞姬"，也就真弄不清自己到底是谁了。

3. 解释"择偶梯度"。《围城》中的方鸿渐刚归国回家时，父亲谈及其婚姻大事，发表过一番关于择偶的"高论"："女人念了几句书最难驾驭。男人非比她高一层，不能和她平等匹配。所以大学毕业生才娶中学女生，留学生娶大学女生。女人留洋得了博士，只有洋人才敢娶她，否则男人至少是双料博士。……这跟'嫁女必胜吾家，娶妇必须不若吾家'一个道理。"①方鸿渐父亲的一番"高论"，被社会学家们以"择偶梯度原则"来命名。也就是说，当男女处于恋爱或亲密的私人交往时，可以肯定女性将寻找地位相当或地位较高的男性，而男性会寻找地位相当或地位较低的女性。

4. 解释"爱情的文化差异"。不论中国还是西方，在各自的文化中，都有爱情的"形象代言人"，他们是专门负责管理爱情的"公务员"——在中国是月下老人，在西方则有小爱神丘比特。他们的年龄不同、形象不同，"执法"工具和手段不同：一个是白发须眉的稳重老人，一个是长着翅膀的调皮孩子；一个手中握着红线，一个时刻拿着弓箭；一个是用红线将青年男女轻轻绑住；一个瞄准有缘人一箭穿心。红线的绑是柔中带韧的，绑的时候我们不会感到剧烈的疼痛，只是轻轻地牵扯，但是一旦绑上，我们就很难再挣脱，那根红线便成为生命中长久的温柔牵绊了。而丘比特手中的爱神之箭呢，射箭是突然的，我们中箭也是突然的，被爱神之箭射中，我们便立刻坠入爱河，痛并快乐着——坠入爱河是扑腾一下完成的，而给双方带来的情感体验则是剧烈的。这两个文化形象，恰恰就反映了中西方的爱情观的各自特点：中国人更看重承诺和持久的感情；西方人则偏爱突如其来的激情。

东西方文化中都有其经典的爱情模式，比如中国的梁山伯与祝英台，西方的罗密欧与朱丽叶。罗密欧与朱丽叶两家是世仇。在一次舞会上，罗密欧遇见了朱丽叶，两人一见钟情，刹那间坠入爱河，于是迅速地完成了从互诉衷肠，到私定终身，再到为爱

---

① 钱锺书：《围城》，人民文学出版社1980年版，第34页。

生为爱死的全过程——实际上，这种充满了激情迅猛完成的爱情，在大多数中国人心中很难成为经典，很多人会觉得这样的爱情缺乏"感情基础"。什么叫"感情基础"呢？梁山伯与祝英台的爱情堪称典范：美丽大方的祝英台女扮男装去上学堂，在学堂里认识了品学兼优的男同学梁山伯，两人非常投缘，一见如故，然后朝夕相处地学习与生活——"同窗共烛整三载，促膝并肩两无猜"，还结拜为兄弟。毕业在即，祝英台已深深地爱上了梁山伯，送别的路上，百般暗示，可木讷的梁兄仍不解其中意，直到再次相见，看见了还为女儿身的祝英台，两人才坠入爱河。可见，梁祝的爱情是典型的友伴之爱，他们的爱情并非一见钟情，而是在"同窗共烛整三载"中逐渐形成，在这种爱情中，更多的是"亲密"的感情，而缺少"激情"。在朝夕相处的三年中，祝英台有没有这种"激情"咱不知道，但至少梁山伯可能是没有的，因为他连对方的性别都没有搞清楚。这也许可以部分地解释，西方国家的离婚率一直以来都比中国的要高，因为激情更容易褪去，而亲密感却有可能与日俱增。

第三节　寻找好例子

好例子来自哪里？来自日常的观察和收集。孙丰国副教授讲的是广告类课程，对案例的新鲜度有着严格的要求。如果说文史哲类课程的案例可以是过去的，不需要年年更新，那么广告类课程的案例则必须是当下的，不仅要年年更新，有时还需要月月更新，天天更新，时时更新。为了给自己的讲课找到最"新鲜"的案例，孙丰国老师在逛商场、超市和在外面吃饭时，都带着一双广告学老师独有的眼睛，四处搜寻用得着的案例，这其实就是职业态度和职业精神的生动体现。年轻老师孙丰国是这样寻找好例子的，著名教育家童庆炳先生也是这样寻找好例子的：

> 有时候刚刚要入睡，突然一个有意义的生活细节涌上心头，我就会立刻翻身起来，记录在笔记本上。有时候某个诗人的某一首诗，恰好能说明某个问题，我也立刻把小本拿出来，简要地记下来。甚至于讲课中某句话换一种说法，更能打动学生，也一一作了笔记。[①]

这是一种职业态度、职业精神，也是一种提升职业水平的有效方法：让日积月累成为一种习惯。好记性不如烂笔头，好例子如果没有随时记下来，常常会留下无法弥补的遗憾，比如善于举例子的易中天老师，也有忽略、丢弃了好例子的时候，而这恰恰告诉我们，有些好例子，就像有些人一样，一旦错过，便不再回来：

> 长大以后，与伯父见过几次，每次都能听他老人家讲史，但每次都只是听听而已。现在想起来，真是后悔。当初如果好好听，用心听，到《百家讲坛》岂不是能讲得更好？可惜再也听不到了。人，就是这样。当我们轻而易举得到时，往往是不珍惜的。等到发现这些宝贵的东西已经一去不返，这才追悔莫及。人

---

① 童庆炳：《讲课：外部语言与内部语言的交叉》，载吴子林编：《教育，整个生命投入的事业——童庆炳教育思想文萃》，华东师范大学出版社2016年版，第68页。

的不可救药，大约如此。[1]

没有做老师前，我们听过很多讲座，却不曾想过及时记录下来。等当了老师，隐约想起时，又记不起来了。造成这样的遗憾，一是客观条件所限——没有想到或者买不起录音、录像设备；二是主观意识不够——根本没有想到将这些好东西保存下来将来自己讲课时用。后来，我慢慢学聪明了，便花500元买了个录音笔，听讲座时随身带着，遇到好的就录下来，回家后便慢慢地整理为我所用。其实，不仅听讲座时要带着录音笔，其他时间也应该像带着手机一样带着录音笔，遇到和讲课可能有关的案例就可以随时派上用场，避免忘记的遗憾。当然，寻找好例子的途径还有很多，只要我们带着一颗"站稳讲台的心"，自然就不会错过每一个可能用得上的好例子："为了找到一个好例子，很像诗人寻求诗句一样，要花费很大的精力去苦心追求。谁付出的代价大，追求的时间长，要求的标准高，花费的心机多，谁找到好例子的可能性就高。"[2]

我到学校的理发厅理发，因为人太多，需要等待，就拿起架子上的杂志翻阅。突然《读者》2011年第17期上的一篇文章《翻译是一门艺术》映入我的眼帘。一种职业敏感立刻提醒我："这篇文章和我讲的课是否有关联？"我马上将"外国文学史"课程和"比较文学"课程的内容在脑子中过滤了一遍，发现这篇文章和"比较文学"课的"译介学"可能有关系，于是便想到将它借出来

---

[1] 易中天：《相思就是外婆的味道》，《易中天文集》第一卷，上海文艺出版社2011年版，第37页。

[2] 杜和戎：《讲授学》，华语教学出版社2007年版，第201页。

复印（心里暗想，如果老板不让我复印，我就不在这里理发了）。
于是下一次讲"译介学"时，便多了《翻译是一门艺术》这个好玩
的例子。

　　一个外国朋友，五十多岁，酷爱中国，因为他喜欢中国的
美食和诗歌。某次一边吃着美食、一边聊着诗歌的时候，外国老
头说他非常崇拜孔子故乡的一位中国近代爱国诗人，名叫庄重禅
（音译）。我说我没听说过这个人，老外就即兴用汉语给我朗诵了
一首这位诗人的诗：

　　　　遥远的泰山，
　　　　展现出阴暗的身影；
　　　　厚重的基础，
　　　　支撑起浅薄的高层；
　　　　假如某一天，
　　　　有人将那乾坤颠倒；
　　　　陈旧的传统，
　　　　必将遭逢地裂山崩。

　　这是他看到英文诗之后自己翻译成中文的。他说这个不是原
文，但意思应该差不多。之后还说，这首诗中蕴含着非常深刻的
寓意（老外还真是没法理解中国人的含蓄，都这么直白了，还说
有深刻的寓意），表达了他想要推翻旧制度、建设新国家的爱国
情怀。

　　我非常不好意思地再次表示，这首诗我也没听过。外国老
头就又给我讲了些这位诗人的轶闻。比如他的生活放荡不羁，
与很多女人有染，但是他很尊重女人，在他发现他的一个小妾

与自己的下属有私情之后，不仅没有追究，还给他们路费放他们走（比楚庄王的绝缨宴还有胸怀啊）。还说他很注重孝道，小的时候母亲遗弃他改嫁，等到他当了大官之后不仅不记恨母亲，还特意找到她，把她和继父一起接到自己身边颐养天年。还说他曾经是掌握几省大权的高官，可是不懂军事，在内战中战败，后被人刺杀。

按说，就凭上面这些条件，应该不难找出这个人是谁了啊，可是我还是没找到这个人和这首诗。直到某一天看到了张宗昌的这首诗，我才恍然大悟：

远看泰山黑乎乎，

上头细来下头粗。

如把泰山倒过来，

下头细来上头粗。

后来，我将这个案例用于讲"译介学"的引言，用来说明翻译，尤其是诗歌翻译是一门充满创造性的艺术，"效果"和"笑果"都相当不错。这个收集案例的故事，其实就是当老师思维的充分体现：总想着如何让讲课通俗易懂、幽默风趣一点。如果是做学者的思维，对这样的案例是根本不感兴趣的。因为，没有谁写论文会使用这样通俗的故事作为论据。实际上，从教十几年来，我已经患上了一种强迫症：看到什么，都在想着上课时能不能用上。

我在讲"比较文学"课的"跨学科研究"时，长期为找不到合适的例子来说明数学与文学之关系而苦恼。后来，我想到去读数学文化的书，可能会有所发现。果然在《张楚廷教育文集》第16

卷"数学文化与教育卷"中有了令人惊喜的收获。[①] 北宋著名的文学家苏轼，不仅诗词写得精彩，而且还是绘画的高手，因此他的画是如诗的画，他的诗是如画的诗。有一次，他画了一幅《百鸟归巢图》，广东一位名叫伦文叙的状元在他的画上题了一首诗：

归来一只又一只，三四五六七八只，

凤凰何少鸟何多，啄尽人间千石食。

诗中难得一见的"凤凰"是作者的自喻，多得数不清的"鸟"则是"官场小人"的象征。画名既是"百鸟"，而题画诗中却不见"百"字的踪影，这是何故？难道诗人不懂最简单的数学吗？让我们先把诗中的数字按照顺序写下来：

1, 1, 3, 4, 5, 6, 7, 8

然后，再用诗中实际暗示的运算关系，将这些数字连起来，便可以得出一个算式：

$1+1+3\times4+5\times6+7\times8=100$

诗人巧妙地将100分成了2个1，3个4，5个6和7个8，用诗又"画"了一幅"百鸟图"，"百"字含而不露地藏在诗中。

无独有偶，歌剧《刘三姐》中有一个精彩片段，说的是刘三姐

① 张楚廷：《数学文化与教育卷》，《张楚廷教育文集》第16卷，湖南人民出版社2012年版，第308-309页。

与三位让人讨厌的秀才对歌。三位秀才自恃有"学问"，在对歌中给刘三姐出了一道难题，而刘三姐也给予聪慧有力的回击：

> 罗秀才：小小麻雀莫逞能，三百条狗四下分，
> 　　　　一少三多要单数，看你怎样分得清？
> 刘三姐：九十九条打猎去，九十九条看羊来，
> 　　　　九十九条守门口，还有三条狗奴才。

在伦文叙的题画诗和刘三姐的歌词中，都包含了把一个正整数（100和300）分解为若干个正整数之和的数学问题。像这样把一个正整数分成若干个正整数之和的方法，在数论中称为整数的分拆。这个案例，刚好可以从一个角度说明数学与文学的关系。

我在上"基础写作"的"导论"时，为了说明写作的价值，特意引用了哈佛大学前校长德雷克·博克说的一段话：

> 所有的本科生都需要提高各种形式的表达能力，其中最广为人知的，是精确而优美的书面表达能力，其次是清晰而有说服力的口头表达能力。这些是学生在大学期间和毕业之后都会广泛运用的能力，也是作为公民和一切从业人员所应具备的能力。当被问及聘用大学毕业生最看重什么时，许多用人单位反复强调了书面表达和口头表达的重要性。[①]

显然，"写作"和"演讲"一样，是高素质人才应该具备的"母

---

① 德雷克·博克：《回归大学之道——对美国大学本科教育的反思与展望》，侯定凯、梁爽、陈琼琼译，华东师范大学出版社2012年版，第45—46页。

能力"。要培养出"清晰而有说服力的口头表达能力"，大学需要一门"演讲课"；要培养出"精确而优美的书面表达能力"，大学则需要一门"写作课"。

如今很多大学之所以将"写作课"视为一门重要的公共课普遍性开设，是因为越来越多的人认识到，我们的学生写作能力越来越弱，不要说写出"优美"的句子出现了困难，甚至连写出"精确"的句子也遇到了麻烦。可能大家已经感受到了，国人的语文水平下降得很厉害。国人目前的语文水平究竟怎样，我并没有做过很系统和科学的研究，但是为了更好地说明这个问题，我举了三组案例，这三组案例一组来自于我的日常阅读，一组来自于我偶尔看看的抗日神剧，一组来自于我平时听歌的爱好。

第一组例子：中国"最顶尖"的"语文专家"糟糕的语文水平

2017 年全国高考甲卷（II）的作文题目是"选诗句写作文"，要求"考生从 6 个古诗句选 2 个或者 3 个，自行立意，确定文体，自拟题目，然后撰写作文一篇"：

1、天行健，君子以自强不息。（《周易》）

2、露从今夜白，月是故乡明。（杜甫）

3、何须浅碧深红色，自是花中第一流。（李清照）

4、受光于庭户见一堂，受光于天下照四方。（魏源）

5、必须敢于正视，这才可望，敢想，敢说，敢做，敢当。（鲁迅）

6、数风流人物，还看今朝。（毛泽东）

明眼人很容易发现这道作文题错误百出。更有语文水平较高的专家直接给指正了出来：

第一句选自《周易》，应该算"文"，不是"诗"；

第二句是杜甫的诗，就这句正确；

第三句是李清照的词，严格说，诗和词至少在语文学习上不能混淆；

第四句魏源的话，也是其散文集中的"文"，还不是诗；

第五句选自鲁迅杂文，怎么是诗？再说鲁迅是现代人物；

第六句是词，而且毛泽东是当代人物。

这道作文题的正确表述应该是用"诗文"或"名人诗文"来替代"古诗句"。这道题目的不妥之处还有：

1."1、""2、""3、""4、""5、""6、"错误，应为"1.""2.""3.""4.""5.""6."。

2.大题目是"选诗句写作文"，小题目将"诗句"的概念缩小为"古诗句"，类似于将"人"的概念缩小为"男人"。

3.可以用"个"来形容"诗句"吗？

第二组例子：抗日神剧中的"神"台词

抗日神剧，很多人只注意到它们的情节"神"，如抗日大侠可以手撕鬼子，可以刀枪不入和飞檐走壁，可以用步枪打下日本鬼子的战斗机等，却忽略了它们的台词也非常"神"，完全不像是专业的文字工作者写出来的。不妨举几个例子：

1. 同志们，八年抗战开始了。

2. 同志们，抗日战争已经第七个年头了，还有最后一年，大家一定不要放弃。

3. 我爷爷九岁的时候就被日本人残忍地杀害了，我恨日本鬼子。

4. 为了安全，我把咱娘送到安全的地方安全保护起来了。

5. 八百里开外，一枪干掉鬼子的机枪手。

6. 中国有句话，叫以彼之身还彼之道。

7. 阎王叫你五更死，你活不到三更。

8.（一个八路军狙击手说）皇军他哪敢冲锋。

第三组例子：各种神逻辑的歌词

我喜欢听歌，听着听着，就很自然地收集、归纳一些歌词，然后就用在了讲课之中。具体来说，我常用一些很奇葩的歌词来说明遭到严重破坏的语文环境如何误导国人的语文表达：

1. 不要问我太阳有多高，我会告诉你我有多真。（杨钰莹《轻轻地告诉你》）

2. 还记得多年前跟你手牵手，你都害羞都不敢抬头，只会傻傻地看着天上的星星，你就是那么的纯净。（陶喆《小镇姑娘》）

3. 我应该在车底，不应该在车里。（阿杜《他一定很爱你》）

4. 我们背对背拥抱，滥用沉默在咆哮。（林俊杰《背对背拥抱》）

5. 不远地方你远远吟唱。（蔡依林《布拉格广场》）

6. 父亲牵着我的双手，轻轻走过清晨那安安静静的石板路。（周杰伦《以父之名》）

7. 亲爱的，你张张嘴，风中花香会让你沉醉。（庞龙《两只蝴蝶》）

8. 但他已去到别座城堡吻另一双嘴。（S.H.E《不想长大》）

9. 圈圈圆圆圈圈，天天年年天天的我。（林俊杰《江南》）

10. 农业重金属，谁能比我土，这样的节奏，就让我舒服。（阿宝《农业重金属》）

11. 我的家有个马桶，马桶里面有个窟窿，窟窿上面总有个笑容……（刘德华《马桶》）

12. 你喷的火，是我的造型。（张惠妹《火》）

13. 斑马，斑马，你不要睡着啦……斑马，斑马，你睡吧睡吧。（宋冬野《斑马，斑马》）

14. 我叫小沈阳，艺名也叫小沈阳，沈是沈阳的沈呐，阳是沈阳的阳。（小沈阳《我叫小沈阳》）

在中国古代，歌与诗是密不可分的。很多诗其实就是那时的歌，比如《诗经》就是中国最早的歌词总集。再比如王之涣的《凉州词》（黄河远上白云间，一片孤城万仞山。羌笛何须怨杨柳，春风不度玉门关。）在唐朝就是一首传唱度极高的歌的歌词。也就是说，在中国古代，只有诗人才有资格写歌词。而如今，似乎人人都可以写歌词，而那些毫无文化底蕴和文学水平的人写出的歌词，就像刚才所举的那些例子一样，既不精确又不优美。而我们的孩子，就是听着这样的歌长大的，其语文水平在"潜移默化"之下，也就越加让人担忧和痛心了。

●●● 第八章

插　话

——讲授的方法四

"插话"作为一个教学概念的正式提出，其实有点偶然。2012年8月26日，在中国比较文学学会教学研究会第五届年会上，我面对来自全国各地的同行上了一堂教学示范课"歌德笔下的拿破仑"。北京师范大学王向远教授在点评我的讲课时，认为我的"插话"用得比较好。受此启发，我决定将"插话"作为一个独立的讲课方法加以自觉的研究，并在专著《如何走上大学讲台——青年教师提高讲课能力的途径与方法研究》中，专设一章加以探讨。①

那么什么是插话呢？其实就是：讲古代的，自然地插入一个当下的；讲外国的，自然地插入一个中国的；讲理论的，自然地插入一个实践的；讲虚构的，自然地插入一个真实的；讲理科的，自然地插入一个文科的；讲文科的，自然地插入一个理科的；讲专业的，自然地插入一个生活的；讲严肃的，自然地插入一个幽默的；讲别人的，自然地插入一个自己的……

"插话"是体现教师讲授个性的一个重要方法。面对相同的专业内容，一个老师和另一个老师的差别，或许就在于有没有"插话"，怎样"插话"。诚如雅斯贝尔斯说："如果考虑到了保持课堂

---

① 宋德发：《如何走上大学讲台——青年教师提高讲课能力的途径与方法研究》，湘潭大学出版社 2013 年版，第 150—161 页。

教学气氛新鲜与灵活的特殊需要，授课过程中那些暂时离开主题的闲谈就可以既有客观的效果，又不失其个性色彩。"[①] 北京师范大学于丹教授讲过一门课程，叫"《庄子》心得"。"《庄子》"便是专业，"心得"便是插话。于丹的问题在于，听完她的课后，发现只见"心得"不见"《庄子》"，即插话插得太多了。于丹的问题还在于她很多的"心得"来得有些突兀和牵强，有些"心得"还是从《读者》《知音》《青年文摘》之类的期刊上照搬过来的小故事，是别人的心得而非她自己的心得。由于于丹的很多心得并非来自她真切的生命体验，所以显得比较空洞和玄乎，精神营养的成分极为有限。但不管怎么说，于丹对"插话"这种讲课技巧的运用是比较自觉的、充分的，也是值得我们观摩和借鉴的。

第一节　调节气氛

讲段子，是"插话"常见的形式。一所大学被公认为"名嘴"的老师，通常都是超级"段子手"，都善于在学术问题之中自然地插入非学术的段子。由于这些非学术的段子源于学术问题，又是为了更好地讲清楚学术问题，最后还要回到学术问题，所以将这些段子依然命名为"学术段子"。

本书第五章重点讨论的是"幽默感"问题。插一些有趣的段子，正是体现幽默感的方式之一，也是调节气氛的途径之一。李工真教授是武汉大学的"四大名嘴"之一。他在批评那种走向极端的应试教育时，便穿插了一个从广东某宣传部部长那里听到的段

---

① 卡尔·雅斯贝尔斯：《大学之理念》，邱立波译，上海人民出版社2007年版，第93页。

子，说某地方的历史高考题是这样出的，以至于没有人能全部回答正确：

　　第一题：谁打响了黄花岗起义的第一枪？
　　（A）宋教仁（B）黄兴（C）孙文（D）林觉民
　　第二题：谁打响了黄花岗起义的第二枪？
　　（A）宋教仁（B）黄兴（C）孙文（D）林觉民
　　第三题：谁打响了黄花岗起义的第三枪？
　　（A）宋教仁（B）黄兴（C）孙文（D）林觉民

　　答案都是"（B）黄兴"，因为教材中写了这样一句话："黄兴朝空中鸣了三枪，揭开了黄花岗起义的序幕！"（李工真教授表述为"黄兴连打三枪，揭开了黄花岗起义的序幕！"）学生们听得哈哈大笑，李工真教授借机说出自己的观点：这样缺乏创新的僵化教育培养不出具有创新精神和创新能力的人才。

　　有一位老师，在讲课时批评如今很多大学盲目改名。他的观点是，大学盲目改名是死要面子、急功近利、舍本逐末的表现，有悖于大学的理念、传统和精神。在轰轰烈烈的"更名潮"之后，除了留下一大堆听上去或"高大上"或奇奇怪怪的校名，并没有给中国高等教育带来任何实质性的好处。而且有些大学改名，有故意隐瞒出身，忽悠考生的嫌疑，是对考生选择权、知情权的漠视。为此，这位老师讲了一个颇为搞笑的段子：

　　西北某地一学生，志存高远，矢志从医。首次高考考入泸州医学院，到校后觉得学校名气太小，果断返乡复读。一年后成

功考入四川医科大学（2015年4月泸州医学院更名为四川医科
大学），到校后傻眼了，发现还是原来的泸州医学院。于是再回
家又复读一年，更加刻苦努力。第三年如愿考入西南医科大学。
到校后发现还是原来的泸州医学院（2015年12月四川医科大
学又经教育部批准定名为西南医科大学）。据说现在该生已经疯
了……

我的硕士研究生导师张铁夫先生给我们讲苏联文学时，以
学术性见长，有时不免有枯燥之感。为了调节课堂气氛，他每讲
十五分钟左右的课，便摘下眼镜，插一个苏联的政治笑话，我们
顿时放松了不少，在笑声中继续投入接下来的听课：

有一天农民伊万抓了一条鱼，开心地回到家对妻子说：
"我们可以吃炸鱼了。"
妻子："家里早就没油了。"
"那就煮。"
"锅烂了，一直买不到。"
"那就烤。"
"家里已经没有木炭了。"
极度沮丧的伊万无奈地把鱼给放生了，大难不死的鱼一到水
里就高喊：
"苏维埃万岁！"

华中师范大学戴建业教授，非常喜欢和善于根据专业内容，
插一些短小精悍，夹叙夹议，体现纯粹个人生活经验和感受的

有趣的段子，以达到"用学术的风花雪月烹饪出人间的味道"的目标：

1. 我曾经想调到北京去，学校就是不放人，后来我想明白了，学校可能那个时候就发现了我是个人才。

2. 刚结婚时，我的妻子跟我说，以后家里的大事你说了算，小事由我来管，我激动得要死，我说我的命太好了，怎么娶到这么好的老婆，听懂了没有？后来我才发现，我掉进坑里了：我结婚三十多年来，家里就没有发生过一件大事。

3. 起名字一定要平仄起伏。我爸爸就没给我起好名字，你看，戴建业，三个去声，听上去急得不得了。

4. 我认为一个男人要真的干出大事，就要有一点流氓气，要有一点匪气，我身上就没有匪气，所以我等下回去还要给老婆洗碗。

5. 我年轻的时候也喜欢林黛玉，梨花带雨。现在想想我要是娶了一个林黛玉做老婆，还不是倒了八辈子霉啊！天天哭天天哭，问她哭什么又说不出，我性子急，最后结果不是她跳楼，就是我跳楼。

6. 今天我还是站着给大家讲吧，我是华师的教书匠，我们那学校里所有的老师都没有座位，我今年59岁，教了30周年书，已经站了三十年，所以坐着不会讲话。

7. 我尽量把普通话讲好，我是湖北麻城人，我讲的是麻城普通话，今天下午我会让大家听听麻城普通话有哪些特点。

讲课插段子有更通俗的表达，就是插科打诨。上课要不要插科打诨？可不可以插科打诨？老师们的意见并不统一。童庆炳先生虽然对插科打诨不是很支持，但他也认为文学课是需要"插话"的：

> 文学与生活是相通的，自己的切身经验和体验就是一笔了不起的财富，何必处处举过往作家作品的例子，你可以讲你的一段经历，一段见闻，甚至你做的一个梦……即兴地扣紧问题地分析它。渐渐地我又发现我祖母的故事、我母亲的故事，也具有文学性，为什么不可以分析她们的故事呢？[1]

童庆炳先生比较喜欢、也比较擅长在讲专业的时候，适时、自然和恰当地穿插一些自己以及家人的故事。如在讲解"美在关系说"这部分内容时，为了让这个抽象的概念不再抽象，他给学生讲了自己母亲的故事。[2]

我作为"学术段子"最忠实的拥趸，认为所有的课堂都应该"插话"，都可以"插话"。所以我既在自己的课堂上讲段子，又特别欣赏和喜欢那些善于讲段子的老师。据我观察，学生也更喜欢既有学术水平又善于讲段子的老师。但也有老师认为上课插科打诨犯了"兵家之大忌"：

---

[1]　童庆炳：《讲课：外部语言与内部语言的交叉》，载吴子林编：《教育，整个生命投入的事业——童庆炳教育思想文萃》，华东师范大学出版社2016年版，第67页。

[2]　童庆炳：《美学与当代文化讲演录》，广西师范大学出版社2007年版，第24-26页。

我有一个观点：老师和学生之间的关系，应该是老师引导学生，而不能迁就学生。学生总希望老师讲得风趣一点，但我觉得插科打诨、大笑鼓掌的讲课方式只能偶尔用于调节气氛，不能够把哗众取宠当作上课的主要内容，而忽略了传道授业的根本，尤其对于古代文学的教学更应该如此。我们留下来的古代典籍、经史子集都是正统的、精华的，没有那种供后人娱乐的材料。"文雅"是古代文学的基本特征，也是其主要价值之一，把古文化的这种"堂堂正正"的精神传递给学生，这也许比文学本身更为重要。①

持此观点的傅刚老师，我不太了解他讲课的水平，也不太清楚学生对他讲课的真实评价，所以不好评价他的这种讲授观。我从口语传播的规律和特点以及当了几十年听众的感受出发，坚信讲课时适当的插科打诨是必需的，也是可以的。再说讲授要追求寓教于乐、雅俗共赏，以及"架天线"和"接地气"、有意义和有意思的统一，离开必要的插科打诨，这样的目标是很难实现的。

第二节　表达观点

相比较于丹而言，易中天讲课时的插话要少一些。像他讲《品三国》，基本上没有什么有意的插话，而在讲《先秦诸子百家争鸣》时，有意的插话则明显增多，但也远比于丹的少。另外，易中天的插话更自然一些，他一般不插故事，尤其是不插那些道

① 郭九苓：《法君子之道，昭古文之学——傅刚老师访谈》，载郭九苓，漆永祥，赵国栋主编：《北大中文名师教育谈》，广西师范大学出版社2015年版，第49页。

听途说的故事，只插自己的感想，而这些感想往往非常有思想和批判性。像他讲孔子小时候受过很多苦时，便穿插了一段关于年轻人成才的议论：

> 而且，我认为，孔子做学问能够融会贯通，古为今用，很大程度上与他懂得民间疾苦，懂得世事艰难，曾经亲身实践有关。正是由于这个原因，我一贯主张年轻人应该吃一些苦，甚至主张一个高中生考上大学以后，应该保留学籍，先去当一年兵，或者当一年农民。①

这其实就是借助讲古人的故事，和年轻学生分享自己的一种人生感悟。这段话大致属于"励志教育"，有"心灵鸡汤"的成分，但比较自然，也比较真诚，学生听了会感到比较舒服。加上易中天老师本身就活得很精彩，所以他的这种人生经验对学生来说不失为一种思想政治教育。在分析道家的"反文明"，尤其是反科技文明这个特征时，易中天联系现实，插入了一段很长的感慨：

> 没错，人类不能没有科技进步，科技进步也给我们带来许多好处。至少，它能使我们的生活更方便，更快捷，更有效率，也更安全和舒适。但是，为了这些方便、快捷、效率、安全和舒适，我们也付出了代价。比方说，自从有了复印机，许多学生就不会记笔记了；自从有了照相机，许多画家就不会画写生了。有个段子说，现在的人为什么"言而无信"？答案是因为有电话。

---

① 易中天：《先秦诸子百家争鸣》，《易中天文集》第十四卷，上海文艺出版社 2012 年版，第 10 页。

又有人说现在的人为什么不会写情书？答案是因为有短信。电话好不好？好。当时就能对话，不用望穿秋水么！可视电话就更好，不但能听到声音，还能看见样子。但是，好不容易才收到一封书信的那种欣喜若狂，没有了。捧在手里反复阅读的那份感觉，也没有了。当然，短信也可以保存，也可以拿出来反复看。可是，现在的短信，比得上当年的情书吗？没错，你也可以把短信写得精彩一些，漂亮一些，问题是，现在干什么都是匆匆忙忙的，还有那份心境吗？当我们坐在飞机上，像一件特快专递的包裹被运送时，还有"细雨骑驴出剑门"的情趣吗？微波炉热就的方便食品里面，能够有妈妈的味道吗？俗话说，物以稀为贵。当一切都变得方便、快捷、有效率时，我们还会觉得珍贵吗？①

这段插话，是借助对道家思想的分析，阐发自己对当下"快生活"的反思和批判，这些观点单独拿出来说谈不上新意，但易中天联通古今、借古讽今，就既能帮助学生更好地理解道家思想，又能帮助学生更好地审视当下生活。易中天的这段插话也给我们留下了诸多补充说明的空间。比如可以借机介绍木心的诗歌《从前慢》②："记得早先少年时 / 大家诚诚恳恳 / 说一句　是一句 // 清早上火车站 / 长街黑暗无行人 / 卖豆浆的小店冒着热气 // 从前的日色变得慢 / 车，马，邮件都慢 / 一生只够爱一个人 // 从前的锁也好看 / 钥匙精美有样子 / 你锁了，人家就懂了。"

---

① 易中天：《先秦诸子百家争鸣》，《易中天文集》第十四卷，上海文艺出版社 2012 年版，第 137-138 页。

② 木心：《从前慢》，载《木心诗选》，广西师范大学出版社 2015 年版，第 180 页。

　　这些都属于对易中天"插话"的"插话"了。总之，这样的"插话"需要大学老师有点文学素养和哲学素养。实际上，人文类的课，尤其是文学课，讲完专业内容后，插入教师自身的观点、思想，是一道必不可少的"工序"。文学课，我认为兼备艺术的审美愉悦功能、哲学的启迪心智功能和宗教的心理按摩功能，所以，少了教师的插话，便是功能不完整的文学课。那些最受学生认可和"追捧"的名嘴都深谙这个道理，并且也自觉地付诸实践。比如戴建业教授讲《老子》的"自然"，他的插话和易中天评析道家的"反科技文明"思想可谓有异曲同工之妙。

　　戴建业讲解老子的"道"时，提到"道"的本质特性是"自然"。何为"自然"？"自然"就是"自然而然"。"自然"就是形容"自然界"的存在状态，也是形容人类社会的生存状态。牛马生下来就有四只脚，它们在露天吃野草饮泉水，在森林里自由自在奔跑游荡，这就是自然。如果人类用辔头套在马头上，用缰绳穿过牛鼻孔，又在马脚底钉上铁蹄子，用马厩或牛栏把它们圈起来，这就是人为，人为也就违反破坏了"自然"。落实到人类自身，"自然"就是指人本真的存在状态，也就是人的天然人性没有被人为地扭曲，就是人的真性情、真思想没有被矫饰遮掩，这种意义上的"自然"则与虚伪做作相对，从这个角度说，"自然"就是"真"。老子的"自然"主要指人类社会的自然，这是他所赞美的一种存在状态，也是他所提倡的一种生活态度，更是他所崇尚的一种至高的人生境界。

　　"道"也好，"自然"也罢，都是极为玄妙、抽象的哲学概念，戴建业用非常有逻辑、生活化的语言，化繁就简，三下五除二就解释得清清楚楚，让听众过耳不忘，这是高水平教师高水平教授的一次生动体现。但戴建业作为享誉神州的人文名师，并不会止步如此。他还要联系当下生活，"插"一段自己的评价和感想，直接将自己的讲课从"奔驰"级别提升到"法拉利"级别。如果说前面的那段讲解充分展示了他的文字功底、哲学功底，那么这段评价和感想则充分体现了他的生活底蕴和人文情怀：

> 随着人类文明的不断发展，不仅大自然遭到了人为的破坏，人类自身的质朴纯真也被虚娇做作所代替，袒露真性情被认为粗野，暴露真思想被认为幼稚，敷衍成了人们交往的主要手段，做作成了修养的重要标志……
>
> 远离了自然的天性，抛弃了赤子的天真，大家还欣欣然自以为得计，人们似乎还没有认识到这是自己在给自己制造灾难和不幸。如果人与人之间没有真诚，相互理解和同情就是一句空话；如果彼此说谎和暗算，整个社会就成了一个大陷阱，他人就成了自己的地狱。
>
> "逢人不可露真情，话到嘴边留三分"，"到什么地方唱什么样的歌，见什么样的人说什么样的话"，圆滑世故，八面玲珑，连在自己的丈夫或妻子面前也要伪装，这样活着不是太累了吗？连在自己的父母或儿子面前也不敢说真话，这样人间还有什么温暖和真情？①

借助插话表达观点的，我认为南京大学的潘知常教授做得极好，因为他的"插话"极为自然，又极有思想。他的两部讲稿《说

---

① 戴建业：《老子开讲》，海南出版社2015年版，第13-14页。

〈红楼〉人物》① 和《说〈水浒〉人物》堪称讲稿的典范，是真正"讲"出来的稿子，也是真正可以用来"讲"的稿子。现在市场上也有不少以"讲稿"名义出版的著作，其实还是传统意义上的学术专著，如果书的作者真的拿这些"讲稿"上台讲课，可以预料到课堂效果是非常沉闷的，其他同行更是无法从这些"讲稿"中获得如何讲课的信息。本书不妨以《说〈水浒〉人物》作为范例，帮助读者简单地感受一下潘知常教授如何通过别具一格的"插话"分享他的人生体验和感悟。

　　讲完史进的故事，他说：为人一生，当然应该"看透"人生，否则就无法"做好人"，但是，更为重要的却是不能"看破"人生，只有不"看破"人生，才能够做"好人"。而做"好人"当然远比"做好人"重要。也因此，我们在看到史进"做好人"失败的同时，更应该看到的是，史进做"好人"的成功啊。②

　　讲完林冲的故事，他说：那么，林冲的故事给予我们最大的启示应该在哪里？从社会的角度来看，林冲的悲剧首先是一个社会的悲剧，林冲的故事告诉我们，对于一个社会来说，最最重要的，就是要尊重人的尊严。一个社会如果把林冲这样的人都逼上了梁山，那么这个社会就一定是一个没有尊严的社会。不过，从个人的角度来说，林冲的悲剧也有他自己的原因，我们经常说，性格决定命运，林冲的性格就决定了他的悲剧。设想一下，如果当初林冲像鲁智深那样，像武松那样，或者像别的梁山好汉那样，不再窝囊，"该出手时就出手"，把高衙内杀了，实在不行，把高

---

① 潘知常：《说〈红楼〉人物》，上海文化出版社 2008 年版。

② 潘知常：《说〈水浒〉人物》，上海文化出版社 2008 年版，第 11 页。

太尉也杀了，然后再冲上梁山，那给我们带来的一定是一个全新的故事，我们就会对林冲更加敬佩，更加尊重。可是我们看到的林冲的故事却恰恰不是这样，因此，我们也只能是哀其不幸、怒其不争了。总之，要尊严还是要安全，看来是一个矛盾的选择，其实并非如此。结论十分简单：只有守住尊严的底线，我们才能拥有真正的安全。①

讲完潘金莲的故事，他说：对于今天而言，重要的是，要看到潘金莲的无奈。在当时的社会条件下，对于潘金莲来说，最"正确"的选择就是坚决不再有再去寻找幸福的念头，因为只要有这种念头出现，并且勇敢地追寻，那就必然注定了悲剧的发生。封建社会强加了潘金莲一个不得不接受的命运：艰难的生存环境、她所不爱的老公以及礼教束缚，等等。而那个社会给每一个人提供的自我拯救的空间却又实在太小，对于潘金莲来说，更是如此。因此，潘金莲不想追求自己的幸福便罢，如果她想争取自己的权利和幸福，就必须铤而走险，就必须不顾一切，就必须鱼死网破。所以，透过潘金莲的故事，我们更应该看到一个民族背后的精神创痛，而不能把这个创痛简单地归结于潘金莲，如果是这样，就实在太有失公正了。②

讲完武大郎的故事，他说：武大郎的悲剧告诉我们，一个社会一定应该尊重人，应该尊重人的善良。一个社会在看一个人的时候，不应该去看他有多少钱，以及是不是成功，而应该去看他是不是善良，而且，一个社会也应该去培养一个向善的环境，只

① 潘知常：《说〈水浒〉人物》，上海文化出版社 2008 年版，第 24 页。

② 潘知常：《说〈水浒〉人物》，上海文化出版社 2008 年版，第 67 页。

有如此，这个社会才有可能成为一个美好的社会。相反，如果一个社会肯定的价值观念永远是弱肉强食，是胜者为王，是对弱者毫不留情的批判和嘲笑，那么，这个社会的走向就一定是岌岌可危的。[①]

潘知常老师、易中天老师，还有孙绍振老师都是国内为数不多的写过讲稿、出版过讲稿的著名学者。他们都比较善于借助插话，将古代和当下打通、虚构和真实打通、别人的故事和自己的感受打通。他们这种用自己鲜活的生活激活文学作品的想法和做法，值得每一位老师，至少值得每一位文学老师借鉴和学习。

第三节　塑造人格

融入思想政治的内容，是讲授时插话的另一个重要目的和作用。我一直认为自己虽无思政课老师之名，却有思政课老师之实，因为我比较善于讲故事，也比较善于联系最真切的生活来分析文学作品。我借助文学课堂实行的思想政治教育，在"内容"上更注重"思想"，在"方式"上更注重潜移默化。

我讲外国文学课时，常常结合外国文学知识插入一些非外国文学的东西，以达到古代的与当下的、外国的与中国的、虚构的与真实的、教育的与娱乐的、文学的与生活的无缝对接，进而对学生进行悄然的思想政治教育。

我讲到古罗马文化特别重视荣誉时，特意强调了凯旋门在彰显荣誉中的作用。在播放了一张凯旋门的PPT后，我随即问了一

---

① 潘知常：《说〈水浒〉人物》，上海文化出版社 2008 年版，第 79 页。

个问题："在中国也有凯旋门，你们见过吗？"学生们纷纷摇头。
这时我揭晓了答案："中国也有一座凯旋门，它一直就在我们的身
边啊，它就是湘潭大学的校门——三道拱门。这时，我插了一段
感言：三道拱门有凯旋门之意，象征着毕业之际的同学就像古罗
马出征的将士一样，信心满满、充满热血地踏入社会和人生的战
场。我期待有一天，同学们就像古罗马的将士一样凯旋，而我们
就像古罗马的民众一样，在'凯旋门'的两侧夹道欢迎你们的凯
旋，并高呼着你们的名字。"

不过，也有同学发出疑问：古罗马的凯旋门是单拱的，湘潭
大学校门是三个拱的啊？为了打消这个疑问，我解释道：一方面，
我们可以将三道拱门视为三道单拱的凯旋门的三位一体；另一方
面，我们应该知道，古罗马的凯旋门也有三拱的（放图片）。这时，
我又适时地插了一段话，对三道拱门的象征含义进行分析，在此
过程中对学生进行爱校教育：

1. 文理工的三位一体——象征着你们不是在湘潭大学读某个
专业，而是在某个专业读湘潭大学；

2. 繁体字的"山"字——象征着湘大人勇攀真理的高峰；

3. 三人成众——象征着湘大人精诚团结；

4. 三人行必有我师——象征着湘大人永远都是那么低调和谦
虚；

5. 一生二、二生三、三生万物——象征着湘大精神代代相
传，生生不息；

6. 钥匙的钥尖——象征着每一位步入三道拱门的湘大学子，
在未来的四年和人生中都要做同样一件事，那就是用我们所有的

激情、努力、热忱、专一、投入，以及所有对生命的热爱，去找
到那些看不见的钥匙的把，谁能找到那些看不见的钥匙的把，谁
就能开启真理和幸福的大门（讲授这一段，最好用比较抒情、深
情的和激情的语调）。

　　学生不禁热烈鼓掌，那种有缘、有幸求学于湘大的自豪感和
幸福感油然而生。这种插话，也一改"今日我以湘大为荣，明日
湘大以我为荣"这种口号式说教的陈旧和沉闷。

　　我在讲俄罗斯大诗人普希金的生平时，讲到了普希金在皇村
中学时的情况。1811 年，沙皇政府在彼得堡的皇村创办了皇村学
校。普希金凭借曾祖父是彼得大帝干儿子的便利（普希金以曾祖
父为原型写作了小说《彼得大帝的黑人》），得以进入这所专门为
皇亲国戚开办的学校。普希金的诗人气质注定与这所学校的皇家
气氛格格不入，所以读书期间，他是一个典型的"问题学生"。他
最不感兴趣的是政治方面的课程，而学校里各种官僚主义、形式
主义更是让他深恶痛绝。

　　1817 年，普希金结束了六年的中学学习生活。在即将告别母
校的时候，平时满腹牢骚的普希金突然间变得温情和留恋起来。
毕业之后，普希金对母校的眷念和感恩更是与日俱增，尤其是每
年的 10 月 19 日，他更是无法克制自己思念母校的情感，只要有
空，一定会回母校参加校庆。若是身处异地实在无法前往，他也
会心向往之。他甚至还说，皇村学校哪怕只剩下他一个学生，他
一个人也要庆祝 10 月 19 日。普希金对母校的感恩和眷念，最终
化作了著名的"皇村组诗"，其中写于 1826 年的《十月十九》中有
这样四句最温情的诗句：

无论命运会把我们抛向何方，

无论幸福把我们向何处指引，

我们——还是我们：整个世界都是异乡，

对我们来说，母国——只有皇村。①

讲完普希金和母校的故事，我朗读了这首诗歌，然后决定插一段话：湘潭大学的同学也会像普希金一样，在校读书的时候，对母校有着诸多的不满，这个我其实都是知道的，也是可以理解的。但我们可不可以也像普希金先生那样，在即将离开湘潭大学的时候，眼神里露出的不是抱怨而是留恋呢？我们可不可以像普希金先生那样，在每年的 9 月 10 日，即湘潭大学校庆的时候，回来走一走，看一看，顺便捐点款呢？如果实在太忙，那么也可以为母校写一首诗，这首诗不难写，将普希金的四句诗歌改动两三个字即可：

无论命运会把我们抛向何方，

无论幸福把我们向何处指引，

我们——还是我们：整个世界都是异乡，

对我们来说，母国——只有湘大。

有些课程，比如数学、物理、化学，一就是一，二就是二，添加一些"作料"，是为了缓解学生的疲劳，吸引学生的注意力，顺便拓展学生的眼界，但不添加，只要讲得清晰，也不影响教学效

---

① 戈宝权、王宋仁主编：《普希金抒情诗全集》第 2 卷，湖南文艺出版社1993 年版，第 357 页。

果。我高中的化学老师上课时喜欢根据教学内容穿插历史故事、化学故事，我们很喜欢他的课；我的高中数学老师上课从不插话，但由于口齿清晰、逻辑严密、思路分明，我们同样很喜欢他的课。

有些课程，比如说文学、历史、哲学等，一不一定是一，二也不一定是二，专业内容和非专业内容的界限没有那么明显，从而为老师讲授的创造性和艺术性提供了更广阔的空间，换言之，老师讲授时穿插一些专业之外的东西，既是手段，也是目的。说是"手段"，是因为借助这些穿插，帮助学生更深刻理解专业知识；说是"目的"，是因为学习专业知识最终也是为了更好地解决人生与社会的问题。

有的老师不愿意在课堂上"插话"，认为那是浪费时间。对此，我的看法是：大学里的课程，从普及的角度看，真正的"干货"是有限的，围绕这些"干货"讲点题外话，并不会耽误太多的时间。而从传播学的角度看，只有"干货"的讲授，效果并不好，甚至可以说，"干货"越多，教学效果越差。从教学的终极目标来看，"插话"有助于将单一的课程放到更广泛的知识体系、思想体系和文化体系中进行定位，这样可以通过某门具体课程的讲授，既达成知识传递的目标，又达成思想育人和文化育人的目标。

在愿意"插话"之后，接下来要解决的问题就是要增强"插话"的能力。在专业划分越来越细的时代，我们这些拥有博士学位的大学老师"博学"的真没有几位，很多博士离开自己的专业领域，知道的东西不见得比食堂的大师傅多。在这种情况下，想"插话"恐怕也插不了几句。因此，大学老师应该是"杂家"而不是"专家"，"杂家"和"专家"并不矛盾，因为"杂家"其实是更多领域的"专家"。其实，哪怕是学术研究，"专家"太"专"，也成不了真正意义上的"专家"。很难想象，一个缺乏哲学、历史、宗教、美学、社会学等方面修养的人，他可以成为一个研究《红楼梦》的专家。因此，教育法研究的老前辈萧承慎先生对教师"要有广博的学问"是这样理解和阐述的：

> 一个成功的教师应有广博的人生见解和丰富的文化基础。其学识要能笼罩人生价值之全，直贯古今，横通八宇。小而言之，对于自己所担任的科目更必须有充盈而正确的知识，知识的范围是愈广愈好，要比教科书或任何固定教材所有的广博得多，对于这些知识要能运用自如。能够如此，然后对于培养学生之整个人格及传习本门之知识技能，才能旁通曲畅、左宜右有，而成为一个优良的"理智的领导者"。广博的见解与丰富的教育并不是仅限于书本知识，还必须从社会实际生活中去探讨。固然书本知识是最重要的，在实际生活中，体察人们生活和工作的方法，以及人们兴奋的动机、修养的方式、遭遇的困难及其解决的尝试，亦皆足以增进教学之专业的素养。斯即所谓"世事洞察皆学问，人情练达即文章。"此外，藉游历名山大川，探幽访胜，履行各地，观风问俗，亦可以培养丰富的灵感。行万里路与读万卷书可以有同样的价值。①

我曾在"爱课程网"上很认真地听完了浙江大学蔡天新教授的"数学传奇"课，发现他是一位能将文科与理科融合到极致的大学老师。能做到这一点的前提是他是一位"杂家"。以第一讲"毕达

---

① 萧承慎：《教学法三讲》，福建教育出版社 2010 年版，第 109 页。

哥拉斯之谜"为例，短短的 44 分钟内，数学教授蔡天新向我们展示了诸多数学之外的知识和素养。

1. **诗歌**。他引用了美国诗人庞德的诗句"最古典的就是最现代的"和法国诗人保罗·克洛代尔的诗句。庞德，尤其是保罗·克洛代尔，估计很多文学专业的老师都未必知道。

2. **古希腊文学**。他提及了古希腊三大悲剧家、古希腊喜剧家阿里斯托芬，以及荷马和抒情诗人萨福，并且非常准确、完整地讲述了"金苹果"的古希腊神话故事。

3. **艺术**。他分析了古希腊建筑帕特农神庙和古希腊的雕塑，以及苏联的国旗、美国五角大楼、伊朗清真寺墙壁上的五角星之美。

4. **哲学**。他提及古希腊三大哲学家——苏格拉底、柏拉图、亚里士多德，讲了亚里士多德与橄榄球的故事，分析了泰勒斯和毕达哥拉斯的主要哲学观点。

5. **摄影**。他展示了两张在毕达哥拉斯故乡拍摄的高水平的照片。

6. **地理**。他亲自绘制了一张古希腊诸位哲人出生地的地图。

7. **宗教**。他多次提及《圣经》，准确引用了《圣经》中的"先知在本地是不受尊敬的"。为了说明"6"是"完美数"，他引用《圣经·创世纪》的故事作为佐证："上帝用 6 天创造了世界，第 7 天是休息天。"

8. **语言学**。他提出，music、melody、rhythm、harmony 等英文单词均源自毕达哥拉斯的创作。

蔡天新教授讲数学的内容时之所以能如此自然地插入诸多非数学的知识，同他自身的跨学科修养是分不开的。他除了是数学教授，还是一位诗人、散文家、旅行家和摄影师。他出版的主要著作有诗集《梦想活在世上》《漫游》；散文集《在耳朵的悬崖上》《难以企及的人物》《南方的博尔赫斯》《与伊丽莎白同行》《飞行，一个诗人的旅行记》《欧洲人文地图》《英国，没有老虎的国家——剑桥游学记》等。此外，2008 年以来，他还在深圳、杭州、台州、金华多次举办了摄影展。蔡天新教授这样的数学老师是可遇不可求的，而他的存在也给了我们足够的期待和希望：只要水平够了，看起来枯燥无味的理工科课程也是可以讲得味道十足的。

第九章

打比方

——讲授的方法五

我们生活在一个语言的世界中。有人说，语言是"思维的外壳"，语言是一种工具，但在张楚廷先生看来，语言不只是外壳，不只是工具，语言就是生命本身，教育是干什么的？学校是干什么的？千万种回答中，有一种和语言密切相关，那就是教人语言、丰富人的语言、美化人的语言、提升人的语言，而这就是对人生的丰富、美化和提升。

一个人的语言贫乏，实际上在某种意义上就是其生命的贫乏，而语言的丰富就意味着其生命的丰富，语言的驾驭能力就是对自己生命的把握能力。语言与人的一生是如此紧密地联系在一起，语言就成了自己的血肉之躯。[①]

总之，语言是神奇的存在。有"有声语言"（说话、演讲），也有"无声语言"（如文字、手语）；有自然语言，也有社会语言；有数学语言、音乐语言、舞蹈语言、计算机语言、物理学语言、天文学语言、地质学语言、海洋学语言、哲学语言、教育学语言、管理学语言、美学语言。而教师，自然需要研究教学的语言。

---

① 张楚廷：《改革路上——张楚廷口述史》，西南师范大学出版社2019年版，第222页。

第一节　语言的想象力问题

作为教师，我们在语言上应该保持"童真"，因为保持"童真"的语言更有可能是有想象力的语言。我五岁的儿子宋子轩看见下雨，随口说了一句："云朵/走累了/哭一哭。"其实这就是一首诗啊！诗的题目就是"下雨了"。是不是只有我家小孩的语言才有如此的想象力呢？当然不是。我同事何云波先生的孩子何弈兮，在很小很小的时候，就把孩子语言的天真烂漫表现得淋漓尽致，请看《月亮的味道》：

> 宝宝和妈妈从姥姥家回来，坐什么交通工具呢？航空公司有个规定：超过两岁的孩子须买半价票。得，还是坐高铁吧，免费。宝宝因为几个月的时候坐过一次飞机，惦记着想再坐飞机。
>
> "你什么要坐飞机呢？"
>
> "因为我想尝尝月亮的味道。"
>
> 这月亮的味道可是有点贵，宝妈说："那打一盆水，把月亮请到水中来好不好？"
>
> "不好。"
>
> 最后达成协议：那就买一个月饼吧，因为月饼中也有月亮的味道。[1]

周国平先生认为，幼儿的语言一派天真，充满童趣，他们与

---

[1] 何云波、何弈兮、袁娜：《宝宝语录：爱与美的童话》，青岛出版社2018年版，第27-28页。

万物交谈，太阳、月亮、动物、玩具都是他们的伙伴；他们经常说出令人捧腹的傻话，也经常说出令人汗颜的真话；他们时而用小大人的口气说幼稚的话，时而用稚嫩的声音说地道的大人话：

> 根据我的观察，我确信，幼儿都是小小语言学家，对语言的感觉非常细腻，对词的含义极其认真，很讲究表达的准确和精确。同时，又是天生的诗人，富有想象力和创造性，擅长表达的生动，常常不假思索便口吐妙语，其形象、贴切、新颖、精辟，绝对是成人难以企及的。哪怕这个成人是作家，尤其这个成人是作家，比如我。这是伊甸园的文学，人刚刚学会命名，词汇十分有限，却是新鲜的，尚未沦为概念。眼前的景物，心中的感觉，也都是新鲜的，尚未被简化为雷同的模式。用新鲜的语言描述新鲜的事物和感觉，正是本来意义的文学。如同儿童绘画一样，儿童的语言表达也是一个宝库，是文学的源头活水，是大师们学习的好课堂。①

　　成年人随着年龄和阅历的增加，词汇量日益丰富，但语言的想象力也日渐消失。因为我们用六年的时间学会说话，又用六十年的时间学会闭嘴；我们每个人都是原创，活着活着就成了盗版。

　　和"庸俗化"相比，其实真正要命的是我们语言的"化石化"。庸俗还好，庸俗它毕竟也有意思，也有内容，也有生命。而语言变成了化石，那就麻烦了。没有内容了，没有生命了。我们语言的真正问题不是什么该穿花底裤还是该穿素底裤的问题，而是没

---

① 周国平：《小小语言学家》，载《传承高贵：周国平论教育2》，华东师范大学出版社2015年版，第85页。

底裤的问题。比如什么"大力发展""真抓实干""务求实效""全面推进""不断加强""深入开展""积极稳妥"……这些语言是化石，基本没有生命了。我们用大量这样的化石词汇堆叠了大量的化石文章。

只会用俗语而不会用雅语，这是语言缺乏想象力的重要体现。其实，还有一个相反的现象，那就是只会用雅语而不会用俗语，这也是语言缺乏想象力的重要体现。因此，像"只要家里有一粒米，不要往市场里面挤；只要家里有一滴油，不要往街上游；只要家里有一根葱，莫往市场里冲"这样接地气的宣传语，是大学老师写不出来的。讲授就是最需要口头语的时候，但平时写论文写习惯的老师一般对"口头语"真没有概念，导致上课时照搬学术论文的情况时常发生。国内目前对"口头语"与"书面语"的区别有清醒的理论认知的，孙绍振先生算是为数不多的学者之一：

> 口头演讲和学术论文不同。学术论文是严密的、精确的，但是，如果把它拿到会场上去抑扬顿挫地念一通，其结果肯定是砸锅，原因就是学术论文是研究的结果，没有现场感，没有交流感，它只是单向地宣示自己的思想成果。而演讲却不是单方面的传达自己的思想，而是和听众交流。[1]

问题是，我们讲授非常文雅的学术问题时，要将雅语（书面语）转化成更具有现场感、交流感的俗语（口头语），既需要相当的想象力，又需要相当的生活感觉和感悟。有一位教中国古代文

---

[1] 孙绍振：《演说经典之美》，福建教育出版社2017年版，第3页。

论的老师坦言，他平时为了不浪费宝贵的做科研的时间，从不看电视、从不看报纸、从不上网和玩微信，也是说，两耳不闻窗外事，一心只读圣贤书。作为理工科老师或者作为专门的学者，这或许是一个优点，但作为一边做研究一边要教书的古代文学老师，就很难想象他又如何联系当下的生活去理解、阐释和评析古代的文学和文化。既然语言不单纯是语言，是和生命、生活紧密相连的，那么生命感受的单一，生活体验的自我封闭，也将会导致充满生命气息的口语的缺失，而口语恰恰是讲授最依仗的语言之一：

> 使用口语词汇是写演讲稿的常用方法。例如，文章里写"他们失败了"，用在演讲中就可能"不够味"，代之以"他们完蛋了"，就增强了现场的感染力。又如，文章里写宰杀牲口，会写"把它杀了"，演讲时说"把它宰了"，就更容易挑动听众的情绪。[1]

孙绍振先生是一位充满生活情调的著名学者，在讲《三国演义》时，就非常善于用当代的日常口语，如"拿汉朝的薪水""就不是人了""老天不帮忙""面不改色心不跳""一副不要命的姿态""咱哥们就一起远走高飞吧"等来表达学术观点。

这样的语言显然不是学术语言，甚至不是书面语言，而是当代日常口语。挑选这样的语言来表现古代的事情，是因为，原本的书面语言比较文雅，难以激发现场听众的反应，而当代口语则不然，它与当代生活和心理体验有直接的联系，因而，比较鲜明，

---

[1] 孙绍振：《关于世界观方法论和演讲学问题——2019年高考作文题的两大亮点》，《语言文字报》，2019年6月12日。

比较明快，听众的经验和记忆比较容易迅速被激发。[①]

　　教师语言想象力的缺乏，归根结底是由于过于重视逻辑忽略直觉。逻辑是重要的，因为逻辑使思维健康，逻辑使思维严密，逻辑使概念清晰、判断准确，所以，学生要受许多的逻辑训练，所以许多教师要讲究逻辑，但由此忽略和轻视直觉的价值也是不妥的。

　　首先，人的思想，并不都是靠逻辑的。诗人有没有思想？小说家有没有思想？画家有没有思想？他们有丰富的思想，都主要不依靠逻辑；他们也有自己的逻辑，但那不叫形式逻辑，他们不靠三段论式写诗、写小说或绘画。

　　其次，即使最讲究逻辑的一些学科，诸如数学，大凡最杰出的数学发现与创造，主要依靠的是直觉，顿悟，灵感，最美妙的数学思想与诗人和艺术家的特点是一样的。因而，最杰出的数学家、科学家和哲学家一样地珍爱自由思想。思想的自由毫无疑问是他们走向真理的最珍贵的伴侣。

　　逻辑是重要的，不讲逻辑会导致混乱；逻辑的必要性与重要性主要在避免混乱、保持健康和条分缕析上表现出来。但只有逻辑，思想走不了多远。在一个既定的体系内，若仅仅依靠逻辑，其思想也就是在这个体系内打圈圈，其发现也许会新颖而有意义，但也就在这个圈子内了。突破性的、原创性的、开拓性的创造正好是突破在既有体系内的逻辑运行轨道而获得。[②]

---

① 孙绍振：《演说经典之美》，福建教育出版社2017年版，第5页。

② 张楚廷：《哲学原理》，《张楚廷教育文集》第14卷，湖南人民出版社2012年版，第379页。

张楚廷先生甚至认为，相比于直接能力，逻辑只是一个"小买卖"，他还把直觉比喻为长头发，把逻辑比喻为梳头发，如果不能长头发，哪有头发可梳！所以，在某种程度上说，直觉还要高于逻辑。直觉是大厦的构思与构筑，逻辑只负责装修；直觉发现我们尚未发现的，逻辑说明已经发现的；直觉告诉我们未知的，逻辑告诉我们相信已知的；直觉是开路的，逻辑走在已修好的路上；直觉是战场上的英雄，逻辑负责清理战利品：

> 教师培养学生的逻辑能力也是很重要的。数学教师、语言文学教师可能负有更多责任。恰巧，正是这些相关的课程容易忽略直觉能力的培养。实在说，培养学生的逻辑能力，是相对比较容易的，而培养直觉能力要困难得多。重要得多，又困难得多，使得有的教师可能无意地避重就轻或避难就易了。没充分地给学生以营养，如何让他们长出乌黑的头发来？至于梳头发的事，没有梳子也能用手理一理。[1]

或许，在日常生活中，胡思乱想、天马行空是一个缺点，但对于写作、对于讲课，对于科学研究而言，胡思乱想、天马行空可能是可遇而不可求的优点。胡思乱想、天马行空，都是一种语言直觉，甚至无法用理性和理论去解释，也无法通过后天的训练去培养和增强。既然这样，那我们只要做到尊重和保护好孩子们的语言直觉，也做到尊重和保护好我们自己的语言直觉就好。

---

[1] 张楚廷：《给教师的 101 条建议》，西南师范大学出版社 2017 年版，第 137 页。

第二节　潘知常和易中天打比方

打比方和幽默一样，都是体现语言想象力的一种重要方式，也是促进书面语转化为口语的重要途径。

浙江大学郑强教授说，西部地区将幼儿园、中小学办得很好，孩子们考上了发达地区的大学，毕业后很少回到故乡，这相当于自己辛辛苦苦养的母鸡能下蛋时跑到别人家下蛋去了，所以西部地区要办好大学，也让发达地区的"母鸡"到自己家里"下蛋"；推而广之，中国基础教育精心培养的孩子到美国读大学，毕业后没有回来的，也就成了到别人家"下蛋"的"母鸡"，所以中国要办出世界一流大学，也让其他国家的"母鸡"来中国"下蛋"。郑强教授的演讲之所以充满魅力，像这样形象生动地打比方是一个重要原因。

总之，在平时的讲授中，教师则要尽量联系学生比较熟悉的当下生活，将一些抽象、复杂的知识或理论以打比方的形式讲授给学生，把问题形象化、简单化，从而不仅帮助学生"了解"问题，而且帮助学生"理解"问题。如果要给打比方下个定义，应该是这样的：

为了让对方明白他现在不明白的X，找一个他原本就熟悉的A；然后告诉他在某方面看，X就约等于A；在把A与X相像的地方讲清楚；最后X的那一方面就不言自明了……往往，在告诉对方X在哪方面很像A的那一瞬间，由于A确实是对方真正了解的

东西，于是对方一下子就反应过来了，啊，原来是这样的啊！ [①]

南京大学教授潘知常是著名美学家，也是一位相当有影响力的名嘴。他和易中天一样，既可以将学术著作写得不食人间烟火，又能把课讲得通俗易懂。他的讲稿《说〈水浒〉人物》（上海文化出版社 2008 年版）是一部真正意义上的"讲稿"，其代表性并不在易中天的《品三国》之下。书中充满想象力的打比方随处可见，为方便读者充分感受到这一点，我从每章里摘取一段话。

1. 还有一个细节也值得注意，就是史进的"文身"。搁在现在，这叫"型男"啊，一身漂亮的刺青。（《说史进:〈水浒传〉第一阳光少年》，第 4 页）

2. 林冲原本是一个成功的金领，更几乎是一个完美男人，除了假、丑、恶，林冲的人生应该说已经不缺什么；然而，命运的一次意外脱轨，却把这位成功金领最终逼成了一直为他所不齿的草寇。（《说林冲:末路英雄的窝囊人生》，第 14 页）

3. 我一直在想，如果鲁智深生活在今天，他最有可能在我们社会公共生活中的哪一块冒尖呢？这个人本性不坏，喜欢做"梦"，自我感觉超好，走到哪里都觉得自己就是正义附体，绝对有理；打着"正义"的招牌，缺少个人主见，却高度热衷"我要代表正义消灭你！"鲁智深最像谁？不错，就像当今活跃于公共网络空间的那些"以键盘作为武器"，爱砍谁就砍谁的——"网络暴民"。网络暴民很坏吗？有一句流行语前半句说得很好，"网络暴

---

① 李笑来:《演讲的力量——如何让公众演讲变成影响力·推荐序》，中信出版社 2016 年版，第 8 页。

民都是好孩子。"鲁智深，也是一个好孩子，但是，就是长不大。（《说鲁智深："不按牌理出牌"》，第 46 页）

4. 我把武松称为："水浒第一愤青"。可以说，"愤青"就是武松最重要的性格特征。他所有"英雄"壮举的背后都和这个性格有关。"愤青"是一个现代词，意思是愤怒的青年。从积极的意义来理解，"愤青"意味着一个人天然的正义感，对社会不公感到愤世嫉俗。但是，如果一个人自己对这个社会根本就没有一个正确的判断和理解，仅仅是脾气暴烈、做事乖张，那么，这种"愤青"性格就会导致很多不理智的可怕行为。（《说武松：作为"愤青"的一生》，第 50 页）

5. 潘金莲的错误，我们可以简约地概括为：一个县级第一美女嫁给了县级第一丑男，后来县级第一美女遇见了县级第一帅哥，求爱不遂反遭羞辱，在因爱生恨的情境下，这个县级第一美女和县级第一流氓走到了一起。这个故事实在是太讽刺，也太荒诞了，但这恰恰就是潘金莲遭遇的最残酷的真实。（《说潘金莲：鱼死网破》，第 65 页）

6. 说起武大郎，人们就总有一种猜想，武松和武大郎明明是亲兄弟，可是两人的差异却这么大，哥哥是"丑小鸭"，弟弟却是"白天鹅"：这其中是不是存在基因突变呢？或者，可能武松更像他爸爸，而武大郎更像他老妈？（《说武大郎：一个"好人"》，第 70 页）

7. 王婆和西门庆共同演绎的这场"十面埋伏"的骗局，看起来每一步都很平常，甚至很正常，但其实这十步却是环环相扣，步步为营的。（《说王婆：〈水浒〉防色狼攻略》，第 94 页）

8. 宋江是梁山的头脑，梁山的政令，梁山的灵魂都来自宋江；李逵是梁山的身体，也就是说，梁山那些暴力的事情，那些动手动脚的事情，李逵是最能代表的，两个人合起来就是一个梁山。(《说李逵：问题少年》，第104页)

9.当然，"老婆"这个称呼并不准确，因为宋江从来没有明媒正娶过阎婆惜，而是另外给她买了处住所，金屋藏娇而已。她的身份，有人说很像后世出现的一个不光彩的名词，叫"二奶"，所以也有人把她称作是宋江包养的"二奶"。(《说阎婆惜："井落在吊桶里"》，第108页)

10.这就牵涉到随行的老都管和两个虞侯，这样一来，小小的队伍却成了多层管理。可是，那三个可是正式工，杨志不过是个临时工，杨志哪能使唤得动他们，他也不敢使唤呀。(《说杨志：命运的胎记》，第127页)

11.在宋江的领导下，梁山迅速做大，也迅速做强，到最后也真的实现了"上市"，被招安成了政府的一支军事力量。由此我们不难感悟到，晁盖只有及早出局，这就是他的命运。因为他实在不适合梁山后期的发展，咱们打个比方，就好像一个乡镇企业，本来干得不错，但是后来要转制，要转型，甚至要上市，可是这个乡镇企业的领导的经营理念不变，也没有办法适应。晁盖所面临的局面就是这样的局面，所以他被架空，他被赶下历史舞台，其实是必然的事情。(《说晁盖：注定要出局的老大》，第139页)

12.宋江的跪拜在本质上就是一种精神行贿，这和他的物质行贿——到处撒钱——并没有质的区别，只是形式不同而已。(《说宋江：一路"炒"上梁山的"及时雨"》，第149页)

13.如果梁山给公孙胜考勤的话，那么他的考勤肯定是空白；如果总结他的政绩，他的政绩也绝对是稀稀拉拉，寥寥无几。显然，无论是考勤还是论政绩，他都应该"下课"无疑。（《说公孙胜：我跑、我跑，我跑跑跑》，第155页）

14. 柴进还是一个著名的钻石王老五。他这个钻石王老五称得上是超大克拉的。人们都难以忘怀普京冷峻的眼神，也难以忘怀克林顿魅惑的微笑，柴进一定也有这样冷峻的眼神和魅惑的微笑，所以，柴进不仅仅是走到男人面前，他们肯定就会高呼：哦，金钱财神来了，如果是走到女人面前，她们也会赞叹：哦，大众情人来了。（《说柴进：玩"心跳"的败金贵族》，第165页）

15. 我们还有必要介绍一下郓城警界的"黄金组合"——美髯公朱仝和插翅虎雷横……说白了，就是郓城县公安局刑警队队长、副队长。（《说朱仝：被"梁山"逼上梁山》，第174-175页）

16. 其实，潘巧云和杨雄的结合，很像现代社会中一种独特的婚姻现象，叫作"闪婚"，双方速配成功，一见钟情，马上就在一起了。可是，伴随着"闪婚"而出现的，是另外一个新名词，叫作"闪离"。闪电离婚对现代人来说是比较容易办到的，然而，在潘巧云生活的那个时代，她就是想"闪离"，也压根儿"闪离"不了啊。（《说潘巧云：从"红杏靠墙"到"红杏出墙"》，第199页）

17. 在今天这个和平年代，他或许应该是那种号称即使某名人跑到月球上偷会情人也能把照片给拍回来的狗仔侦探，也或许是好莱坞里出生入死的不老神话"詹姆斯·邦德"，但是在《水浒》里，这个大宋邦德的名字叫——石秀，号称"拼命三郎"。（《说石秀：病态的拼命三郎》，第202页）

18. 说起扈三娘，她无愧为梁山第一当家花旦，人长得漂亮，武艺也高强。放在今天，投身行伍，一定是军中一枝花，跻身娱乐圈，那也很有希望成为杨紫琼、刘玉玲这样国际知名的功夫女星。不幸的是，她生错了年代，更不幸的是她的家族惹上了附近的反政府武装梁山好汉，结果这么一个让许多人喜煞羡煞的"美女＋才女"却遭遇了最不幸的命运逆转，成了《水浒》里最沉默的一个女性，成了一个只管动手，从不动口的"哑美人"。（《说扈三娘：沉默的拒绝》，第214页）

19.看一看《水浒》，咱们就会发现，时迁还真不是一般的小偷，咱们可以说他是一个"多媒体"型的小偷，他的业务面相当广。（《说时迁：做个快乐的小人物》，第227页）

20.我们先来看看第八十一回燕青和李师师的过招。其实这是一次第一高手和第一高手的"PK"，那可是大宋第一公关先生和大宋第一公关小姐的交手，可以看作巅峰对决了。（《说燕青：公关先生的人生狐步舞》，第253页）

21.应该说，李师师在《水浒传》里是三位一体的大美人，一是大宋第一美女，二是国家娱乐巨星，三是大宋皇帝的第一情人。（《说李师师：金牌交际花》，第266页）

22.孙二娘的"独特"就在于——她是一个把杀人当事业来经营的梁山女强人。（《说孙二娘：梁山女强人》，第276页）

23.卢俊义是谁呀？他可是河北著名民营企业家，也不是谁想请他他都去的人物啊。（《说卢俊义：刚愎自用的棋子》，第292页）

24.说到姓戴的特务头子，大家会想到谁？你肯定会说，那谁不知道啊，不就是戴笠吗？其实，早在戴笠之前的几百年，在"水浒"中国里，就已经出了一个姓戴的特务头子。（《说戴宗：正确地办错事》，第302页）

25.有一次，皇帝派人上山来接触性地谈判，看看"招安"项目在"梁山"能否先试着搞起来，可行性有多大，如果搞得起来，宋徽宗就打算向全国推广了。（《说阮小七：爽快的"恶搞"明星》，第 327 页）

26. 而且，梁山的造反实践也证明了：虽然这个"梁山"总策划人一路出谋划策，但到头来也没能把大伙儿领向幸福的彼岸，梁山这条"贼船"最终还是难逃冰海沉船的寥落结局。所以，一种很普遍的看法认为：吴用这个人，有小聪明，但是没有大智慧。（《说吴用："速成"的人生歧路》，第 336 页）

27. 这高俅原本也就是个业余玩票的足球票友，却不料一球被宋徽宗钦点进了大宋国家队。（《说高俅：出列一步的坏蛋》，第 355 页）

28. 总结王进的再就业之路，我们会发现，这位再就业明星的成功不是没有理由的。无论是八十万禁军总教头、史家庄唯一指定家教品牌，还是边关技术骨干，这些瓷器活没有金刚钻都是揽不下来的。（《说王进：梁山不是唯一》，第 370 页）

2005 年 4 月，厦门大学教授易中天在中央电视台《百家讲坛》开讲《汉代风云人物》，算是小试牛刀。2006 年，他乘热打铁，在《百家讲坛》推出《品三国》，迅速红得发紫。或许作为学者，易中天的学术声誉并不算显赫，特别是在体制内，他由于没有主持国家社科基金，没有在"权威期刊"上发表论文，没有获得政府的学术奖励，所以算不得主流学者。但是作为教师，他的讲课艺术却获得一致好评。应该说，每一位有志于站稳讲台的老师，都可以好好研究一下他的讲课艺术。他值得借鉴的讲课艺术，除了幽默感和善于举例子，还有对打比方的尽情运用。就以《品三国》

（上、下）为例吧。[1]

1. 但是，到了《三国演义》里面，诸葛亮就集萧何、张良和韩信于一身，不但运筹帷幄决胜千里，而且神机妙算未卜先知。任何人，只要按照他的"锦囊妙计"行事，就战无不胜，攻无不克，刘备集团的大将如关羽、张飞、赵云辈，有如他手中的提线木偶，理解也执行，不理解也执行。（《品三国》（上），第10—11页）

2. 在大家都认为袁绍是绩优股时，郭嘉却看出那是垃圾股；而在大家都以为刘备是垃圾股时，诸葛亮却把他看作绩优股。（《品三国》（上），第152页）

3. 打个比方，刘备集团好比一家很有前途的民营企业，可惜缺一个能干的CEO，搞不清自己的主打产品和营销路线，因此生意做得平平淡淡，一直没有起色。诸葛亮则好比一位超一流的职业经理人，可以让企业扭亏为盈起死回生，但自己没有公司，也不想当老板。难怪他们一拍即合。（《品三国》（上），第170页）

4. 所以，《三国演义》里面这个"三顾茅庐"的故事，完全可以看作三国版的营销学教材。在这个故事里，刘备好比投资方，他要买断诸葛亮，又不知道货色如何。（《品三国》（上），第178页）

5. 想想看，孙权在轻船上看曹操，曹操在军营里看孙权，那是一种何等让人心仪的场面。它甚至让我想起了卞之琳的《断章》："你站在桥上看风景，看风景的人在楼上看你。明月装饰了

---

[1] 易中天：《品三国》（上），《易中天文集》第十二卷，上海文艺出版社2011年版；易中天：《品三国》（下），《易中天文集》第十三卷，上海文艺出版社2011年版。

你的窗子，你装饰了别人的梦。"当然，战争不是艺术不是诗。孙权此行如果装饰了曹操的梦，只怕也是噩梦。(《品三国》(下)，第10页)

6. 但是，我们看不到诸葛亮有还政于君的打算，也不知道在他的计划中，什么时候才能让刘禅从一个"见习皇帝"变成"在职皇帝"。刘禅的"实习期"好像总是不满，总是不能"转正"。请问，如果你是刘禅，高兴吗？(《品三国》(下)，第142页)

7. 曹操的资本是什么呢？奉天子以令不臣。靠着这一资本，他才征得了土地。但是这样一来，他就必须面对一个现实，那就是不能把这块土地上的老房子拆了，另外盖一栋新的。相反，他还必须装出一副很维护这旧房子的样子，就像一个尽心尽职的老管家，而不是强行拆迁的开发商。显然，曹操的房子并不好盖。(《品三国》(下)，第269页)

8. 好在曹操是一个有理想无蓝图的人，他可以边干边摸索。曹操也是一个有办法的人，他的办法就是"搞装修"。或者说，用"搞装修"的办法，一点一点进行改造，最后再把别人的房子变成自己的。这种办法好是好，却有一个前提，就是"老房子"不能倒。哪怕里面烂透了，框架还得留着。东汉王朝这个"老房子"的框架是什么样子的呢？三根支柱，一个屋顶。支柱就是外戚、宦官、士族，屋顶就是大汉天子。(《品三国》(下)，第269-270页)

9. 秦的时间为什么短？因为这是中国历史"换届"的时候，既换统治阶级，又换国家形态。秦以前的统治阶级是谁？领主阶级。秦以后呢？地主阶级。秦以前的国家形态是什么？邦国。秦以后呢？帝国。(《品三国》(下)，第279-280页)

10. 所以，诸葛亮宁肯选择刘备，并为他做出"先得荆州，

后夺益州，跨有荆益，以图天下"的战略规划。这就是著名的《隆中对》。(《品三国》(下)，第 299 页)

　　由于本书是一部重在总结经验、传承经验，注重讲课"实战"的"大学教学法"著作，所以没有对"打比方"做过多的理论阐释，而是通过较多有趣、有味、有效的案例，帮助大家一起来感悟"打比方"的用处和妙处。而教师能否恰当自如地运用打比方，这取决于是否具备三个条件。

　　一是对专业理解得极为透彻，能一下子把握其最本质的特征。这其实是一个"深入"的过程，非常考验教师真实的学术水平。而教师真实的学术水平，并不简单等同于主持课题的数量、发表论文的数量和获得奖励、荣誉的数量。

　　二是知识面要足够宽，尤其是对生活有真切、真实的感悟。学术研究是比较"钻牛角尖"的，乃至越新越好。可是做教师的，在专业素养之外，阅读面和人生阅历是很重要的，对生活酸甜苦辣的感受和体验也很重要。只懂专业不懂社会和生活，想做一个语言丰富的好老师比较困难。

　　三是有足够的想象力，能够将专业知识和其他知识，尤其与生活巧妙地联系起来。想象力也好，灵感也好，感性也好，都是当前教育比较忽视的一种素质。在雅语和俗语、书面语和口语、专业语言和生活语言之间自然切换，没有想象力真不行。

第十章

一言不合就唱歌

——将个人特长融入讲授

老师的魅力主要体现为学识魅力、教学魅力和人格魅力，这三种魅力有所区别，又彼此联系。教学魅力来源于方方面面，将个人特长融入讲授，便是其中之一。老师将个人特长融入讲授之所以常常成为新闻，只因为愿意这样做或者能够这样做的确实不多。

有的老师上的是钢琴课，他在课堂上弹起美妙的乐曲；有的老师上的是篮球课，他在课堂上展示高超的篮球技艺；有的老师上的是舞蹈课，他在课堂上跳起酷炫的街舞；有的老师上的是播音与主持课，他在课堂上展示自己的"中国好声音"，这些，其实都算不上是"将个人特长融入讲授"。因为，这些都是课程本身的内容对教师基本业务素质的应有要求。那么，什么才算"将个人特长融入讲授"呢？首先，教师得有特长，而且这些特长和所讲课程的关系不是那么明显，这样反差效果就更明显；其次，这些特长还得很自然地运用于讲授，否则就永远是教师的业余爱好。

大学老师有特长的还真不多。有的老师小时候可能学过画画、跳舞、跆拳道之类的，但后来为了"崇高"的学术事业，渐渐也遗忘和放弃了自己儿时就开始培养的雅兴。偶尔有机会露两手，震撼的效果自然超乎想象。还记得我大学时期的现当代文学老师钟友循教授，在我们的印象中，他就是一位专业水平极高，又有些沉闷、严肃、刻板、沧桑的老先生。突然有一天，在学校的晚会上，我们发现他居然在舞台上拉起了手风琴，拉得还那么娴熟和好听，我们的惊愕绝不亚于现在的女生看到自己的偶像蔡徐坤打篮球："天啦，怎么可能？！"第二天，我们再听他的现当代文学课，眼睛都是放光的，崇拜之情溢于言表。

我还记得我的同事唐春先生，前几年在学生晚会上唱崔健的《花房姑娘》，尽管水平和崔健的差距比较大，但台下学生的欢呼声差不多掀翻了俱乐部的房顶，"男神！男神！"的叫喊声更是响彻湘潭大学的上空。一打听才知道，唐春先生读大学的时候，是一个标准的、长头发的摇滚青年，后来，由于年龄增加，以及生活和工作的压力，才剪掉了长发，收起了那把破木吉他。

当然，我们今天谈的不是教师的个人特长，而是教师的个人特长如何融入讲授。钟友循老师从未在现当代文学课上拉过手风琴，他甚至都从未提过自己会拉手风琴。唐春先生则是专职的教学管理人员，未承担过教学任务，唱摇滚的绝代风流也不能在课堂上展示。那么，我只能从其他教师的实践谈起。由于我上课和写作都喜欢举例子，不妨举几个比较动人和感人的案例。

第一节　曾琳智唱流行歌曲

曾琳智是我的硕士研究生同学。她有一项非常令人羡慕的特长：唱歌。她不仅能唱歌，还能写歌，是真正意义上的又能歌唱又能创作的唱作型歌手。她在湘潭大学读研究生的时候，参加校园歌手大赛，荣获"最佳女歌手""最佳原创歌曲"和"最佳风采奖"三项大奖。如果她愿意转入职业歌坛，就实力和长相而言，肯定是没有问题的。但她的志向却在祖国的教育事业。

我提前毕业留校任教后，给湘潭大学本科生讲比较文学，遇到了"文学与音乐"部分。由于我完全不懂音乐，自觉这个题目讲不了，至少不会讲得很好，便特邀她来友情客串一下主讲老师。每当需要举例子的时候，曾琳智女士便现场唱了起来。几首歌下来，学生们已经完全沉浸在美妙的歌声中，他们大概还从没有见过唱歌唱得这么专业的任课老师。在学生们的强烈要求下，曾琳智女士将讲授的重心从"文学与音乐"转入"音乐"，最后干脆开起了个人演唱会。

研究生毕业后，曾琳智女士应聘到上海金融学院（现上海立信会计金融学院）做了一位老师，主讲公共关系学等课程。在业余时间，她依然热爱音乐创作，为《剃刀边缘》《流星蝴蝶剑》等电视剧创作主题曲，为胡彦斌等歌星的 *Waiting for you*《梦中的婚礼》等歌曲填词，她还推出了自己的原创音乐专辑《最美的年华》。为了提升教学的广度和深度，曾琳智女士还攻读了上海外国语大学的博士学位，博士论文的题目是"音乐在公共外交中的运用研究"。从论题可以看出，她将个人特长完美地融入专业研究之中。由于她的研究对象和她的教学内容是基本统一的，所以她又借助这种统一，将个人特长完美地融入了教学之中。

曾琳智博士被评为上海金融学院的"十佳教师"。她的讲课在常规的教学魅力之外，还多了一种别样的人格魅力。她上课喜欢带一把吉他，发现有学生听课不够专注，就从讲台下拿出吉他弹唱一曲。"一言不合"就唱歌，学生从她的课上不仅获得了专业知识，还获得了规定动作之外的美学享受。当然，也有不够开明的人提出异议：在公共关系学的课堂上唱歌，而且唱得还比较多，会不会偏移了"教学大纲"？其实，凡是懂点大学教育的人都知道，大学教学不像高中教学那样有明确的、单一的、功利性的应试目标，尤其是文科教学，其目标一般比较模糊、遥远和综合一些。或者说，文科教学有一个更突出的终极性总目标：为培养德智体美劳全面发展的人添砖加瓦。唱歌或许会占用一点知识传授的时间，但从更高的角度看，却可以更巧妙地助推美育目标的实现。

第二节　刘冬颖唱出《诗经》之美

黑龙江大学的刘冬颖教授，在讲授《诗经》时不走寻常路：别人是"讲"出《诗经》之美，而她是"唱"出《诗经》之美。当然，不是说她上课只唱歌，而是说，她该讲的时候讲，该唱的时候唱。实际上，《诗经》之美还必须要通过"唱"才能充分表现出来，因为《诗经》是我国第一部"歌词总集"。没错，《诗经》里的305首诗大多是原汁原味的歌词，所以，严格意义上说，它们是"歌诗"，只不过"曲"丢失了，我们才以为它们是"诗歌"。

《诗经》中的《风》是相对于"王畿"（周王朝直接统治地区）而言的地方音乐；《雅》是"王畿"之乐（"雅"又有"正"的意思，当时把王畿之乐看作是正声，即典范的音乐);《颂》则是专门用于宗庙祭祀的音乐。因此，不唱出《诗经》，实际上无法真正走进《诗经》，无法真正还原《诗经》的音乐之美。在讲解《诗经·郑风·子衿》时，刘冬颖教授先是打出一张 PPT:

青青子衿，悠悠我心。纵我不往，子宁不嗣音？

青青子佩，悠悠我思。纵我不往，子宁不来？

挑兮达兮，在城阙兮。一日不见，如三月兮。

　　然后她对"诗句"做了一字一句的，同时也是生动有趣的细读。在听众完全没有理解障碍之后，她再对"诗句"的整体意蕴做了自然、准确和清晰的分析。一般的老师讲课讲到这个程度，大约可以打 9 分了（满分 10 分），打个比方，相当于"奔驰"级别了。但刘冬颖老师的讲课是"法拉利"级别的，因为她居然将这些诗句"唱"了出来，而且唱出了"我是歌手"的感觉。她也很自豪地说，自己是一位被学术事业耽误的歌手。

　　刘冬颖老师以前并不是学唱歌的，为了完美地传达出以《诗经》为代表的中国古典诗歌的音乐美，她在 40 岁以后才自学音乐的。当老师当得如此敬业，学生没有理由不把掌声和鲜花献给她。需要说明的是，她后来还做了一个国家艺术基金项目"古典诗词吟唱的新媒体传播"，这也可以视为"科研与教学有机统一"的典范，即教什么就研究什么。

　　将唱歌特长和专业教学有机统一，并且取得很好教学效果的，还有石河子大学生命科学学院的生物化学老师沈军队。沈军队老师是土生土长的陕西人，从小听着秦腔长大，秦腔也化为他热爱唱歌的基因。大学毕业后，23 岁的沈军队开始了生物化学课的任教。在他看来，生物化学这门课在生命科学中处于中心地位，知识点既多又难记，很多学生对它没有一个感性的认识，接受起来就比较困难。为了尽量把教学内容直观化，从 2013 年上半年开始，沈军队开始尝试将教材上的生物化学知识点融入曲调明快的老歌。四年之后，他改编了 102 首"生化歌"，如这首《ATP 之歌》

便是根据豫剧《谁说女子不如男》改编而来：

> ATP 我高能本领大，
>
> 各种能量能转化，
>
> 呼吸链氧化是我爸，
>
> 磷酸化呀，是我妈，
>
> 爸妈结婚后啊，
>
> 才把我生下……

在挑选歌曲的时候，沈军队老师尽量做到歌曲内容与教学内容相匹配。他发现，每句歌词都是七八个字的时候，就比较好填词。在选择歌曲时，他会尽量选择像《打靶归来》《地道战》这样节奏明快、朗朗上口的老歌。编一首歌一般要耗费好几天，有时候编不下去，他就出去找人下象棋找找灵感，调整自己。歌曲完成后，他通常会在家里练习多遍，再用手机录制上传到网上。录制一首歌最少也得五遍以上。有首歌叫《蛋白质分选之歌》，录了十几遍，因为它比较长，唱的过程中容易出错。沈军队老师将自己的讲课经验总结为：自编、自导、自演。生物化学歌成了学生学习生物化学的一大利器。在学生们看来，复习时如果要看一本718 页的生物化学的书，会感到绝望的，所以，沈老师自编的102 首生物化学歌"拯救"了他们的期末考试。

第三节　王大任上课赋诗

王大任是上海向明中学的数学特级教师。他的"特"就在于不仅能讲数学知识，还能讲数学文化；他不仅能讲数学文化，还能讲历史、讲人生、讲爱国。比如，在讲完杨辉三角这个数学知识后，他加入了一些数学史的内容：杨辉三角，法国人认为是他们的帕斯卡（Pascal）发现的，故称之为"帕斯卡三角"（Pascal's Triangle）。那到底是中国人发现的，还是法国人发现的呢？最后在中国的《永乐大典》中查到记载，北宋人贾宪约1050年首先使用"贾宪三角"，因此比法国帕斯卡1623年发现"帕斯卡三角"约早600年。近些年，国外也逐渐承认这项成果属于中国，因此数学史书上称它为"中国三角"（Chinese Triangle）。

听完老师的介绍，学生们悬着的心终于放了下来，民族自豪感也油然而生，压也压不住。王大任老师再接再厉，再次将数学史升级为文化史：《永乐大典》编撰于明朝永乐年间，全书22937卷，由2000多名学者在1403—1408年编成（仅目录就占60卷），共11095册，约3.7亿字，汇集了古今图书七八千种，《不列颠百科全书》在"百科全书"条目中称中国明代类书《永乐大典》为"世界有史以来最大的百科全书"。学生的"文化自信"再次得到激发和加强，他们为中华民族悠久的历史和深厚的文化底蕴而"傲娇"，我们也分明听到了他们作为中国人无比骄傲的心声："我也想低调，但实力不允许啊！"不料，王大任老师却突然话锋一转：但《永乐大典》除了正本尚未确定是否存在长陵外，副本却在八国联军入侵时惨遭浩劫，大多亡于战火，今仅存800余卷且散落于世界，其中大部分收藏在大英博物馆。

当学生沉浸在遗憾、悲伤和痛心的情绪之中时，平时喜欢写诗的文学青年王大任老师转身在黑板上奋笔疾书诗歌一首，并且当场朗诵起来（如果教师缺乏必要的语言能力，朗诵这首诗的效果会差很多）：

杨辉风流贾宪娇，千年轶事话前朝。

永乐大典今何在，举头西望英伦岛。

上海师范大学的卢家楣教授这样点评王大任老师的讲课效果："我们的学生听完后，倍感震惊，猛然觉醒，纷纷跳到数学的海洋里，努力拼搏，为国争光，振兴中华，直达成功的彼岸。你们看看，这数学课是不是上得比政治课还政治课。"

不得不承认，如今的学生视野越来越开阔，思维越来越活跃，综合素质越来越高，对老师的期待和要求自然也越来越高，因此，老师单纯靠专业知识就能征服学生的时代可能一去不复返了。从某种程度上，讲课是比做科研更复杂、更艺术化的一项工作，不会几项才艺不会影响科研的高度，但不会几项才艺还真影响讲课的高度。在教学上有极高追求的老师需要"绞尽脑汁""想方设法"地调动学生的兴趣，为此，结合课程教学内容，适当、自然、巧妙地融入个人特长不失为一种高明的教学策略。所以李镇西先生认为，有独特的爱好或优势也是当老师需要具备的天赋之一：

这里说的"爱好或优势"在很大程度上也是由天赋形成的。比如弹琴、唱歌、绘画、舞蹈、足球、篮球……也包括文学创作，甚至擅长耍魔术，都能让一位老师在学生眼里魅力四射。每个老师要问问自己：除了课堂上呈现的知识，我还有什么"绝招"能够征服学生的心，让他们对我佩服得五体投地？当然，这些"绝招"的意义远不只是赢得孩子们的崇拜，更重要的是它们能够让你的课堂教学和班级管理充满"非教学因素"的缤纷色彩。回顾我三十多年的教育生涯，我觉得我的三个爱好让我的教育丰满润泽而富有情趣：文学、音乐和摄影。因为我迷恋文学，所以我给学生读了大量教材以外的小说、散文、诗歌、报告文学，也写了许多以孩子们的成长故事为素材的文学作品；因为我热爱音乐，于是我们创作了班歌，而且在我们的教室里，经常都回荡着《绿色的祖国》《我们的田野》《五月的鲜花》《伏尔加船夫曲》《梁山伯与祝英台》……因为我喜欢摄影，三十多年来，我给孩子们的校园生活拍了许多照片——每一幅照片都有笑脸，每一张笑脸都有故事，每一个故事都有成长，而每一段成长都有我们共同温馨的记忆……毫不夸张地说，我的教育如果没有文学，没有音乐，没有摄影，必然黯然失色。[①]

上述几位老师将个人特长巧妙融入讲授，对我们重新认识美育和德育无疑是有帮助的。美育很重要，但美育是不是只是美育课和美育老师的事情？美育其实可以寄托于每一门课程中，体育课中有美育，数学课中有美育，文学课中有美育。同样的道理，德育也不只是德育课和德育老师的事情，每一门课中都有德育，每一位老师都是德育老师。当然，这些课程中能否蕴含美育和德育，关键还是看教师的相关素质，以及将这些素质运用于讲授的意识和能力。因此，苏霍姆林斯基说得真好：

你将在自己整个的教育生涯中当一个教育者，而教育，如果没有美，没有艺术，那是不可思议的。如果你会演奏某一种乐器，那末（么）你作为教育者就占有许多优势；如果你身上还有

---

① 李镇西：《当老师可能是需要某些天赋的》，《基础教育课程》，2018年版，第 4 期。

一点哪怕是很小的音乐天才的火花，那末（么）你在教育上就是国王，就是主宰者，因为音乐能使师生的心灵亲近起来，能使学生心灵中最隐秘的角落都展现在教育者的面前。[①]

读完苏霍姆林斯基这段话，就明白了孔子为何能够成为最伟大的教育家，因为他本人就多才多艺啊，既擅长弹琴、唱歌，又精通驾车和射箭。也明白了浙江大学郑强教授讲课、做讲座为何那么潇洒、自信和气场十足了，因为他不仅专业水平高、口才好，还会打乒乓球、弹手风琴、唱歌啊。我还见过在课堂上吹笛子的、拉二胡的、跳街舞的、唱京剧的，无一例外，都极大地活跃了课堂气氛，提升了教师的个人魅力。而教师有才艺，并且有意识地展示才艺，从教育学的角度看，也有其理论依据，那就是教育有一个长期被忽视的目标：塑造学生的情感。情感的塑造单纯依靠认知教育显然无法完成，遗憾的是，这一点也是当前教育的一个短板：

> 在现实的教学中，许多教师只注重教学的认知目标，不注重教学的情感目标，还有不少教师甚至就根本不知道教学还有情感目标的设立问题，特别是数理化等理科教学，情况更是如此。有的教师即便知道有教学的情感目标这回事，也只是停留在肤浅的认识上，而非落实在具体的教学行为上。[②]

---

① 瓦·阿·苏霍姆林斯基：《给教师的建议》（上），杜殿坤译，教育科学出版社1980年版，第97页。

② 卢家楣主编：《以情优教——理论与实证研究》，上海人民出版社2002年版，第6页。

重视情感教育并且找到合适的方式，有助于我们重新审视和认识个人特长对日常讲授的意义。遗憾的是，我没有任何个人特长，以至于像"文学与音乐"这样的课根本无法讲到艺术的境界。如果说我这辈子有什么无法弥补的遗憾的话，恐怕一是身高没有一米八,二是没有任何的文艺特长。

第十一章

讲授的弦外之音

——显性讲授中的隐性教育

"教书"与"育人"并不是两个不相干的概念。"育人"固然可以通过"教书"之外的途径来实现，但在校园里，脱离"教书"来育人，育出来的应该也是不完整的人，至少是欠缺"知识"的人，因为，知识传授主要是通过"教书"来实现的。

其实，"教书"本身的意义常常被我们低估。殊不知，"教书"在传授知识的过程中，也包含了诸多知识传授之外的要素，这些要素在"育人"的过程中同样扮演着很重要的角色，我们可以称之为讲授的弦外之音，或显性讲授中的隐性教育。而且我们还需要考虑到一个现实情况，即当今大学校园里日渐疏远和淡薄的师生关系，这对我们重新审视和重视"讲授"的育人功能大有裨益（一般情况下，讲授和"教书"基本是同义词）。

在幼儿园，师生关系主要通过课外来建立，因为幼儿园主要就是老师带着孩子们一起玩，课外是玩，课内也是玩，育人也在各种陪玩中实现。在中小学，课外和课内在师生关系的建立中，承担的戏份是差不多的。在大学，研究生和导师之间的关系也主要是通过课外来建立（尽管现在他们的关系也不像以前那样亲密无间了）。

但大学生和老师的关系则显得有些尴尬。在大学里，和大学生最为亲近的无疑是辅导员，说杰出的辅导员和学生亲如兄弟姐妹也不夸张。班主任如果特别负责任，在课外也会和学生打成一片，但班主任如果是兼职的话，做到这一点也好难。大部分上课的老师与学生的关系是比较疏远的。这就意味着，大部分上课的老师，他们的"育人"不是通过"课外"来实现，而主要是通过"课内"来实现。在"课内"如何实现？自然是通过以讲授为主的"教书"来实现。

回忆我的四年大学生活，在"课外"对我教导较多的，一是江龙老师；二是秦黎明老师。江龙老师是我的外国文学老师，我因为要考外国文学的研究生，便积极主动地找她做辅导老师，后来，便有了更多课堂之外的交往，最后结下了深厚的师生情谊。秦黎明老师是我的班主任，他是专职班主任，而且特别认真负责，所以我们课外的接触自然比较频繁。其他老师，由于我性格内向的原因，在课外同他们的交往几乎是没有的，甚至连基本的交谈也很少，但不等于说，他们对我只履行了"教书"的职能。

一方面，我虽然同大部分老师没有交往，也缺乏交谈，但我懂得观察、懂得感受、懂得体悟，他们在课外的一言一行，进入我视野的，或多或少对我都有潜移默化的影响。比如我深深尊敬的，但当时只是远远仰望的成松柳教授，在上我们课之前，他身上的很多故事已经通过各种"民间媒体"在培育我了。

另一方面，大部分老师在上课的过程中，也通过"教书"本身，履行着"育人"的神圣职责，这一点，我已经在《什么是好的讲授——教授效果的角度》这一章做了比较详细的阐述。故诚如张楚廷先生所言：

当教师在讲述着的时候，他在解析着、阐发着课程。其实，教师的神态以及神态之中饱含着的情感，和这种神情中折射出来的责任心、事业心，都将成为学生可以感受得到的弦外之音。①

即是说，虽然大学是通过"校园"这个整体来"育人"的，以至于谁也无法说清一个学生究竟是怎么被培养出来的。但就大部分任课教师而言，他们的"育人"其实就是通过局部的、个性化的"教书"来实行的。哪怕他们讲完课后就消失在茫茫人海中，学生找都找不到，但只要他们真讲得好，就算在课下和学生没有接触，也足以凭借讲授时的风采深深地影响学生。也就是说，对大部分老师而言，教学好不好，其实就是课堂讲课讲得好不好。因此，他们讲得好不好，就不仅关乎学生专业知识学得好不好，还关乎学生综合品格塑造得好不好。或许，一个老师、一门课的"育人"效果并不是那么明显和直接，但肯定是存在的，是无法言传却可以意会的。

那么，日常的"教书"是如何在传授知识的过程中承载"育人"功能的？不妨从雅斯贝尔斯的一段话谈起。雅斯贝尔斯将教学的基本形式分为演讲、练习、实验、研讨会、小组讨论、两人对话等类型。这里所言的"演讲"，放在课堂上即"讲授"或"教书"。在雅斯贝尔斯看来，演讲最能"育人"的地方在于它可以"无意间造成一种气氛"：

毫无疑问，历代名家的演讲，一辈子留存在人们的记忆中，而成为历史中不可取代的事实。演讲的效果固然和内容有密切关

---

① 张楚廷：《大学的教育理念》，西南师范大学出版社2015年版，第136页。

系，而内容也可以从印出来的文字中看到，但是印出来的文字却无法反映出演讲时的一切。在演讲中可以透过音调、手势以及精辟透彻的分析无意间造成一种气氛，而这种气氛只有透过说出来的话以及在演讲中——不可能在简单的对话和讨论中——显示出来。有些隐藏着的东西，只有在气氛的激促下，教师才会讲出来。教师在无意间表达了他严肃的思考，他对此的疑惑不解，这样，教师就真正让听众参与了他的精神生活。①

雅斯贝尔斯是真懂上课的哲学家，因为他明白教师课堂讲授的不可替代性。如果没有课堂讲授，"亲炙"这种经典的教学方式就会消失。好老师的不可替代性在于，你不去课堂听课，只是从同学那里找来 PPT 或者笔记来看，根本无法体会他们讲课的精彩，而坐在电脑前看网课，也同样弥补不了这样的遗憾。

第一节　脱稿讲授中的隐性教育

脱稿，这是讲授的底线。或者说，脱稿不是讲授的最高要求，而是讲授的最低要求。尤其在照本宣科、照屏宣科还比较盛行的时候，脱稿讲授就具有象征意义：象征着教师的职业态度。特别是难以脱稿的内容，学生以为根本无法脱稿的内容，教师都做到脱稿了，那脱稿这个行为本身具有了弦外之音，或者说，脱稿脱到一定程度，就成了教学艺术的一部分。雅斯贝尔斯说："任何虚

---

① 雅斯贝尔斯：《什么是教育》，邹进译，生活·读书·新知三联书店 1991 年版，第 155 页。

伪都逃不过孩子们明亮的眼睛和透明的心扉。"[1] 同样的道理，任何真诚也逃不过孩子们明亮的眼睛和透明的心扉。比如我大学时代的古汉语老师夏先培教授，一言不合就将庄子的《逍遥游》、屈原的《离骚》背诵一遍。据说，他不仅可以顺着背诵，还可以倒着背诵。反正，我们当时感觉就没有他不会背诵的古文。可以说，熟练、潇洒、无拘无束、自由自在地背诵古文成了他的保留节目。至于他背诵了什么，当时的我们大概是不太关心的，也是没有记住的，现在更是完全遗忘了。但是，我们永远记住了他背诵的样子，也记住了同学们看他背诵古文时那种惊奇、崇拜和不可思议的眼神。还有一个经典案例不得不提，那就是在赵瑞蕻的记忆中，西南联大的燕卜荪老师也是通过娴熟的背诵给学生留下了刻骨铭心的印象：

> 那时候，图书等设备十分贫乏，开头那几个星期，连《莎士比亚全集》也找不到；而燕卜荪先生自己的许多书都搁在长沙还未带来。于是，就在这样的一个环境里，燕卜荪先生就大显身手，表现了他惊人的记忆力。在"莎士比亚"班上，第一本读的是《奥赛罗》(Othello)，大家都没有书，全凭他的记忆，整段整段地背出来，写在黑板上，给大家念，再一一加以讲解。在"英国诗"班上，最初几天，乔叟(Chaucer)和斯宾塞(Spencer)的一些诗篇也都是他一字不错，一句不漏地默写出来的。他还躲在楼上那间屋子里，那么认真地辛苦地把莎翁名剧和其他要讲的东西统统凭记忆在打字机上打出来。这事真使人想起当年秦始皇

---

① 雅斯贝尔斯：《什么是教育》，邹进译，生活·读书·新知三联书店 1991年版，第35页。

焚书坑儒以后，天下无书，大部分全靠那些白发皓首的大儒将经书整部整篇背诵出来那种传奇一般的神异故事。燕卜荪先生记忆力之强和他对于祖国文学遗产的熟悉，真叫我们钦佩；他的认真的教学态度使大家十分感动。①

无独有偶，在1915级哲学门学生冯友兰的眼中，北京大学教授刘师培先生也是通过"随口背诵"而让听课的学生佩服的：

蔡元培聘请刘师培为中国文学教授，开的课是中国中古文学史。我也去听过一次讲，当时觉得他的水平确实高，像个老教授的样子，虽然他当时还是中年。他上课既不带书，也不带卡片，随便谈起来，就头头是道。援引资料，都是随口背诵。当时学生都很佩服。②

讲授时完全脱稿只是表象，背后是教师学术水平、教学水平以及职业操守的支撑。一般而言，天赋异禀、过目不忘的老师并不是很多，因此，那些给学生留下"记忆力惊人"印象的老师，在上过讲台、懂得讲授的人看来，基本都是"台上一分钟，台下十年功"，即靠扎扎实实、老老实实、辛辛苦苦的准备才做到的。因此，笔者给初登讲台的年轻老师们建议，讲稿要做到脱稿，一是尽量用口语写讲稿，二是讲稿写完后，不妨找一间无人的教室，

---

① 赵瑞蕻：《怀念英国现代派诗人燕卜荪先生》，载《离乱弦歌忆旧游——从西南联大到金色晚秋》，文汇出版社2000年版，第27页。

② 冯友兰：《三松堂自序》（《冯友兰文集》第1卷），长春出版社2017年版，第204页。

独自试讲 15 遍以上，那样就可以在讲台上潇洒自如了。著名学者童庆炳先生说，他备课的第一步就是用笨办法背下讲课内容：

> 比如我讲小说，我把《红楼梦》所有的标题、一百二十回回目全部背下来，把《红楼梦》里面一些特别精彩的段落也全部背诵下来，所以我讲的时候是甩开书本的。我讲《红楼梦》，给同学们举例，我是背诵出来的。这样学生就觉得讲得非常生动、非常活泼、非常有吸引力，所以他们听得进去。[①]

不难发现，写讲稿不仅仅是写讲稿，背诵不仅仅是背诵，脱稿不仅仅是脱稿，学生从中看到的是教师对课程的态度，对教学的态度，对学生的态度，换言之，上课时老师所讲、所写的内容是显性的，但他在讲课中体现的态度、热忱、认真、激情以及对学生的尊重和关爱是隐性的；课堂上那"唰唰"作响的粉笔书写声是显性的，教师的一片责任心、事业心是隐性的。

与讲授完全脱稿相反的情况是，有些教师在讲授的时候，或照着教案读，或照着屏幕念，读得还不够清晰，念得也不够顺畅，以至于有学生反映，不如在班上找一个普通话好的同学上去读一读或者念一念，效果还好一些。由此可见，上课读稿子，念 PPT 的讲授，给学生带来的负面效果就不仅仅是无法完成知识的传授，恐怕还直接影响到学生对这门课程、对这位教师、对这所学校乃至对整个大学教育深深的怀疑和失望。讲授时照本宣科也只是表

---

① 童庆炳：《做一个有仁爱之心的好老师》，载吴子林编：《教育，整个生命投入的事业——童庆炳教育思想文萃》，华东师范大学出版社 2018 年版，第 75 页。

象，背后是职业水平、职业态度和职业精神的缺乏：

> 念讲稿，就是见稿不见人。演讲的道理，是人的道理，最动人的论断、用语，都和人格密切相关。演讲的人格，就是现场的不断变动着的语词、表情、姿态、躯体动作等。拿着稿子念，就把眼睛挡住了。而眼睛，是灵魂的窗子，恰恰就是最主要的交流渠道。①

那种自顾自念讲稿的讲授，在学生心目中，不只是讲授能力和讲授方法的缺失，还是讲授者目中无人、心中无人的体现，更是讲授者对自己从事的职业缺乏尊重、缺乏珍惜和缺乏敬畏的体现。这就印证了我一直以来的一个观点：讲授效果好不好，不仅仅取决于教师的水平，也取决于教师的方法和态度。讲课脱稿，基本属于"态度"的范畴。夏先培老师背诵《逍遥游》《离骚》，童庆炳老师背诵《红楼梦》，谈不上学术创新，也谈不上教学方法，但真能体现教师对讲坛的敬畏，对学生的尊重，对教学的信仰。

第二节　知识渊博中的隐性教育

或许，有思想的老师更容易受学生的爱戴和崇拜。但是，思想不是凭空产生的，缺乏足够知识，尤其缺乏足够专业知识的支撑，思想很难产生，也很容易失去真正的力量。总之，不管是多么追求深刻的课程，知识是否丰富、精准和有价值等，都是评判

---

① 孙绍振：《演说经典之美》，福建教育出版社 2017 年版，第 4 页。

讲授是否优秀的重要尺度。北京大学教授杨安峰有一段回忆，说的正是老师的知识渊博对学生的震撼和影响。

> 有一位鸟类学家郑作新先生来给我们上课，他能一下把二十多个鸟的拉丁学名从属、种到亚种，全写出来，一写一黑板，一个字母都不会错的。这些知名的老教授好像是随便讲点什么都很精彩，但他们能够做到这种地步，课下都是要准备很长时间的。我当时做助教工作，老先生的治学态度给我留下了很深刻的印象，受到了潜移默化的影响，之后的教学工作也是受益良多。[1]

这种震撼和燕卜荪老师背诵《奥赛罗》、夏先培老师背诵《逍遥游》《离骚》有异曲同工之妙。教育的目标是培养"更富有、更智慧、更高尚、更高大的自己"。"更富有"就包含了知识上的富有，或者说，帮助学生在知识上更富有，是讲授的本职工作之一：

> 教师是传递知识的，这是教师的基本使命。教师的实质性工作就是教书，就是教学。把教师说成教书匠也没有什么问题，这跟工匠、瓦匠、木匠是一样的。只是教师跟人的关系更密切一些，因而，意义也有所不同。[2]

大学目前有一个不太好的倾向，就是将"教书匠"视为一个

① 《杨安峰：日积月累，化平淡为神奇》，载郭九苓、昌曾益、柴真主编：《教学的魅力——北大生命科学名师访谈录》，北京大学出版社2012年版，第13页。

② 张楚廷：《"五I"教学细说》，西南师范大学出版社2015年版，第3页。

贬义词。其实，大国工匠，也应该包含"教书匠"。我们必须给予"教书匠"应有的尊重和敬重，一是因为"教书匠"在教学态度、教学能力和教学方法方面可以说到达了极致；二是因为"教书匠"和"教学艺术家"的距离很近，试想古代那些造城墙、烧陶器、造楼宇的，在当时哪一个不是"匠"？但如今还不都是艺术家；三是因为"教书匠"更多是一种职业信仰和职业选择，做出这种选择的人不等于他们缺乏思想和智慧。

知识传授或许不是讲授的最高目标，却不能由此忽视和轻视这个目标。离开知识的富有去谈智慧、高尚和高大，很可能让讲授变得虚无缥缈。何况，并不是每一种讲授、每一次讲授都需要承载太多思想和智慧的内容。比如自然科学类课程，思想和智慧的部分可以有，但不需要像人文科学课程那样时时刻刻闪现思想和智慧的光芒。人文科学类课程需要时时刻刻闪现思想和智慧的光芒，但也不能脱离学科自身的具体内容去仰望星空，否则有可能走向空洞和抽象的玄学。再说，人固然不是知识的机器，但也不是思想和智慧的机器，不可能每天、每时、每刻源源不断地产生思想和智慧。一言以蔽之，教师知识渊博绝对是一个优点和亮点，知识渊博的教师在展示渊博知识的过程中，传递的不仅仅是知识，还有教师整体的精神、气质和人格魅力。

　　课堂的魅力就是教师的魅力，而教师的魅力主要就是学识的魅力。教师在讲台上一站，就要让学生感到你有一种源于知识的人格魅力。这种魅力，更多地来自阅读。我有一个不一定严谨的说法：只要教师肚子里真的有学问，那他无论怎么教，甚至哪怕他"满堂灌"，都叫"素质教育"，都叫"新课改"！旁征博引，信手拈来，俯视古今，联通中外……这样的课不但能吸引学生，而且能震撼学生的心灵，打开学生的视野，激发他们的思考与创造。[①]

可以想象一下，并非哲学家和思想家的大学问家钱锺书先生给学生讲授古代文学、比较文学等课程，他那博古通今、学贯中西、旁征博引的学问肯定让学生感到无比地震撼，学生接下来的认真听讲和虔诚学习都会顺理成章、水到渠成。在现实中，有些教师或由于学科本身的特点，或由于治学志趣、治学方法的不同，并不以思想和智慧见长，但他们读万卷书，行万里路，似乎"什么都知道""什么都懂"的学问本身就是一种隐喻，一种符号：

> 大约，透过知识之广博，思维之深刻，探讨之特异，研究之奇巧，大学生们还能看到教授对待真理之虔诚，对待世界之亲近，对待他人之真挚，透过这一切读到了一部终生难忘的"教科书"。日后，教授所讲授的具体知识可能留在记忆之中者寥寥无几了，教授这部"教科书"却历历在目。青年时代名师在旁，回首时，回味时，定会有人生之一大幸事之感慨。[②]

教师知识渊博不是一天实现的，而是日积月累才有可能达到的。苏霍姆林斯基说，"如果教师的智力生活就是停滞的、贫乏的，在他身上产生了一种可以称之为'不尊重思想'的征兆，那么

① 李镇西：《我追求成为这样的语文教师》，载《自己培养自己》，华东师范大学出版社 2017 年版，第 47 页。

② 张楚廷：《高等教育哲学》，《张楚廷教育文集》第 1 卷，湖南教育出版社 2007 年版，第 283 页。

这一切就会明显地在教学教育工作中反映出来。"同样的道理，教师知识渊博代表着教师智力生活的前进和丰富，代表着对思想和工作的尊重，代表着读书、思考乃至写作是他们的生活方式，因此，当教师在展示自己渊博知识的时候，其实就是在暗示另一层含义：我不仅是一个不断学习的人，而且是一个善于学习的人。

教师知识渊博所蕴含的隐性教育就在于向学生生动地展示了：教师不仅是更有知识的人，而且是更善于获取知识的人；教师不仅是善于思考的人，而且是善于引导他人思考的人；教师不仅通过不断学习以补充知识，而且善于掌握更好的学习方法以更有效地补充知识。总之，教师是元学习的典范，学生在聆听教师传递知识的同时，也就在学习教师对待学习的态度，领会教师学习的方法。

第三节　教师气场中的隐性教育

何谓气场？或许只可意会不可言传，看得见却摸不着。但运气好的话，是有机会亲身感受得到的。一般而言，真正的名师和名嘴都是有气场的。他们只要一出场，就能用一种独特的气质将学生"罩住"。《民国那些人》中这样写历任中央大学、北京大学、四川大学等校教授的蒙文通讲授时的气场：

> 他讲课有两个特点，第一是不带讲稿，有时仅携一纸数十字的提要放在讲台上，但从来不看，遇风吹走了也不管；第二是不理会下课钟，听而不闻，照讲不误，每每等到下堂课的教师到了教室门口，才哈哈大笑而去。

他的考试也颇有趣味，不是先生出题考学生，而是由学生出题问先生，往往考生的题目一出口，先生就能知道学生的学识程度。如学生的题目出得好，蒙先生总是大笑不已，然后点燃叶子烟猛吸一口，开始详加评论。考场不在教室，而在川大旁边望江楼公园竹丛中的茶铺里，学生按指定分组去品茗应试，由蒙先生掏钱招待吃茶。[①]

蒙文通先生的气场由三大因素构成，一是讲课脱稿；二是讲课不受"规矩"约束；三是洒然不羁。特别有气场的钱理群老师这样解读和评价蒙文通教授的讲课气场：

> 这样的课，绝就绝在它的不拘一格，它的随心所欲，显示的是教师的真性情，一种自由不拘的生命存在方式，生命形态。因此，它给予学生的，就不只是知识，更是生命的浸染、熏陶。在这样的课堂上，充满了活的生命气息，老师与学生之间，学生与学生之间，生命相互交流，沟通，撞击，最后达到了彼此生命的融合与升华。这样的生命化的教育的背后，是一种生命承担意识。[②]

传奇教授刘文典在西南联大讲授"《庄子》选读""《文选》选读""温庭筠、李商隐诗歌""中国文学批评研究""元遗山研究""吴梅村研究"等课程，他讲课时的气场不仅十分强大，而且还非常奇特，处处透出神秘的色彩：

① 徐百柯：《民国那些人》，中央编译出版社 2007 年版，第 206 页。

② 钱理群：《承担，独立，自由，创造——从〈民国那些人〉谈起》，《汕头大学学报》，2007 年第 6 期。

上"吴梅村研究"课，据他的学生王彦铭写文章回忆，到课的人并不多，稀稀拉拉坐着十几个人，偌大的教室显得空荡荡的。但刘文典毫不在意，在教室桌旁的一把"火腿椅"（木椅，右侧有状若整只火腿的扶手供笔记书写之用）上坐下来，照例先是点燃一支卷烟，深深吸上一口，操着安徽腔："今天我们只讲梅诗中的两句：'攒青叠翠几何般，玉镜修眉十二环。'"王彦铭回忆说："刘先生娓娓而谈，香烟袅袅，把我们引进诗情画意中去了。"①

由此可见，气场往往同奇特甚至怪异紧密相连。现在毕竟不是民国，教师在课堂上再怎么洒脱，也不可能像蒙文通、刘文典那样随心所欲。被学生亲切地称为"哲学王子"的复旦大学王德峰老师，上课也抽烟，据他本人讲，上课不抽烟就萎靡不振，思维不活跃，只有在香烟袅袅中，才能出口成章，口吐莲花。有一次上课，一包烟抽完了，他又从口袋里找出一包新的，当众开启，拿出一根，点上火，猛吸一口，学生纷纷鼓掌。换作其他不会讲课的老师这样做，教务处很快就会收到学生的投诉信。我在现实中所见过的最有气场的两位教师，一位是法学"鬼才"邱兴隆教授，另一位是哲学奇才刘启良教授，他们有两个共同特征：一是头发很长、很飘逸，二是上课吸烟，而且吸好烟。学生们通过他们的气场，仿佛穿越时空，间接地触摸和感受民国大师们的绝代风流。其中有学生是这样回忆刘启良教授上课吸烟的情形：

以前（至少十年前吧），启良老师上课是点烟的，他只用精

---

① 刘宜庆编著：《绝代风流：西南联大生活录》，北京航空航天大学出版社 2009 年版，第 34-35 页。

致的火机、叮的一声，把烟点上，优雅地夹着，双手交叉置于翘着二郎腿的膝上，并不抽，袅袅青烟中，带学生参拜柏拉图、追访康德等先贤。他基本不翻书、很少在黑板上写字（他的字很漂亮，还出版过字帖）。娓娓道来，侃侃而谈，落落大方。讲台下的学生（当然有不少女生）不蹙眉，台上的他不避讳。一根烟快燃尽时，他会再叮的一声，把烟续上，整个过程既不影响他的讲课思路，也不影响学生听课做笔记。我有幸听过他几次课，几乎每次如此。他的声音并不大，但教室里特安静，最后一排的学生应该都能清楚地听到他在讲什么。那时还没有现在这么多限制，所以他上课点烟也可以说是一道风景。

这些先生如此怪异的气场得到了学生的尊重，也获得了学校的认可，并且在校园里传为美谈，这是由他们的学术魅力、教学魅力和人格魅力所决定的，一般的老师不宜机械地模仿，否则有出"教学事故"的危险。教师讲课时强大气场的获得，离不开深厚的学术底蕴、高超的教学技巧、虔诚的教学态度、独特的生命体验和超凡的人格魅力。其中很多因素是自然形成的，往往是可遇而不可求。但如果教师自身积极主动地向往和追求，无疑可以促进、推动、加快气场的形成。就像童庆炳先生那样，在讲课前沐浴更衣、焚香静心，那自然会给学生带来不一般的美好感觉：

　　我自己平时穿着是很随便的，但在上课的时候，我一定要穿上最漂亮的西装，系上最心爱的领带，把皮鞋擦得锃亮，不为别的，就是让学生看着舒服，让学生感到这位老师就是在穿衣这样的细小的事情上也是尊重他们的。我的几位当作家的学生描写对我的印象，毫无例外地都写到我的穿着。莫言、毕淑敏、迟子建、刘恪等学生都用诗意般的句子来描写我的穿着，甚至认为一位老师的穿着如何是能否获得学生"信任"的第一印象。其实，学生们不知道，我每次洗澡都是因为第二天有课，我觉得洗完澡之后，讲课时会平添几分精神。连洗澡也是为他们。①

通过上面的阐述，我们可以明白，课堂讲授，在有声的语言中暗含着无声语言，在显性的演讲中暗含着隐性教育。而讲授的画外之音，不妨以张楚廷先生的一段话作为总结：

教师除了运用口头语言、书面语言外，还有一些无声的"语言"，教师的仪容、表情、手势以及潜在于教师言行之中的态度、情感、志趣，形成了教师"语言"的另一个序列。这一序列的关键还在教师的理念态度、情感，这是决定教师仪容、表情的因素。教师对学生亲切、和蔼，教师对真理尊重、虔诚，教师就不会有装腔作势的多余动作；教师热爱生活、具有严肃的工作态度，教师就不会出现不文明的举止行为。这个序列的"语言"对学生也很有教育作用，一般教师都不会忽视这方面的修养。教师在这种延拓开来的"语言"方面的修养，比起教师在常规意义下语言方面的修养来，应当说，前者更重要，也更艰难些，前者乃语言艺术的隐性成分。情感是一种"语言"，手势是一种"语言"，这两者相比，情感更重要。语言表达情感，语言可以包含感情，而

---

① 童庆炳：《教师的生命投入》，载《旧梦与远山》，北京大学出版社2015年版，第211页。

手势只起辅助作用。[1]

　　因此，教师的讲授包含了诸多"功夫在诗外"的内涵，教师不仅要加强有声语言的修养，还要做一个热爱教学、热爱读书、热爱孩子、热爱生活的幸福的人。这样一位教师的讲授，多年以后，学生也许忘记了他／她讲课的内容，但一定记得他／她讲课的样子。从这个意义上说，教师才是最好的教材，学生在内心深处，时时刻刻在阅读、感受和学习这部教材。这部教材用什么样的态度写，用什么样的目的写，用什么样的方式写，写得如何，对学生的成长要远比一所大学位于何地、排名多少和大楼有多高更为重要。

---

[1]　张楚廷：《教学论纲》，《张楚廷教育文集》第6卷，湖南教育出版社2007年版，第390页。

●●● 第十二章

何种情况下，科研不能促进讲授？

——科研与讲授的矛盾

讲授不外乎两点，一是"如何讲"；二是"讲什么"。好的讲授，自然是"如何讲"和"讲什么"的有机统一。而好的讲授者，既具备讲授的能力和讲授的方法，又的确有东西可讲。通俗地说，好的讲授者，既能把肚子里的货倒出来，还得肚子里有货："教师要有两桩本事。一是肚子里要有货，二是要把这些货倒得出来。"[1] 虽然本书的主旨是探讨"如何讲"，如何把肚子里的货倒出来，如何巧妙和充分地运用讲课的技巧，但不等于说本书是在宣扬一种"技巧主义"。对大学老师而言，"讲什么""肚子里要有货"是同等重要的事情，只不过这都属于科研的范畴，并不是本书关注的重点。

科研毫无疑问能解决"讲什么""肚子里要有货"的问题，但为何还有不少科研做得好的老师，依然讲不好课呢？就像某"长江学者"级别的文科教授，给本科生讲完一次课后，某大胆的学生向他建议："老师，您还是去做科研吧。"这位虚怀若谷的教授后来真的不再给本科生上课了，开始将教学中心改为指导研究生，因为带研究生更需要课下面对面、手把手地指导，对课堂之上讲

---

[1] 张楚廷：《"涉外"向何处去》，《张楚廷教育文集》第20卷，湖南人民出版社2012年版，第280页。

课和讲好课的要求并不高。后来的实践证明，这位宅心仁厚的著名学者虽然上不好一门本科生的课，却在指导研究生方面取得了骄人的成就。这也启示我们，评价一位老师好不好，会不会上课固然是一个重要尺度，却也不是唯一的尺度。

应该说，科研促进讲授并不是无条件的。这些条件具备了，科研会大大提升讲授的水平——根据我的观察，每所学校最会讲课的老师，科研不说是做得最好的，至少也是做得最好的之一，换言之，他们在自己的专业领域，都是有相当学问的：

> 毫无例外，杰出的教师非常了解他们所教的科目。他们都是活跃的成就卓著的学者、艺术家或者科学家。其中有些人出版了多部享有盛名的著作，这些著作长期以来受到学术界的重视；其余的人出版物相对较少，还有少数几位老师事实上没有出版物。但不管有无专著出版，杰出的教师在各自的领域内追求重要的智力和科学或艺术的发展，从事调查研究，对他们所教的学科有重要而独特的见解，经常广泛涉猎其他领域（这些领域有时跟他们自己的领域相距甚远），强烈关注他们学科中更为概括性的问题，比如史实的记载、辩论和认识论方面的讨论。总之，他们可以在智力上、体力上或者在感情上着手去做他们希望学生去做的任何事情。[①]

这段话说得比较中肯，将有学问老师的几种情况都考虑进去了。有的杰出老师是学术界影响力很大、美誉度很高、著作等身

---

① 肯·贝恩：《如何成为卓越的大学教师》，明廷雄、彭汉良译，北京大学出版社2016年版，第16—17页。

的著名学者，比如北京师范大学的王向远教授、南京大学的潘知常教授，还应该包括厦门大学的易中天教授。有的杰出老师出版物相对较少，但也有不少围绕所讲课程而展开的研究成果，如我的同事孙丰国副教授，暂且没有出版专著，但发表了100余篇广告学论文。我的同事邬欣言博士，上社会学的课，出版了《生活中的社会学》(湖南大学出版社2012年版)；有的杰出老师则没有出版物，这是因为他们不喜欢发表成果，但他们无一例外都喜欢写作，尤其喜欢阅读。总之，他们都具备了"肚子里有货"这个前提条件。但是否说"肚子里有货"就一定会讲得好呢？换言之，在何种情况下，科研是不能促进讲授的呢？

第一节　缺乏必要的讲授能力

通常而言，所谓科研好，就是指能写文章，对于文科科研来说，更是如此。能写文章的前提是文字表达能力强。任何思想都是表达出来的思想，只存于脑子里的，那只能叫想法。也就是说，再有思想的人，如果文字表达能力不行，也是写不出好文章的。讲授其实也是一种表达，但和写文章不同的是，它最需要的是口头表达，也可叫语言表达。书面表达或文字表达是不需要声音的，但口头表达或语言表达必须借助声音才能实现。如果一个老师两种表达能力都强，而且还能够在两种表达能力之间自由切换，那无疑是最理想的状态，那肯定是既会科研又会讲课的老师。

但必须承认，有些人天生适合写文章，唯独不会口头表达，唯独缺乏必要的语言能力。比如陈景润先生，1953年厦门大学数学系毕业后，由政府分配到北京四中任教。有理由相信，如果让他自己选择，他大概率不会去当中学老师的，因为 1954 年，他就因为口齿不清，被"停职回乡养病"。1955 年，陈景润回到厦门大学任资料员和助教，主要也是做"幕后工作"，没有站讲台讲课。1957 年，由于华罗庚教授的发现和重视，陈景润调入中国科学院数学研究所开始做专职的数学研究，他横溢的科研才华开始了绚烂的绽放。如果陈景润一直当老师的话，无论对他个人的发展还是对中国的学术事业来说，其实都是一种损失。

因为缺乏语言天赋而讲不好课的科学家、著名学者其实比较常见。中央电视台的《百家讲坛》，就是以"讲"为主的一个舞台。登上这个舞台的大科学家和大学者有不少，但最后观众"买账"的却不多：

> 百家讲坛，原本就是由一些有理想、有追求、有情怀的电视人鼓捣出来的。目的，则是要传播知识和思想。然而一开始，却举步维艰。虽然邀请了一大批重量级的学者和科学家，包括诺贝尔奖得主和学界泰斗，收视率却接近于零。整个栏目，面临着末位淘汰。生存毕竟是第一位的。何况你请来的嘉宾再牛，宣讲的内容再好，没人看，也是白搭。[1]

易中天无疑是《百家讲坛》上较成功的学者。主要原因是，易中天是将"讲什么"和"如何讲"结合得最好的。单论科研，易中天肯定不是最好的，但必须承认，他也是有学问的，他的学问作为日常的教学之用，是完全够用的。单论口才，他也可能不是最

---

[1] 易中天：《理想、追求与情怀》，《易中天文集》第十四卷"前言"，上海文艺出版社 2011 年版，第 1 页。

好的，那些搞传销的口才并不比易中天差，有的还要强于易中天。但是学问和口才结合得最好的，在我看来，当属易中天。所以，他是为讲台而生的。①

世界上有各行各业，它们需要一些共通的能力，也需要一些特殊的能力。不是每个人都能做好警察，不是每个人都能做好学者，不是每个人都能做好领导，不是每个人都能做好运动员，同样的道理，不是每个人都能做好教师。如果认为能写出好文章的人就一定能做好教师，那对教师这个职业也太过于轻视了，那教师作为一个独立的职业就毫无存在的必要了，那找几个科学家或著名学者来兼职就行了，那教育家和教学专家都是从科学家和著名学者中产生的了。或者说，如果一个科学家或著名学者就可以天然地成为好教师，那么同一领域的任何专家都将成为杰出的教师，但实际情况并非如此。

> 我们碰见过很多教授，他们在各自的领域都是有名的学者，他们花费几个小时来精心准备他们的演讲稿，使之能够反映最新最前沿的学术和科学知识，结果教出来的学生却对该学科的尖端性一无所知。②

科研属于"第一度消化"，讲授属于"第二度消化"；"第一度消化"属于"意会"，"第二度消化"属于"言传"。通常而言，杰出

---

① 参见宋德发：《如何化解科研与教学的矛盾——从易中天的科研转型谈起》，《云梦学刊》，2013年第5期。

② 肯·贝恩：《如何成为卓越的大学教师》，明廷雄、彭汉良译，北京大学出版社2014年版，第25页。

的科学家是一度消化上的强者；而杰出的教师则是二度消化上的强者。作为科研工作者，他们只要自己明白，并且用文字表达出自己的明白即可；作为教师，他们自己也要明白，然后还需要用高超的语言，艺术地表达出自己的明白，以便让学生听得明白，听得愉快，听得回味悠长——如果这位教师还想兼做科学家的话，那他还同时需要超强的文字表达能力。所以北京大学教授高崇明说得还是非常中肯的：

> 科研很出色的专家不一定能讲好基础课，这是大家的共识。有的教授学问很深，但表达能力较差，就是不善于讲课。科研队伍里的学者可以开设一些专业性较强的讲座，但对于基础课来说，需要花费大量的时间和精力准备，要有对整个学科的把握和理解，既要把基础概念讲得清楚透彻，又要讲得生动活泼，有启发性。这不是每个人都能做到的。[①]

应该说，科学家卓越的"第一度消化"为他的"第二度消化"创造了很好的条件，但却不能代替他的"第二度消化"。如果他缺乏"第二度消化"的意识和能力，那么，不管他是多么伟大的科学家，也算不上是杰出的讲授者。

> 这不完全是下功夫的问题，我觉得这和天分有关。教学与科研所需天分是完全不同的。这就像有的人适合做文字工作，有的

[①] 郭九苓：《高崇明 大学的责任与思考》，载郭九苓、昌曾益、柴真主编：《教学的魅力——北大生命科学名师访谈录》，北京大学出版社2012年版，第213-214页。

人适合跑推销一样。当然科研与教学两方面都很出色最好，但实际上一个学校里能够把课讲得精彩的老师是比较少的，这与其逻辑思维、口才、表达能力等诸多因素有关。教学好的老师并不一定有很深的学问，而是适合做教学工作。我认为学校应该注意这个问题，要想真正把基础课教学做好，让学生满意，挑选教员是很重要的一关。[①]

　　一篇好文章，不只是有好思想，还有好的表达。怎么起大标题、怎么起小标题、怎么结构、怎么论证，等等，都是非常有讲究的。尤其是文字的精准和优美更是不可或缺。同样的道理，好的讲授，也是需要必要和恰当的方法。本书重点探索的正是讲授的各种常见方法，会不会用这些方法，是直接影响到讲授效果的。有些方法属于技术的问题，有些方法则属于态度的问题，比如说脱稿，便属于态度的问题。当一个科学家缺乏基本的讲授态度时，他的科研和他的讲授也同样没有多大的关系。

　　不可否认，有些科学家或著名学者，在给本科生讲课时是心不在焉的。由于他们有过高的科研追求，总觉得给本科生上课是在浪费时间。除非学校有特别的要求，他们才心不甘情不愿地上了讲台。稍微有些生活经验的人都知道，一个人做事，有水平却没有态度，事情也是很难做好的。有的大学就规定，教授每学期至少得给本科生上一门不少于 32 学时的课，否则考核不合格。在这种情况下，科研再忙的教授也得要上课了。可是，一位教授如

① 　郭九苓：《高崇明 大学的责任与思考》，载郭九苓、昌曾益、柴真主编：《教学的魅力——北大生命科学名师访谈录》，北京大学出版社 2012 年版，第 214 页。

果只是被迫地、带着怨气、带着满足单位考核的基本要求的心态
去上课，他会有多少真心实意的投入？没有真心实意的投入，又
何来好的讲授？一个教授讲课态度不端正，最直观的表现就是：
上课读讲稿，而且是那种纸质的、发黄的讲稿，因为他们连最简
单的PPT也不会做，或者也不愿意做。

第二节　科研对象与教学对象的严重脱节

教什么，不研究什么；研究什么，不教什么，这种情况越来
越严重。科研强调绝对的创新，毫无新意或新意有限的科研是没
有价值的。讲授，尤其是面对本科生的教授，对讲授方式的创新
有诸多要求，对讲授内容的创新反倒没有特别的要求。换言之，
讲授作为教学的重要组成，更侧重基础知识、经典知识、传统知
识的传授，而这些知识都是前人、他人的发现，教师可以对这些
发现有自己独到的理解和阐释，却无法用自己的发现去推翻和置
换这些发现。比如，一般的心理学老师讲马斯洛的"人类需求五
层次理论"时，再怎么创新，也不能说"同学们，我今天不讲马斯
洛的'人类需求五层次理论'，我今天只讲我自己的'人类需求十
层次理论'"。在自己的发现还没有得到学界公认前，讲课时最好
不要做这样创新的事情。

换言之，科研强调"独创"，讲授则强调"综合"；科研强调
"自己的发现"，讲授则强调"好的东西"。"好的东西"可能是"自
己的发现"，也可能是"他人的发现"，多数时候是"他人的发现"。
作为教师，他只需要辨别什么是好的东西，好在哪里就行了。一
个教师，讲授的全是"自己的发现"，既没有这个可能，也没有这

个必要。

现在的大学教师的确存在过于追求创造而严重忽略继承的倾向，表现在科研上，就是追求绝对的创新。当教师不是为了教学而科研而只是为了科研而科研，就会刻意选择一些"新意十足"的研究对象，同时刻意回避一些"经典性"的研究对象，因此，科研对象的"狭窄化""冷僻化"和讲授对象应需的"宽广性""经典性"的矛盾日益加剧。这一点在人文学科表现得尤为明显。这样做，对学术事业或许是有帮助的，但对教学事业可能会起到反作用。

不妨举我走的一段弯路为例。我的博士论文为了创新，选择了美国当代作家厄普代克作为研究对象。厄普代克是一位好作家，但还不是经典作家，至少还不是写进《外国文学史》的大作家（可能已经写进了《美国文学史》）。我在中文系给本科生讲外国文学史，讲的也是但丁、莎士比亚、雨果、列夫·托尔斯泰这个级别的作家。我用整整三年时间写了一部研究厄普代克的书，获得了博士学位，申请了一些课题，发表了不少论文，适应了科研评价体制，顺利评上了副教授，但是，这些科研在我日常的讲课中基本上用不上，就算用得上一点，投入和收获也是不成比例的。如果我用三年时间研究莎士比亚，那至少会极大地提升我讲莎士比亚的水平。但莎士比亚作为研究对象，却因为显得"陈旧"而很难获得主流学界的认可。

我还发现不少古代文学老师，为了追求科研的创新，有意回避李白、杜甫这些经典作家，刻意选择一些听也没有听过的三四流，甚至不入流的作家，理由是可以填补空白。这就导致一个矛盾：自己讲课要讲的，从没有认真深入地研究过；自己认真深入研究过的，讲课时从没有讲过。我认为，大学老师选择科研对象，和研究所的研究员选择科研对象，理应是有所区别的。因为大学老师要给本科生上课，而研究所的研究员没有这个职责。

科研与教学严重脱节的问题在外国文学老师身上同样体现得很明显。以 2019 年立项的外国文学国家社科基金为例加以说明，这个问题便可以一目了然。2019 年，外国文学国家社科基金共立项 118 项。118 位课题主持人中，116 位为高校外国文学老师。为了适应学术界的主流导向，这 116 位课题主持人在选题时基本都是以"填补空白"为最高追求，因此，他们最终获得立项的课题几乎没有以"外国文学史"上的经典文学作为研究对象，比如"当代英国气候变化诗歌""华裔美国文学""美国非裔女性作家""美国非裔存在小说""巴西'30 一代'左翼作家""当代苏格兰戏剧""当代新加坡英语文学""南非英语文学"，都属于非经典文学，"列斯科夫""万比洛夫""阿里克""玛丽安·摩尔"等等，都属于非经典甚至冷门作家。在研究视角的选择上，这些课题中的不少"题眼"，如"视觉现象""空间书写""文本图像""风景思想"等等，的确达到了"标新立异"的效果，但是也可能忘记了"文学是人学"的初衷，以及研究外国文学是为了教外国文学的初心。

从学术研究本身而言，这些立项的国家社科基金课题肯定是有价值的，尤其是选题的新意是毋庸置疑的。但考虑到这些课题主持人几乎都是以传承经典为主业的外国文学老师，那么这种一边讲授经典文学，一边研究非经典文学，讲授对象与研究对象割裂的矛盾就凸现了出来。甚至从学术研究本身而言，也不能说越新的就越有价值，特别是文学研究，不是所有的"空白"都值得去填补。

现在高校科研比较流行一辈子只研究一个点，问题是，给本科生讲课是要讲一个面、一条线的。教师只把一个"点"吃得很透，挖得很深，成了这个"点"最著名的专家，却对其他更多的"点"知之甚少，显然不足以满足讲授的需求。尤其是自己研究的"点"还不属于讲课的范围，那科研更无法促进讲授。

可是为什么大学老师还对只研究一个点趋之若鹜呢？主要原因是为了迎合学术界的评价体制。以我的观察，研究经典对象的研究者，在申报课题、发表论文等方面会遭遇更多的偏见和阻碍。行业人士一看："写普希金的啊，这么老的题目，这有什么好写的！""研究莎士比亚的啊，早已经被研究透了，有啥可研究的！""又是写《红楼梦》的啊，炒剩饭有啥意思？"可是他们不知道，上课就是讲普希金、讲莎士比亚、讲《红楼梦》啊，不研究他们，讲课的广度和深度从哪里来呢！其实，从讲授的角度看，继承的价值未必就比创新小。或许，作为教师，先做好继承，再去想着做点创新，才是我们的本职工作。

第三节　做的是伪科研而非真科研

这个问题比较普遍，也更为严重。著名学者不外乎有两种，一种是学术史意义上的著名学者；一种是学术界意义上的著名学者。前者是有真才实学的学者，后者有一些学问，但总体上有"德不配位"的嫌疑。为什么有些著名学者，在口才还不错的情况下，依然上不好一门课，做不好一场讲座？因为他们属于学术界意义上的著名学者，他们就像现在的很多流量明星一样，红得发紫，曝光率很高，但就是想不起他们有什么作品。

学术界意义上的著名学者做学问有三个重要特征：课题至上；奖励至上；头衔至上。做学问本来和申请课题、获得奖励以及追求头衔并不矛盾，但是以这些作为做科研的核心目标，甚至唯一目标，那就跑偏了，那就很容易变成伪科研。李镇西先生曾以中学老师的教育科研为例总结了"伪教育科研"的十大表现。

1.迷信权威，亦步亦趋。如迷信著名教育理论家，尤其是迷信国外著名教育理论家的"权威说法"，迷信上级领导的有关指示，没有自己独立的思考和辨别。

2."课题"崇拜，华而不实。如将教育科研等同于争夺国家级、省级课题，而申请的很多课题又脱离了自己一线教师的身份和职责。

3.眼睛向上，追赶时髦。如上级强调德育在各学科中的渗透，于是，便有人大谈特谈"消化系统与德育""神经系统与德育""生殖系统与德育"。

4.故作"特色"，滥贴标签。如动不动总结"模式"、概括"特色"、提出"口号"，让人眼花缭乱，好像不提"口号"，不提"模式"，不贴"标签"就不叫教育科研"成果"。

5.说做各异，阳奉阴违。如同样一种材料可以应付不同的科研课题验收，一份成果可以"通吃"各种课题。

6.冠冕堂皇，以售其奸。如在"科研课题"幌子下大办各种"实验班"，并且换了一个充满素质教育改革气息的名称，叫"××课题实验班"。

7.论著晦涩，不知所云。读不懂教育论文、教育论著，这已经是许多教师的共同的苦恼和自卑，因为一些"专家"写教育科研文章是下决心不让教师看懂的。

8.职称论文，虚假写作。很多教育科研是"写出来"的而不是"做"出来的，而"写"的过程往往也是闭门造车硬写（甚至抄）出来的。

9.虚张声势，热衷炒作。现在一些学校搞"教育科研"却是"醉翁之意不在酒"，他们更多的是把教育科研视为"打造"学校"品牌"、"树立"学校"形象"的大好契机。于是，自我炒作便是"顺理成章"的了。

10."科研"牟利，以饱私囊。现在有些"教育科研"充满了铜臭味，打着"教育科研"的幌子而行以牟利为目的的勾当，恐怕很难说是个别的。①

其实这"十大表现"在大学、在其他学术领域同样存在，甚至更为严重。做学者，还是要靠有学术含量的著述说话的。著述还得自己用心去写，著述的发表还得依靠著述本身的水平，如果主要依靠跑关系发表著述，那著述再多也不能体现真科研。目前高校的学术评价机制有合理的地方，比如那些勤奋和愿意投入的人（哪怕是"功夫在诗外"）可以脱颖而出，以及真正有才华的学者也能获得应有的认可。但不可否认，目前高校的学术评价机制也有一定的漏洞可钻，那就是过于数字化和简单化，最后演变成这种情况：著名学者往往就是拿课题最多、获得奖励最多、身上头衔最多的学者。最极端的例子是，个别著名学者的头衔比成果还多。总之，当著名学者穷其一生，只为迎合单一的评价体制时，

---

① 李镇西：《"伪教育科研"的十大表现》，载《我的教育思考——李镇西30年教育感悟精华》，漓江出版社2015年版，第74-83页。

他的"科研"对讲授并无实质性的帮助。

这几年，我看李泽厚、刘再复的书，也看易中天、戴建业的书，当然还看那些公认的实力派学者的书，有一个整体感觉：体制外的著名学者，或者身在体制内但心在体制外的著名学者写东西还是写得好很多，读他们的书对讲授的促进也明显很多。这不仅是他们更有才华的缘故，也同他们做科研做得更纯粹有关。当然，还有一种学者，既是学术界意义上的著名学者，也是学术史意义上的著名学者，读他们写的东西，对提升学术水平和教学水平也非常有帮助。

第十三章

何种情况下，科研可以促进讲授？

——科研与讲授的统一

这些年，在各种场合，只要有机会，我都会通过各种方式，"鼓吹"讲课的价值以及讲课态度、讲课能力、讲课方法的意义。之所以这样做，是因为我发现"讲课"这项所有教师应该具备的基本技能，没有获得大学起码的尊重。"大学教师"也是"教师"，这是基本的常识。可是"大学"两字往往遮蔽了我们的双眼，让我们忘记了"教师"的基本职责和核心技能。所以，我"鼓吹"讲课，实质是在提醒我们回归"教师"这个最基本的身份。就算讲课只是"雕虫小技"，但如果没有这项"雕虫小技"，教师也是不合格的教师。

不会讲课的大学老师也可以成为好老师，却是有缺憾的好老师；不会讲课的大学老师，科研做得再好，也弥补不了讲台上不会讲课的遗憾。这就像五音不全的歌者，名气再大也算不得歌手。更何况，"雕虫小技"在条件具备的情况下也可以演变为传世的艺术。当"大学教师"对讲课有了足够的重视，也具备了一定的讲课能力，掌握了一定的讲课方法之后，我们可以再次面对"大学教师"的特殊性：

会教书的教师是好教师，会进行研究的教师是好教师，既会教书又会研究的教师是更好的教师；重视教学的大学是好大学，

重视研究的大学是好大学，既重视科研又重视教学的大学是更优秀的大学，学术水平与教学水平都高的大学是更好的大学……[①]

　　大学老师的"特殊性"就在于他们是需要科研的，尤其是最优秀的大学老师，理应是"既会教书又会研究"的。大学教师作为"教师"需要讲课；作为"大学教师"需要科研。当然作为个体，既可以选择两者兼备，也可以根据实际情况，在讲课和科研之间有所侧重，但不存在不讲课的大学教师，也不存在不科研的大学教师——科研可以发表成果，也可以不发表成果，从讲课的角度看，没有发表成果的科研也是科研，比如那些抽屉教案，也是有一定学术含量的。因此，童庆炳先生的忠告值得我们牢记：

　　　　一个老师应该把研究和教学融为一体，不是孤立的。如果教学搞一套，研究搞另一套，是不行的。一个老师要为他的教学、为他的学生着想，他研究的东西、结果正是学生需要知道的。所以我的一系列的书、一系列的文章写的都是跟教学密切相关的问题，而不是离开教学单做的问题。[②]

　　实际上，每所大学讲课讲得最好的，很多同时也是实力派的科学家和学者，有的就算不是成果丰硕的科学家和学者，他的科

①　张楚廷：《再论教学与科研关系》，《湖南师范大学教育科学学报》，2003年第4期。

②　童庆炳：《做一个有仁爱之心的好老师》，载吴子林编：《教育，整个生命投入的视野——童庆炳教育思想文萃》，华东师范大学出版社2016年版，第76页。

研肯定也是做得相当好的，或者说，在发现的学术、整合的学术、应用的学术与教学的学术之中，他至少有一项是过硬的。所以，可以肯定地说，一旦基本的条件具备，科研就会促进讲授。

学术研究促进讲授的基本条件中，有一定的口才便是一个。再以唱歌为例。唱歌通常有两个层次，第一个层次是用技巧唱歌，第二个层次是用生命和灵魂唱歌。用生命和灵魂唱歌，固然是歌手追求的至高境界，但如果没有唱歌的技巧，这个层次的追求也永远是不会实现的。就像笔者本人，以五音不全而闻名，即唱歌完全不在调子上，那又怎么可能进入用生命和灵魂唱歌的境界？这就不难解释为何不少写歌写得好的人却只能做幕后工作，因为的确不会唱啊。五音不全的人能够做歌手，只有一种可能：人为的包装。但这样的歌手再怎么包装，依然改变不了不会唱歌的事实。

一位科研做得好的大学老师，如果还同时具备一定的口才，那么，只要他愿意重视讲课，愿意钻研讲课，那就非常有可能将研究的深度转化为讲课的深度。如果说讲课水平决定讲课的下限，那么学术水平则决定讲课的上限。只有学术水平，缺乏讲课水平，成不了会讲课的老师；只有讲课水平，没有学术水平，成不了最会讲课的老师。

我们所熟知的"大学名嘴"，如厦门大学的易中天教授、河南大学的王立群教授、南京大学的潘知常教授、北京师范大学的王向远教授、湖南科技大学的吴广平教授、武汉大学的李工真教授、深圳大学的王立新教授等等，不论他们自己是否意识到了，我们都可以很轻松地做出判断：他们的口才都是一流的。戴建业教授虽然普通话说得不太标准，但他的口才也是属于最顶尖的。在有一定口才的基础上，科研直接促进讲授，至少取决于两点：一是有做真学问的状态和心态；二是教什么就研究什么。

第一节　有做真学问的状态和心态

一个人做事，总是有这样那样的目标，完全没有目标，事情很难做好；但如果过于功利化，眼睛只盯着目标，为了达到目标不择手段，事情也很难做好。做学问也是如此。大学教师作为体制内的人，完全超功利地做学问，完全不受体制的束缚和引导做学问，完全按照自己的想法和兴趣做学问，一般情况下做不到。

或许，"身在体制内，心在体制外"，或者有时候心在体制内，有时候心在体制外是比较合适的选择。如果时时刻刻心在体制内，一辈子都没想过做几件没有纳入体制的事情，从做老师的角度看，未必是最好的选择。人生很短，总得做几件不为钱的事，总得做几件不为名的事。大学老师作为知识分子的杰出代表，不一定要淡泊名利，但对之提出这样的要求也是合情合理的。总之，大学老师需要有做真学问的状态和心态，不一定每时每刻都要有，但如果从来没有，自然做不出真学问。不妨提一提刘再复先生对读书人的友好提醒：

> 从事文学工作，其实最重要的不是"文学理念"，而是"文学状态"。读书也是如此，"状态"比"理念"重要。所谓"文学状态"，就是超功利、超实用的状态；所谓"读书状态"，则是沉浸、面壁状态。读书，需要沉浸下去。沉浸之后才能与人类历史上的

伟大灵魂相逢，即与他们展开对话。这样读书就会有心得。①

读书的状态，也就是做学问的状态。有这种读书状态和做学问状态的大学老师没有我们期待的那么多。因为大学老师面临的诱惑和压力太多，以至于很难呈现出应有的超脱和洒脱。可以说，不少大学老师一边写论文批判"异化"，一边正在被自己深深依赖的体制所"异化"。以至于颇有道家气质的网红教授戴建业这样感叹同事们的日常生活：

> 我就职的华中师范大学就在桂子山上，每到中秋时节满山丹桂清香扑鼻，可很少有教授和学生赏桂闻香。老师匆匆忙忙上课，又匆匆忙忙回家，他们时时刻刻放不下的是项目、论文、填表，连上课都成了他们的副业，哪还有心思去欣赏丹桂？②

戴建业教授在"讲课"方面突然的走红，其实有必然的原因，那就是做学问的心态和状态比较正常和健康。作为一位古代文学的教授和博导，戴建业体制内的学问是做得相当不错的，同时，他在体制外的学问也做得很好。比如他不仅写了不少"一本正经"的论文论著，还写了 400 多篇算不得科研成果、领不了"学术工分"的，似乎有点"不正经"的随笔杂文。写随笔杂文不仅需要才华和学识，还需要"情"和"趣"。有了 400 多篇有情和有趣的随笔杂文作为基础，戴建业的课自然就讲得有情和有趣了。

---

① 刘再复：《读书十日谈》，商务印书馆 2018 年版，第 3 页。

② 戴建业：《品味生活》，载《你听懂了没有》，上海文艺出版社 2019 年版，第 12 页。

无论是戴建业、易中天，还是我们身边的那些名嘴们，他们之所以能成为享誉校内外的名嘴，除了语言天赋是超常的，后天对专业的热爱，对教学的热爱也同样是超常的。因此，他们"成功"的经验也恰恰证明，教师表面上是轻松自如的工作，背后却是无人知晓、无人关心的清苦和寂寞：

> 教师每日授课的时间较短，而又有寒暑假之休息，因此有一般人认为教学是轻松的工作。凡志在求安逸而从事教职者，若不失望而去，则将贻误受教之儿童。教学实是最繁难的工作。授的课时数虽少，课前的预备与课后的处理常超过授课之时数至四五倍。而此种工作又极精微繁杂，必须连贯不惫，始终不懈地集中精神。授课数小时后而不感觉极度疲乏者，在授课时定未充分尽其职责。至于寒暑假的休息，一半是用以恢复身心，集中精力，预备下学期的服务。还有一半，现在的趋势，是用在进修，以增高专业的素养。①

因此说，大学教师要有做真科研的心态和状态，其实就是指有"继续生长的理想"，并且在别人看不见的时光中，围绕着专业成长和教学成长，默默地坚守，默默地忍受和默默地付出。

第二节　教什么就研究什么

从理论上说，一个人看什么书都是有用的，做什么研究也是

---

① 萧承慎：《教学法三讲》，福建教育出版社2010年版，第108页。

有用的。但时光毕竟是有限的，老师们又是有专业归属的，因此，紧密围绕自己所属的专业和所任教的课程阅读和研究，才有可能事半功倍，有可能"好钢用在刀刃上"。

总之，研究什么不一定要教什么，但教什么一定要研究什么，从教学的角度看，才有可能将研究效果最大化。北京大学教授高崇明分享过自己如何针对教学中的一个概念问题而展开研究的经验：

> 概念就是要讲细致、认真，不能含糊。比如以前很多人把bioethics 这个词翻译成"生命伦理学"，我就觉得好像不对，因为 bio- 这个词头一般翻译成"生物"，比如 biochemistry 一定是翻译成"生物化学"而不是"生命化学"。后来我就请教我的老师，他是剑桥大学的博士。他告诉我 bio 在词典里没有生命的意思，只有生物的意思。我反复查了字典，也咨询了英语系的教授，最终我认为翻译成"生命伦理学"是错的。当我在全国的学术会议上提出我的这一观点时，在场的人想了好半天才说，之所以翻译成"生命伦理学"是因为日本人是这样翻译的。我多少懂一点点日文，就指出，日文里的汉字和中国现在的汉字是两个概念。"生物伦理学"现在已经是比较主流和权威的译法。①

这就是典型的科研与教学的统一。这样的研究，很细微，谈不上填补什么空白，也未必适合写成论文发表，但可以解决教学

① 郭九苓：《高崇明：大学的责任与思考》，载郭九苓、昌曾益、柴真主编：《教学的魅力——北大生命科学名师访谈录》，北京大学出版社 2012 年版，第 216 页。

中出现的问题，所以，这也是真科研。

大学老师由于现实需要，往往要上好几门课，有些课可能同自己的专业还没有太大关系。比如我是学比较文学与世界文学专业的，却还要给非中文系学生上基础写作、大学语文这样的课程。这就意味着，大学教师不能只研究一个"点"，而是要研究一条线、一个面。或者说，大学教师的研究不能只执着于"深度"，还应有相当的"广度"。

如果说做科研如同练体操，那么科学家和学者只需要做单项型选手即可，要么专攻单杠、要么专攻跳马、要么专攻自由操，而大学老师还需要做全能型选手。全能型选手就每一个单项的水平而言，可能比不上单项型选手，但其整体、综合的能力却比单项型选手强。而特别有天赋的全能型选手，可能也有不少单项的水平比单项型选手还要高一些。简言之，大学老师不仅要做"专家"，而且还要做"杂家"。这其实并不矛盾，因为"杂家"其实就是多个领域的"专家"。做"杂家"而特别有助于讲好课的，有两个代表性的例子，一位是厦门大学的易中天教授，一位是湖南师范大学的张楚廷教授。

先说易中天教授的经验。在1994年之前，易中天做研究和体制内的主流导向是基本保持一致的，即致力于《文心雕龙》这一个"点"的研究。1994年之后，为了更好地讲课，易中天的研究范围已经突破单一的"点"，走向了"线"和"面"，甚至走向了更广阔的文史研究。易中天自嘲自己的研究是"流寇"的搞法，即打一枪换一个地方：

> 我读研究生，学的是魏晋南北朝隋唐文学，学位论文选择

《文心雕龙》，合情合理。这就从"文学"转到了"文论"。研究《文心雕龙》，侧重于其美学思想，也合情合理。这就从"文论"转到了"美学"。讲美学，得弄清楚美和艺术的起源，于是有了《艺术人类学》；也得弄清楚美学史，于是有了《破门而入》。但是，要讲清楚中国美学，就得弄清楚中国文化，于是又有了《闲话中国人》《中国的男人和女人》《读城记》和《品人录》。《品人录》已经在讲历史。以后有《品三国》，也不奇怪。不过，要讲清楚中国历史，必须弄清楚中国政治，这就有了《帝国的惆怅》和《帝国的终结》；而要弄清楚中国政治，又必须有参照系，这就有了《费城风云》。这个时候，回头再看看中国历史，不能不追溯到春秋战国，于是有了《先秦诸子百家争鸣》，也就有了《我山之石》和《中国智慧》。这一路走下来，岂非顺理成章？只不过，从《闲话中国人》开始，我的书，就是写给广大读者了。内容和形式，统统"另类"。①

　　易中天之所以能成为最会上课的大学老师之一，有一个重要的原因，就是他为了讲课而做研究，而不是为了学术界那种虚无缥缈的"认可"做研究。你看他选择什么做研究对象，有一个最直接的动机就是为了"讲清楚"。这是老师的思维而非学者的思维。易中天的研究成果，放在各自所属的领域，可能都不算最深入、最新颖的，但从讲课的角度看，其深度和新意是足够的。不仅如此，易中天写作的方式也体现了做老师的思维，即他的书是写给广大读者看的，所以内容和形式统统都"另类"。所谓另类，就是

① 易中天：《流寇路线图》，载《易中天文集》第五卷，上海文艺出版社2011年版，第3-4页。

指观点、思想的独特性，以及表述方式的非八股化。在易中天看来，表达爱国的情感，大家都在用民族唱法唱，我为什么不可以唱摇滚呢？易中天算是随笔体学术著作的代表性学者之一，这说明他也是最注重传播的学者之一。在他看来，写书和讲课道理是一样的，谁不把学生和读者放在心上，学生和读者就不会把他放在眼里。

再说张楚廷教授的经验。张楚廷教授将自己的治学经验总结为，学什么就写什么；教什么就写什么；做什么就写什么；想什么就写什么。一句话，用写书的方式书写人生之路：

> 我读什么书就写什么书。我读数学，就写了多本与数学密切相关的书。我读教育学，就写了与教育学密切相关的诸多书籍。
>
> 我做什么事就写什么书。我做过校长，就写了一本《校长学概论》；我做过教师，就写过不少关于教学的书；我当然也做过父亲，也就写过《子女的培育》这样的书；我主持过素质教育的基础建设工作，也就写过两本关于素质教育的著作。
>
> 我教什么课就写什么书。我教过微积分，故写了《微积分》；教过复变函数，故写了《复变函数》；教过课程哲学，故写了《课程与教学哲学》；教过多门高等教育学的课程，也就写了多本高等教育学的书。
>
> 我想什么事就写什么书。有些写的东西，并不一定都读过、教过相关的书或做过相关的事，却无论如何是想过的。例如我写方法论、我写形而上学就是这样。我把我的社会哲学叫作"人哲学"。我不断地思考人，从众多不同的角度思考，于是写出了《人哲学》。这就主要是靠想的。

我生活在哪里就写哪里。我生活在大学中，就写了《论大学》。我生活在教育中，就写了《论教育》。我生活在人群中，就写了《人论》。我生活在中华大地，就写了我们中国人自己的哲学。我也写了《论创造》，因为我也努力生活在创造中，并与许许多多创造着的朋友或同事生活在一起。[1]

张楚廷先生喜欢写作也善于写作，所以他的研究可以通过大量论著的发表来体现。我们鼓励大学老师们结合自己的任教课程展开研究，并不等于强行要求每一位都要发表论著。就像厨师要研究做菜，护士要研究打针，司机要研究车技，但不是要他们一定要写做菜的书、打针的书和开车的书。那些特别会上课的老师中，的确有不少并不擅长或喜欢发表成果，所以他们的研究更多体现在一种"准研究"层面上，即长期的、自觉的阅读和思考。对大学老师而言，单从促进讲授的角度看，不发表研究成果没有关系，但是缺乏长期的、自觉的阅读和思考，那显然是职业精神缺乏的表现。这就像苏霍姆林斯基在《给教师的建议》中建议的那样，杰出的老师会为一节课准备一辈子。所谓准备一辈子，其实就是一辈子都在读书，这个建议虽然是献给中小学老师的，但同样适用于大学老师：

怎样进行这种准备呢？这就是读书，每天不间断地读书，跟书籍结下终生的友谊。潺潺小溪，每日不断，注入思想的大河。读书不是为了应付明天的课，而是出自内心的需要和对知识的渴

---

[1] 张楚廷：《思想的流淌》，西南师范大学出版社 2015 年版，第 221 页。

求。如果你想有更多的空闲时间，不至于把备课变成单调乏味的死抠教科书，那就要读学术著作。应当在你所教的那门科学领域里，使学校教科书里包含的那点科学基础知识，对你来说只不过是入门的常识。在你的科学知识的大海里，你所教给学生的教科书里的那点基础知识，应当只是沧海之一粟。

一些优秀教师的教育技巧的提高，正是由于他们持之以恒地读书，不断地补充他们的知识的大海。如果一个教师在他刚参加教育工作的头几年里所具备的知识，与他要教给儿童的最低限度知识的比例为 10∶1，那末（么）到他有了十五年至二十年教龄的时候，这个比例就变成 20∶1，30∶1，50∶1。这一切都归功于读书。时间每过去一年，学校教科书这一滴水，在教师的知识海洋里就变得越来越小。①

作为一名中学老师，苏霍姆林斯基把阅读做到了极致，更把写作做到了极致：一生写了四十多本书，六百多篇论文，一千多篇供儿童阅读的童话、故事和短篇小说。但他毕竟是闻名世界的大教育家，我们不可能要求每一位老师（包括大学老师）像他那样阅读和写作。但是他提出的教师要终生阅读的理念，是永不过时的。

湖南师范大学的张楚廷教授，一辈子讲了 32 门课。他的课讲得好，有方法上的因素，有能力上的因素，也有态度和内容上的因素，不妨看看他的开课理念和讲课理念：

我的教学与科研像是很融洽的。我对自己教学的要求是：

---

① 瓦·阿·苏霍姆林斯基：《给教师的建议》（上），杜殿坤译，教育科学出版社 1980 年版，第 7-8 页。

1.尽量教自己的东西；2.尽量开新课；3.即使是同一课程，也不重复过去的内容，从而也讲成新课；4.尽量多开一些课；5.尽量开成高水平的课，至少在国内属高水平的；6.尽量讲出思想性来；7.尽量用疑问句讲话。按这些要求去教学，必定要有科研，要有高水平的科研才行。[①]

为了将这些理念转化为实践，为了让讲课更有深度、广度和新颖度，张楚廷也写了100多部书。无独有偶，在"讲什么"方面有着完美追求的还有王向远先生。在王向远先生看来，大学老师要"讲自己的话"，就要写书。书一旦出版了，就要重新写书，一直写下去：

> 未出版时，讲稿作为独一无二的东西捏在老师手里，一节一节的课，一板一眼地娓娓道来，学生且听且记，教师不免有一点法宝在握、奇货可居的感觉，可是一旦出版了，教师在课堂上失去了法宝，于是照本宣科也无本可宣了。既然学生手上有了你的书，你还是照本宣科，谁愿意来听你的课呢？当大学老师的人经常要面临这样的窘境和挑战。为了走出这窘境，为了应对这挑战，教师就要在学生手里的书本之外（或之上）"添油加醋"，为的是吃起来有味道；兑水稀释，为的是消化起来容易。换言之，就是加以进一步的阐释、延伸、拓展。要很好地做到这一点，教师就要有足够的知识储备以供信手拈来、左右逢源、临场发挥；要做到这一点，就是要不断地写、不断地讲，又不断地讲、不断

---

① 张楚廷：《思想的流淌》，西南师范大学出版社2015年版，第356页。

地写，毫不吝惜地把自己的知识与思考送给别人，自己再出新的。所以大学老师一定得是一个学者，一定要成为著作家，一定不能中途半段，一定要终生辛勤劳作。①

中国高等教育界毕竟只有一位张楚廷先生，中国比较文学界毕竟只有一位王向远先生，如果以他们为标杆，要求每一位大学老师都达到他们的水平是不现实的，可能也是没有必要的。就本科教学来说，普及应该还是主导，引发学生持续进一步学习的兴趣才是关键。再说，就算教师自己可以穷尽天下学问，也无法通过一个学期的讲授，让学生也变成与自己同水平的人。但张楚廷教授、王向远教授的经验可以启发我们，一位大学教师上哪门课，至少要读相关的书，做相关的思考，有可能的话，再写相关的文章或著作。研究不一定要发表成果，但潜心的研究是必不可少的，只有这样，才不会有人担心"最可怕的是教书的人不读书"。

读书，是一个很经典的话题，每一位读书人都会有自己的理解。读书的心态，不外乎有两种：一种是挑剔，一种是欣赏。我个人更推崇后者。陈平原先生在《六说文学教育》中讲过一个故事，对我们颇有启迪：

抗战中当过蒋介石侍从室秘书的徐复观，抗战结束后以少将军衔退伍，专心做学问，日后成为海外新儒家的代表人物。话说1943年他到重庆的勉仁书院找熊十力求教。熊十力吩咐先读王夫之的《读通鉴论》。徐复观说，这书我读过了。熊十力说，回去

---

① 王向远：《宏观比较文学讲演录·后记》，广西师范大学出版社2008年版，第262-263页。

再好好读。几天后，徐复观来见熊十力，说那书我又读了，里面有好多错误，这里不对，那里不妥。话还没有说完，熊十力拍案而起，说，你这笨蛋，你滚吧，这么读书，一辈子都没有出息。读书先要看它的好处，你整天挑毛病，这样读书，读一百部、一千部、一万部，都没有用。徐复观日后追忆，说这件事让他起死回生，明白该如何读书了。[①]

徐复观曾经的读书心态，在知识分子中算是比较普遍了。我在读硕士一年级的时候，读了几本导师推荐的学术经典后，便觉得自己学贯中西，足以纵横四海了。又读了几本同行的学术著作，就总觉得这也不行，那也不行。导师张铁夫先生听闻我对某同行某部学术著作的妄议后，找了个机会，很委婉地提醒和批评了我。这时我才有所醒悟：既然对一本书那么不屑，完全可以选择不读啊。既然读了，就不需要那么挑三拣四，说这里不对，那里不妥。世界上有哪本书你专心挑毛病会挑不出来的？！

后来我又发现，从不写东西的人看不起经常写东西的人，写得少的人看不起写得多的人，写得不好的人看不起写得好的人。当我们自己动笔开始写作，写到一定数量并且非常渴望写好之后就会明白：世界上并不存在完美无缺，能让所有读者都满意的著作，也并不存在一无是处，会让所有读者都摇头的著作。当我们只用挑剔的心态读书，每一本书都会让我们失望和心塞，而最终，哪怕事实上有较大价值的书也会让我们一无所获。当我们主要用欣赏的心态读书，每一本书都会给我们惊喜，而最终，哪怕

① 陈平原：《读书三策》，载《六说文学教育》，东方出版社 2016 年版，第 186 页。

事实上价值较小的书，也至少会在某个很小的方面增进我们的学问——就像我在等火车时读《读者》《知音》《恋爱 婚姻 家庭》，还能学到几个在课堂上可以用的段子。

因为有这样的领悟，所以当有学生当我的面，吐槽某部其实还不错的著作时，我就像当年张铁夫老师建议我那样建议他：如果我们准备读一本书，那不妨用最短的时间将这本书中有益的东西（哪怕只有一句话）吸收过来，而不是将太多的精力和心思用在嘲弄这本书写得不好的地方，这样，余下的时间我们就可以继续读新书了。这就像我们吃菜，既然吃了，就要好好品味，而不是坐在那里对不好吃的菜冷嘲热讽一通，最后发现好菜都被别人吃了。

近些年，我差不多都抱着人无完美的人，书自然也无完美的书的心态去读书，感觉轻松、洒脱了许多。有的书给我结构上的启发，有的书给我思路上的启发，有的书给我观念上的启发，有的书给我语言上的启发，有的书给我排版上的启发，有的书，可能只有一句话给我启发，有的书其实就是那个书名给我启发，但那也是启发啊。如果真遇到毫无启发的书，那也很简单，送人或者当废品卖掉，没有必要浪费时间去抨击老半天。

第十四章

做梦都在讲课

—— 讲授的五种准备

任何行业，要想达到最高水平，天赋和努力缺一不可。"天赋"是天生的，有或者没有，都不是个人意志可以决定的。但"努力"是后天的，是个人意志可以掌控的。我们不能保证每个人都可以成为最会讲课的大学老师，因为我们不能保证每个人都有讲课的天赋。但我们相信，通过不断的努力，每个人都可以让自己的讲课水平一年比一年高，最终在某一年达到个人的最高水平，从而用一生的时间寻找到了那个让自己惊讶的"我"。

第一节　以做"教书匠"为荣

生活的经验告诉我们，做一件事情，要想抵达一定的高度，态度不是万能的，没有态度是万万不能的。态度，其实就是职业精神。著名演员吴京导演并主演的电影《战狼2》中有一句台词说得非常哲学："军人赢得尊重，并不是'军人'这两个字，而是军人所承担的职责。"推而广之，一个人并不会因为自己做什么专业而天然地赢得社会的尊重，一个人只有把自己的专业做得很专业才能获得他人的认可。也就是说，人们尊敬一位领导，并不因为他是领导，而因为他是一位好领导；人们尊敬一位警察，并不因为他是警察，而因为他是一位好警察；人们尊敬一位大学老师，并不因为他是大学老师，而因为他是一位好大学老师：

> 我认为，作为教师这项职业之内容的"教书育人"，与任何职业的工作一样，并不具有比任何其他职业的工作更高的道德性，因而任何教师都不能够当然地享受来自于学生的"感谢"与来自于社会的"尊重"。因为我们知道，"教书育人"是教师的本分，一如为顾客提供服务是各种服务员的本分一般。因此，教师是否应当享受来自于学生的"感谢"和来自于社会的"尊重"，完全取决于每个具体的教师的"教书育人"工作是否能够令学生和社会感到满意，完全取决于每个具体的教师是否担当了教师应当担当的"师表"作用。显而易见，这种认识要求每个具体的教师必须对自己的教育工作是否应当得到学生和社会的尊重和感谢进行反思和检讨。①

作为大学老师，科研水平固然是其职业水平和职业操守的重要组成部分，但是，构建大学老师职业水平和职业操守的核心要素中，最不应该被遗忘的还有他的教学水平。大学老师对教学的态度，既是他职业操守的重要体现，也是他不断提高职业水平的一个原动力。教学当然不仅仅是讲课，但讲课却是教学中最经典、最基础的方式。但不知道从何时起，会讲课的老师在大学里并不受待见，以至于"讲课"这项传统的技艺渐渐成了没有人愿意继承和发展的非物质文化遗产，甚至有"成功人士"将"教书匠"当作反面典型，告诫年轻一代，千万不要做教书匠或者千万不要只做

---

① 邓正来：《教师节：一个反思的时刻》，载《反思与批判——体制中的体制外》，法律出版社2006年版，第31页。

教书匠。在我看来，做教书匠或者只做教书匠，不仅不是丢脸的事情，而且还是一番光荣的事业。诚如一生致力于教书和研究教书的杜和戎先生所言：

> 有人给我们这些教书的，送了一个雅号，叫做"教书匠"。意思是说，教书的人总是讲那老一套，毫无创造性，就像"鞋匠"做鞋，"泥瓦匠"盖房子一样。
>
> 其实做鞋真要做好了，是需要创造性的，它是一门艺术。盖房子真要盖好了，也是需要创造性的，它也是一门艺术。教书的人真要把书教好，也是需要创造性的，它也是一门艺术。天下任何一项工作，真要做好它，都需要创造性，都是一门艺术。它们都需要"艺术巨匠"，都需要"匠心独运"……
>
> 科学家好比养猪的，他负责从无到有，生产出猪肉来。而教师则好比厨师，他负责把已有的生肉做成熟菜。"肉"的确是已有的，是别人生产出来的。厨师的创造性，在于怎样把同一份猪肉做成更好的菜，做得更可口，更容易消化，更有营养，而不是去和养猪的人比，在锅里养出一只羊来！
>
> 演话剧的演员，剧本是别人写的，导演和演员是不是就谈不上创造性？管弦乐队，曲谱是别人写好的，指挥和演员是不是也就谈不上创造性？诗朗诵呢？就更别提了。说相声的，稿子也是别人写好的，而且讲完以后，没有统考来检查效果。一个教师去上课，就是最糟糕的照本宣科，也和诗朗诵者或说相声的差不多，有其发挥再创造的余地，更何况教师还必须要进行二度消化！
>
> 对于教学，我们有着太多的误解。

对于创造性，我们的误解也不少。[①]

　　的确，我们对创新存在着诸多的误解，认为创新就是内容创新，忽略了方法创新，表达创新。大学教师，单从教学的角度看，应该重视方法创新和表达创新，可这些往往被贬低为雕虫小技。殊不知，在条件允许的情况下，"雕虫小技"也可以抵达艺术的层次。或许，让我这位普通老师来论证讲课是一件多么光荣的事情，需要多么虔诚地对待，需要多么用心地钻研并不能让人信服。那不如来看看三位著名学者是如何将讲课作为神圣事业的。

　　著名学者钱理群先生，曾感叹"做教师真难，做教师真好"。这样一位享誉学界的大学者，面对神圣的讲台，他的谦卑和虔敬是很多年轻老师所缺乏的。

　　很多人觉得我上课随便讲就可以讲很好，其实大家都误会了，我是精心准备的，有详细的讲稿。讲稿大概分为两类，一种是几乎一个字一个字写出来的，还有一种就是列一个详细的提纲。我曾长期担任过中学教师，所以养成了上课前要做充分准备的习惯。不仅讲课内容，包括板书写什么、怎么写、写哪里，哪些需要长期留下来，哪些写完要立刻擦掉，我都预先要设计、规划。

　　我在中学教了十八年，在北大差不多也教了二十年了。大家看我上课很轻松，其实我几乎每一次上课、每一次演讲都很紧张，尤其是刚开学面对新学生的时候。我上课的时候非常强调和学生交流，不一定就是提问题或讨论，我时刻观察学生的反应，看学生

---

① 杜和戎：《讲授学·序言》，华语教学出版社2007年版，第8页。

的表情，要求自己跟学生进行心灵的交流。每次学生都是不同的，所以每次上课我都有新鲜感，对我来说都是一种挑战，一种期待，所以才会紧张。如果课前有时间的话，我一般会去未名湖边上走一走，把自己的心情调整到最佳状态。我上课时很兴奋，充满了激情，甚至有时候还手舞足蹈。学生有很多关于这方面的描述，他们曾经开玩笑地说上课就看我出不出汗，我汗出得越多，就说明这课上得越好。作为教师必须把最好的状态呈现在学生面前，也包括衣着，在学生面前至少要做到整洁，不能蓬头垢面。[①]

和钱理群先生一样，著名学者谢冕先生也是满怀谦卑和虔诚，老老实实、认认真真地准备本科生的课。在本科生面前，他从没有以学术大家自居，也从没有"教书匠"低人一等的观念，他就像一个对讲台充满敬畏和期待的讲坛新人一样，一个字一个字地写下讲稿，这恰恰就是他作为教师的人格魅力所在：

当代文学是行进中的文学，不断有新的作品，我教学最大的感受就是一个字：累。我的笨办法就是把教案详详细细地写出来，所以感觉很累。给本科生上课，一节课45分钟，我如果没有写成一万多字的讲稿心里就不踏实。而我第二年再讲的时候，又得

[①] 郭九苓、缴蕊、张迥：《一位理想主义者的教育观——钱理群老师访谈》，郭九苓、漆永祥、赵国栋主编：《北大中文名师教育谈》，广西师范大学出版社2015年版，第96-97页。

重新写，因为事情又变化了。[①]

著名学者童庆炳先生，把上课当作了节日，当作了信仰。他为上课所做的准备是无比耐心和细致的，乃至要把学生的姓名都要预习一遍，遇到拿不准读音的，都要提前摸清楚情况，这是"教书匠"的卑微，也正是"教书匠"的高贵：

> 我在37年的教学生涯中，始而怕上课，继而喜上课，终而觉得上课是人生的节日，天天上课，天天过节，哪里还有一种职业比这更幸福的呢？我一直有一个愿望，我不是死在病榻上，而是有一天我讲着课，我正谈笑风生，就在这时我倒在讲台旁，或学生的怀抱里。我不知道自己有没有这个福分。
>
> 上课既然是节日，认真备课是无需说的。你可以讲一个有争议的甚至是错误的观点，但每一个汉字你都必须读准，读错字是不允许的。因此连点名册上每个学生的姓名你也必须在开始上第一堂课前高声地先朗诵一遍，一个字有两种读音，你在点名时必须事先了解好这个美丽的女学生的名字中的那个字读什么音。至于大部分学生常读错的字，你在读到这个字时，还必须把那个字故意读重一些，让学生交头接耳，以为老师读错了字，然后你把这个字音用拼音注出来，并说这个字有人常读错，这样，既纠正了学生的读音，同时获得了学生的信任感，这以后，你放心好

---

① 郭九苓、胡士颎：《与当代诗歌同行——谢冕老师访谈》，载郭九苓、漆永祥、赵国栋主编：《北大中文名师教育谈》，广西师范大学出版社2015年版，第138页。

了，学生们再不会交头接耳了。但这不是重要的。①

初登讲台的那几年，我牢记导师张铁夫先生的嘱托："小宋，首先要站稳讲台。"我几乎将所有的时间、精力和情感都投入备课之中，以至于上厕所时嘴里念念有词，走路时嘴里念念有词。甚至我做梦都梦见自己在上课，而这样的梦至少做过几十次，并且常因为在梦中讲课卡壳而突然从梦中惊醒，惊醒后则是一身冷汗。直到成长为一位经验比较丰富，相当自信从容的老教师后，这样的梦我才没有做过了。

第二节　向民间高手学习口语表达

大学教师这个职业所要求的众多能力中，我个人认为，排在第一位的应该是语言表达能力。一位大学老师，如果语言表达能力不好，他内心所有的雄心、温柔、激情、焦切和才华都会被痉挛的两唇牢牢封锁，因此可以说，"语言艺术是教学艺术中的核心。教职工看校长，第一印象是看他会不会做报告；学生对教师的第一印象，是看他会不会讲课，说话流利与否，有趣与否，不然，随时就开小差了。"② 从整体上看，大学老师的语言表达能力是令人担忧的。而语言表达能力的欠缺必然会影响讲课的效果。因此，大学老师要提升自己的讲课水平，就需要做一项基础性工作：努力提高自己的语言表达能力。如何提高语言表达能力呢？

① 童庆炳：《我的"节日"》，载吴子林编：《教育，整个生命投入的事业——童庆炳教育思想文萃》，华东师范大学出版社2016年版，第58-59页。

② 张楚廷：《给教师的101条建议》，西南师范大学出版社2017年版，第51页。

最常见的途径之一便是向民间高手学习。

向民间高手学语言，主要就是学习他们的口语表达方式。很多老师可能从未做过这样的工作，因为认为根本没有那个必要。不过，有生活经验的人知道，高手不一定在民间，但民间一定有很多高手，特别在口语表达方面更是如此。2014 年 8 月 7 日，我在昆明街头候车，突然被路边一家杂货店播放的广告吸引：样样 9 块 9，件件 9 块 9，统统 9 块 9；9 块 9 很便宜，旅游去不了香港，度假去不了新加坡；9 块 9 很实惠，每个家庭都必备；9 块 9 不算贵，不用回家开个家庭会；9 块 9 也不敢花，你啥时候才能当企业家……这个广告还没有听完，我就一个箭步冲进这家杂货店，半个小时后，抱着一堆锤子、剪子、钳子、锅铲、手电筒……心满意足地走了出来。

2007 年暑假，单位组织我们去福建武夷山旅游。导游将我们带进当地一家卖菜刀的店铺，一个高大帅气的推销员一边拿着菜刀在木板、钢管、猪肉上有节奏地砍一通，一边用洪亮的声音念起了顺口溜：山外青山楼外楼，无名牌菜刀质量是一流；无名牌菜刀用不坏，还可以传给下一代……半个小时后，我毅然决然地掏出 200 块钱，买了一把菜刀，我夫人拉也没有拉住。回家一用，发现果然上当。

刚开始参加工作那会儿，我去湘潭市的街上瞎逛，碰到一个卖皮鞋的。他的广告词也深深地"吸引"了我：这鞋子穿在脚上，英俊潇洒又漂亮，跨过鸭绿江，穿越印度洋，去到非洲都有你的丈母娘……毫无疑问，我又掏了 300 元买了一双鞋回去。一个星期后，发现鞋子的底已经不见了。

这些看起来有些"奇葩"的经历虽然让我在物质上有些损失，

却也让我在专业上获得了不少的启发：为什么他们可以让非常假的、非常丑的、非常有害的东西深入人心，而我们大学老师却不能让非常真的、非常美的、非常好的东西走进学生的内心？为什么他们说的明明是假的，我们听着听着就当成真的；而我们大学老师说的明明是真的，学生们听着听着就不相信了？

大学教师要想提高讲课能力，应该放低身段，虚心向那些隐藏在贩夫走卒中的民间高手学习口语表达的艺术，因为这些民间高手虽然学历低，普通话未必标准，也没有什么思想深度，写不出什么论文，还可能"心怀不轨"，但却深谙心理学、传播学，精通通俗易懂、深入浅出的表达技巧。大学老师的语言哪怕有他们1/2 的水平，相信传达"真善美"的效果就会增加好几倍。

提高语言表达能力还可以通过朗诵来实现。老一辈的大学老师，普通话好的并不是很多。年轻一代的大学老师，普通话不好的不是很多。但普通话好不等于语言水平高。普通话好，只能说"音准"没有问题，但"声音"条件还包括音质、音色、音律等要素。音质和音色多少有天生的成分——有的人天生嗓音尖锐，有的人天生声音浑厚，有的人天生声音甜美。能够通过后天努力发生较大变化的，可能是音律。音律，即"抑扬顿挫"。有的老师讲话，每个字的发音都是比较准确的，但这些字连起来说却缺乏节奏感，听众多听几句就容易犯困。怎样提升讲话的音律感呢？朗诵可能是一种比较好的方式。朗诵很讲究节奏感。所以大学老师不妨选几首适合朗诵的诗歌，如食指的《相信未来》，舒婷的《致橡树》，普希金的《致凯恩》，叶文福的《祖国啊，我要燃烧》，李白的《将进酒》等，自己先朗诵几遍，再对照专业人士的朗诵，从中找出差距，再反复练习多次，语言的节奏感肯定会有不小的进步。

还可以借助演讲来训练语言能力。平时自己有空的时候，不妨模仿"超级演说家""开讲了"等电视节目，在家里做一些简短的演讲。尤其是参加演讲比赛，更能有效提升自己的语言能力。问题是，参加演讲比赛，哪怕获得冠军，奖金也极少，对评职称也没有任何用处，还很折磨人，有谁愿意参加呢？湘潭大学在2014年举行了一次青年教职工演讲比赛，按照工会的要求，每个学院或部门需要派一个老师参赛，却几乎没有人主动愿意报名。最后是单位领导晓之以理、动之以情，再扣上"要以大局为重"的帽子后，才有一些刚毕业不久的老师心不甘情不愿地参赛。让人欣慰的是，在这次演讲比赛中获得前几名的选手，很快就在湘潭大学的讲坛脱颖而出，成为实力派兼偶像派的名嘴。这说明五分钟的演讲，也足以展示一个教师的语言才华，并且反过来提升他们讲课的信心和能力。的确，从金钱和职称的角度看，参加演讲活动没有什么用，但从提高讲课能力的角度看，参加演讲活动却大有裨益。

第三节 自觉向同行学习讲课技艺

自觉向同行学习讲课技艺，其实包括两点，一是"学习讲课技艺"；二是"自觉地"。首先说第一点"学习讲课技艺"。由于众所周知的原因，大学里研讨讲课的氛围几乎没有，至少远没有中小学那么浓厚，加上传统的教研室名存实亡，以至于日常的教研活动几乎停滞。所以，陈平原先生坦言：

> 以前有严格的上岗培训，还有老教师带新教师的制度。现在

注重科研，把教学看得很轻，明知这是大问题，可被轻轻地放过了。中小学有教学观摩，也讲教学法，可你要是在大学这么做，会被嘲笑的。但如果就此认定，大学课堂上就是"八仙过海各显神通"，爱怎么讲就怎么讲，似乎也不对。①

那些成立了教师教学发展中心并且展开实质性运作的学校，情况可能会好一些，他们至少会定期开展一些教学研讨活动，邀请一些教学名师跟大家分享教学经验和心得。没有成立教师教学发展中心，或者虽然挂了教师教学发展中心的牌子但没有开展实质性运作的学校，相关的教研活动就难觅踪迹了。

再说第二点"自觉地"。由于教学水平的高低与个人"钱途""前途"联系得不够紧密，甚至是毫无联系，所以，大学老师们也很难"自觉地"钻研讲课技艺了。偶尔有教务管理部门下文要求老师们定期听课，且每学期不少于多少课时，老师们也是"上有政策，下有对策"，能逃避就逃避，能糊弄就糊弄，能造假就造假。连被动去学习同行的教学技艺都做不到，那"自觉地"学习同行的教学技艺只能是一个美好的期望了。自觉地学习同行的教学技艺，很难做到，但对提升讲课技能来说，又的确是一个必不可少的过程。因此，我想围绕这个话题，讲两点个人的体会。

一是为什么要学习。道理很简单，帮助自己节省时间，少走弯路。讲课水平的提升，有些是灵感的不断闪现，有些是经验的不断积累。经验是可以在短期内传承的，没有必要自己再重复探索总结一遍。问题是我们愿不愿意重视同行的经验？同行，既有

① 陈平原：《上什么课，课怎么上？》，《中国大学教学》，2011年第2期。

前辈又有同辈，还包括"晚辈"。前辈有丰富的讲课经验，同辈中有不少讲课高手，"晚辈"中有不少讲课方面的天才，多听听他们的课，多向他们请教，会帮助我们多接触、了解、吸收不同的讲课风格，在博采众长后，逐渐形成自己的特色，诚如孔庆东先生所言：

> 每个人都是一个独特的生命个体，他必然知道或者掌握了另一个个体不知不会的某些事物或本事，所以，从每一个人身上多少学点东西，是保证自己能够永远"好为人师"的无穷源泉。如果说当老师的应该具备什么道德的话，我认为就应该具备"人人是我师"这个道德。[①]

二是如何学习。这并不复杂：自觉地听课。这方面，当年西南联大的名师们做得就比较好。汤用彤讲课，冯友兰每堂不缺地去旁听；冯至讲歌德，哲学系的沈有鼎也去听。

> 坐在冯先生对面的是一位奇特人物。他个子瘦小，看样子四十岁上下，也穿着蓝布大褂，但是打了补丁。进课室后，拿下头上破了边的大草帽，顺手放在墙角，坐下来就专心听讲，一动不动，更不看旁人一眼。[②]

---

① 孔庆东：《我现在怎样做老师》，载《摸不着门——孔庆东谈教育》，华东师范大学出版社 2009 年版，第 5 页。

② 闻山：《蓝天白云黄金树——忆冯至先生》，《传记文学》，2004 年第 11 期。

　　沈有鼎还于 1942 年 6 月到 11 月间旁听了陈康的"柏拉图的年龄论"、冯文潜的"美与丑"和朱自清的"宋诗的思想"等课程。并且，根据朱德熙的回忆，沈有鼎还去听唐兰（立庵）先生的古文字课。陈寅恪讲课时，吴宓、朱自清、浦江清、北京大学的德国教授钢和泰等都去听，尤其是吴宓，风雨无阻，每堂必到。郑昕开"康德哲学"课，数学系教授程毓淮也来听。正如张世英在回忆中所说：

　　　　旁听在西南联大蔚然成风，不仅学生旁听老师的课，而且老师之间互相旁听之事，也经常有之。我亲身经历的是，闻一多与沈有鼎，两人同开"易经"课，经常互相旁听。[1]

　　西南联大的这些名教授在各自的研究领域都是相当自信乃至自负的，估计在平时，谁也不服谁的学问。现在却能放下身段，坐在对方的课堂里当学生，虚心听讲，恐怕主要还是为了学习讲课技艺，以便让自己的讲课更精彩。在如今的少数大学，虽然教师相互听课已经明确为一种制度，却未能成为一种自觉的行为，因为大部分老师会以"家里事多""科研任务重""完全没有必要"等"充分"的理由避而远之。而在西南联大，教师相互听课虽未形成明确的制度，却已经成为一种自觉的行为和文化。所以，不管学校有没有下文要求我们去听课，我们自己都可以"抽空"，有针对性地听课。一所学校总有那么几位口碑很好的讲课能手，一个一个去听；周边高校总有那么几位颇有知名度的讲课高人，一个

---

[1]　张世英、杨澜洁：《我的西南联大——张世英的片段记忆》，《学术月刊》，2013 年第 2 期。

一个去听；远方高校总有那么几位学生公认的名嘴，最好能一个一个去听，如果条件不允许，尽量从网上找一些视频来看。仅仅带着耳朵去听够不够？还不够，还要带着心去，边听边反思；还要带着笔（或电脑）去，边听边总结。我认为，总结这一环一定不可缺，缺了，好多课就白听了。

工作以来，我自觉而不是被迫地听了易中天、王立群、钱文忠、郑强、迈克尔·桑德尔等名嘴的课，以及身边、周边同行中讲课达人的课。听完课后，我还写了《迈克尔·桑德尔的三板斧》《易中天的脱鞋》《王协舟：讲台上的林志炫》《孙丰国：讲台上的拿破仑》《王立新：讲台上的马三立》《侯晟：女版易中天》等听课笔记，这些听课笔记后来均收入《大学的痛与梦——宋德发教育随笔》一书中（湖南人民出版社 2014 年版）。另外本书中的不少案例，也源于日常的听课总结。

听完同行的课，写完听课笔记后，值得借鉴的讲课理念可以融入自己的讲课之中，值得学习的讲课方法可以为我所用，值得模仿的讲课技能也可以立刻模仿。模仿的价值固然比不上独创，但模仿是走向独创的一个重要途径。有时候，独创比模仿难，有时候，模仿却比独创难。比如说，我每一次唱歌都是独创，但想模仿刘德华、张学友唱歌却模仿不了；我每一次讲课都是独创，但想模仿易中天的讲课却模仿不了。虽然模仿不了，但在模仿的过程中，还是会有很多收获。

第四节　参加青年教师教学比赛

2003 年、2006 年和 2009 年，我先后三次参加湘潭大学青年教师课堂教学比赛，分别获得文科组的第三名、第二名和第一名。这就好比古代的侠士定期参加"武林大会"一样，能够通过与同行的切磋来发现自己的优势和不足，进而确定下一步努力的方向。在参加课堂教学比赛的过程中，我结识了很多志同道合的同行，也逐渐在民间建立起一个重视教学、研究教学、热议教学的"小圈子"，这其实是通过个体的努力在小范围内营造一种教学氛围，可以起到相互鼓励、相互督促、相互帮助的作用。这好比热爱体育的朋友，在大环境不重视体育的情况下，不抱怨、不放弃、不抛弃，自己联系志同道合的朋友，自己组建球队，自己组织训练和联系比赛，从而自己为自己创造一种体育氛围。

现在我不再参加任何教学比赛，而是改做教练和评委，但无论是做教练，还是做评委，都有很多机会听不同水平、不同个性的课，也反过来促进了自己讲课水平的提高。所以，我也建议各位青年老师，如果你们在讲课方面有所追求的话，那么不管你们所在的学校重不重视讲课，在上讲台的头几年，你们都不妨多参加一些教学比武，这个过程虽然很折磨人，但收获肯定比一个人冥思苦想要多一些。

在做教学比赛评委的过程中，我发现有些年轻老师不畏艰辛和折磨，一次次地参加，那种对讲课的热爱和执着让人很是感动。湘潭大学艺术学院年轻老师左迎颖，第一次参加湘潭大学青年教师课堂教学比赛，只获得了优胜奖；第二次参赛获得了三等奖；第三次参赛获得了二等奖。2017年她第四次参赛，终于获得了一等奖，而且还是文科组的第一名。她四次参赛，我四次都担任评委，所以对她讲课方面的持续性进步有着非常直观的感受。她其实是通过不断的参赛来修正讲课理念，完善讲课方法，提升讲课能力。

这也说明，参加青年教师教学比赛的确很能锻炼人。

在做教学比赛评委的过程中，我也发现有些天赋很好的选手，由于个人和所在单位不够重视，缺乏足够充分的训练，导致比赛结果不太理想。比如一位平时语言能力很强，非常有幽默感的老师，在比赛过程中，明显不太会选择题目和编排教案，连平时语言的流畅、从容也不见了，更可惜的是，最能够显示他个人风格的幽默感也未能展示出来。在比赛结束后，我向他及时反馈了我的感受和建议，他也能虚心接受，第二年再战，成绩果然有很大的提升。

第五节　磨　课

我大学读的是师范专业，在讲课方面受过比较严格的训练。记得第一次模拟讲课，我选择的是王之涣的《凉州词》。为了讲台上的 8 分钟，我用了一个月时间写讲稿。当时找资料不像现在这么便捷，而我找资料的能力也不如现在这样强。我是按照自己的理解，在图书馆一本一本地翻杂志和书籍，找了一些相关的文章和著作，然后一遍遍地修改讲稿。讲稿写完后，又找了一间无人的教室，独自试讲了 15 遍以上。正式讲课时，在不被任何人看好的情况下，我居然给人留下了"天生是当老师的"的印象。要知道，我平时是一个"不善言辞"，甚至几乎没有言辞的人。这说明性格内向的人可能口才并不差，也说明充分的准备可以激发人的潜能。有一些年轻老师向我反映他总是记不住讲稿，我的解释是，原因大概有两个，一是讲稿写得太书面语了，像是论文，或者就是论文，一个人记忆力再好，也不能把自己的论文记住吧？二是在课前重复得不够，一般只重复 10 遍的，勉强记住，但讲课不流畅，只重复 5 遍的，就不能脱稿讲课了。

　　刚当老师那几年，对于一堂新课，我可以反复修改讲稿 8 遍，再找一间无人的教室，像大学时代第一次准备模拟讲课那样，独自试讲至少 15 遍。有时候还用录音笔将讲课录下来，回去一遍一遍地听；或用录像设备录影，回去一遍一遍地看，找出语言、语调、表情或肢体动作上的漏洞。我将这种准备称为"自我磨课"。"自我磨课"是一件非常孤独、寂寞和无趣的事情，但更能看出一个大学老师对讲课的态度。

　　2013 年，我"奉命"申报中国大学视频公开课《故事中的人生——西方古典文学选讲》①。那时我已经站了 12 年大学讲台，记忆力已经相当不错，讲课的经验也算丰富，但考虑到该课程要面向校外乃至"全球"的听众，关乎个人和学校的荣誉，所以我又拿出大学时期第一次上讲台的虔诚，一遍又一遍修改讲稿，还借了文学与新闻学院的会议室，一遍又一遍试讲，还对着镜子练习表情和手势。这门课录制完毕后虽然还是留下了诸多的遗憾，但对我个人讲课水平的推动无疑是巨大的。

　　磨课还有一种情况，就是请别人来帮自己磨炼一番。别人可以是自己尊敬的前辈，也可以是水平很高的同辈和晚辈，甚至是学生。我参加过三次学校的青年教师课堂教学比赛，也就接受过六次文学与新闻学院组织的磨课。具体的过程是这样的：在每次参加教学比赛前，学院先邀请一些专家听我讲一遍，每位专家把批评性意见说出来，我带着意见回去改讲稿。改完了再试讲一次，

---

① 参见宋德发：《西方文学欣赏课教学心得——申报"中国大学视频公开课"背后的故事》，《郑州师范教育》，2014 年第 6 期。

专家们再听一次，再提批评性意见。我后来用这种方法指导更年轻的老师参加青年教师课堂教学比赛，发现他们都能将自己的最高水平发挥出来，拿到第一、第二的名次。相反，那些颇有讲课天赋但没有磨课的选手，比赛成绩都不是很理想。

　　如果一个大学老师从未有过"磨课"的经历，那么他是无法挖掘自己讲课方面的潜能的。我自己的一个深刻体会是：在职业生涯的初期，不要太相信自己的讲课天赋，将自己当成一个很笨的人，放正心态，对自己狠一些，多搞一些魔鬼训练，久而久之，讲课的感觉和状态就会被激发出来。等自己成为名师、名嘴了，可能不管怎样讲，都成了别人眼里的风格了。

第十五章

讲稿也许可以这样写

——以高俅的不同介绍为例

一位在成都某高校任教的师弟向我"请教"一个问题：他新学期要上一门新课，为此，他在暑假里将国内相关的教材几乎都买了回来，再利用这些教材非常认真地备课，但开学后上课效果并不是很好，原因何在？该如何是好？

这位师弟的困惑也曾是我的困惑。初登讲台的时候，我有激情、有语言表达能力，但比较缺讲课方法和讲课内容。我后来有意识地总结和探索讲课方法，所以才会编写《如何走上大学讲台——青年教师提高讲课能力的途径与方法研究》以及这本《站稳讲台：大学讲授学》。但在本书中，我还想一些讲课内容方面的问题，比如我们上课究竟是上课还是上教材？

第一节　个性化讲稿的写作

新老师上课，上的又是新课，备课时间肯定很吃紧，一般都是假期打个基础，正式开课后，再一边上课一边备课，讲课内容比较单薄和空洞是避免不了的。我是硕士毕业后留校任教的，上的第一门课就是外国文学史。我硕士论文写的是"普希金的叙事伦理"，所以读研究生期间主要都是看普希金和伦理学方面的书，其他方面的积累就比较少。接下外国文学史的教学任务后，我实际上来不及看更多教材之外的文献，备课时对教材的依赖自然要多一些。但外国文学史的各种教材也只是提供了基本的线索，且多半大同小异[1]，因此以它们为蓝本备课，讲课的空洞无趣可想而知。

后来，我有了更多的时间和精力去读教材之外的书，讲课内容才逐渐"丰满"起来，讲课也越来越自信，课堂效果也越来越好。如今，我作为"老教师"，在新学期的第一堂课一般都会建议学生："下次上课，请同学们不要带教材来了，教材挺沉，拿着费劲，再说没啥用，我讲的内容比教材上的丰富、精彩多了。"

就我的经历和经验而言，水平高一点的老师，有点追求的老师，经验丰富一些的老师都是授课而不是授教材，即是说，老师应该将"授课"的概念牢记心中，并且渐渐淡忘"教材"的概念。大学老师，尤其大学文科老师更应该如此。既然老师是在授"课"而不是在授"教材"，学生是在听"课"而不是在听"教材"，那么，老师上课时何须带教材？学生听课时何须带教材？

在我们看来，"课"是活的，"教材"是死的。一门课就像草原一样广阔，像大海一样浩瀚，像天空一样高远。但是一门课的教材，不管是授课人自己编写的，还是其他人编写的，所能呈现的只是一块草地、一片海水或几朵云彩。"课"永远是开放性的，充满生命力的，但"教材"却是封闭的。如果老师只是讲教材，那么课堂变得死气沉沉也在所难免。

所以，教师与教材的关系，可以用"不即不离、若即若离"来形容。大致的意思是，讲课的知识点主要依据教材来选择，否则

---

[1]　参见宋德发：《"第二十二条军规"与外国文学史撰写——从毛信德〈美国小说发展史〉的一个章节谈起》，《中国图书评论》，2007 年第 3 期。

就违背教学大纲了，但如何讲解知识点，则要脱离教材的束缚，尤其是文科的课程，差不多要全部脱离教材，比如外国文学史将莎士比亚列为专章，那教师至少要留下 2 节课时间讲莎士比亚，否则就过于自由随性了。至于如何讲莎士比亚，那教师可以自由发挥，即要抛开教材自己另写教案了。总之，无论多高水平的教材，最多作为教师备课的参考书，仅供备课时翻一翻，绝不可以作为上课内容的主要来源。

老师在上课时完全脱离教材的束缚，有一个前提，就是有能力写出超越教材的个性化教案。这个教案如果出版了，就是个性化教材；如果没有出版，那就是个性化的抽屉讲稿。而这就进入了如何备课的环节了。一般而言，理想的备课程序应该是这样的：论著—讲稿—讲授。这个程序包含了两次转换：第一次是论著向"讲稿"的转换；第二次是"讲稿"向讲授的转换。个别天赋异禀的老师可能直接从论著走向讲授，不需要"讲稿"这个环节，讲完后，再根据录音整理出讲稿。但大部分老师还是需要先写出"讲稿"，再以"讲稿"为主要依据进行讲授，如果缺乏"讲稿"这个"中转"环节，是很难呈现高水平讲授的。

"讲稿"究竟如何写？这一直是一个缺乏认真研究的课题。"讲稿"，顾名思义，是讲给人"听"的稿子，它遵循的是口头语传播的规律。写给人"看"的论著可以为"讲稿"提供必要的观点、思想、论证和思路，但并不能直接作为"讲稿"。如果哪位老师将自己发表在《文学评论》《中国社会科学》上的文章直接拿到本科课堂上讲授，缺乏转化成"讲稿"的过程，效果并不会很好。那么，"讲通稿"怎样写才更像是讲稿呢？

个性化是写讲稿的一个重要追求。在我的视野中，徐葆耕先生的《西方文学十五讲》（北京大学出版社 2012 年版）就是公开出版的个性化讲稿。因为公开出版了，所以也自然成了部分学生选用的教材。《西方文学十五讲》的前身是《西方文学：心灵的历史》（清华大学出版社 1990 年版）。在思想还比较保守的年代，《西方文学：心灵的历史》由于太有个性而受到相当多的质疑：这也能做教材吗？教材可以这样写吗？这符合教材写作的通例吗？但也有一些有学识和胆识的学者提出：

> 教材应该允许各种不同风格的存在，允许有教师的个性表现，允许有"各式各样"的教材。教材是必须体现确定的教学要求和规范的，这是它同学术专著之间的区别。但是，因此而把教材写得千篇一律、枯燥无味，已成为现今教材建设的通病和痼疾。这种通病和痼疾的病源在于，以为文科教学仅传授某种固定不变的知识和观点，而不是以启发学生的创造精神、提高的素质为依归。①

《西方文学：心灵的历史》《西方文学十五讲》由于个性十足，受到广大学生和老师的热捧。西方文学的个性化讲稿中，还有一部不得不提，那就是《神在人间的时光——希腊神话欣赏》。这部书是陈喜辉老师在哈尔滨工业大学讲了 20 多年的公选课"希腊神话欣赏"的讲稿，此讲稿最大的特点就是能够处处引发学生的"爆笑"，所以该讲稿第一次出版时，就命名为"神在人间的时光——爆笑课堂之希腊神话欣赏"（时代出版社 2002 年版）。不妨读其中

---

① 徐葆耕：《西方文学十五讲·前言》，北京大学出版社 2012 年版，第 3 页。

一小段感受一下：

> 阿芙洛狄忒主管爱情和婚姻，大有近水楼台之利，又兼美貌超群，可以无往而嫁。嫁阿波罗，一对光明的璧人；嫁波塞冬，不愁游艇与海鲜；即使跟了嬉皮士赫尔墨斯，也可以经常偷吃烤肉或户外运动。可他的丈夫偏偏是火神，奥林匹斯最丑陋的男士和劳动者。难道真的是"好男没好娶，好女没好遇"，爱神以身作则，先给自己安排一个糟糕的婚姻以告慰后人，让人们谅解她千百万次的工作失误？①

陈喜辉老师的讲稿是在理解古希腊神话故事的基础上，发挥天马行空的想象力重新创作的结果。陈喜辉老师和徐葆耕先生一样，之所以能够写出如此奇特的讲稿，一是因为几乎不参与主流体制的评价，很少写"八股文"，所以思维不受束缚；二是文学创作能力较强，所以文字比较有灵气。实际上，那些特别有个性的讲稿，往往都不是体制内学者写出来的。

第二节　学术著作中的高俅

高俅是《水浒传》中一位重要的人物，自然也是教师讲授《水浒传》时无法回避的一个人物。那么，作为古代文学教师，应该怎样介绍这个人呢？袁行霈先生主编的《中国文学史》是这样写的："小说中第一个正式登场的人物是高俅，他因善于踢球而得到

---

① 陈喜辉：《神在人间的时光——希腊神话欣赏》，中信出版社 2014 年版，第 88 页。

皇帝的宠信，从一个市井无赖遽升为殿帅府太尉，于是就依势逞强，无恶不作。整部小说以此人为开端，确有'乱自上作'的意味。"[1]重庆工商大学熊笃教授主编的《中国古代文学史新编》对高俅的介绍更是简约，以至于很难给读者留下任何印象："在小说中，高太尉作为统治集团的代表人物贯穿作品始终，在朝中与蔡京、童贯等佞臣相互勾结，把持朝政，无恶不作。"[2]

如果教师将上述教材中的话原封不动地复述一遍，肯定不会出错，从应试的角度看（参加期末考试或者研究生考试），教学效果还比较好。假如有一道名词解释题"高俅"或简答题"高俅是怎样的人？"学生照着老师讲的回答就能得到满分5分，但从讲授的角度看，这种偷懒的做法只会导致最低水平的讲授和最彻底的照本宣科。很显然，惜墨如金和"安全第一"的文学史在介绍高俅这个人时，是不会浪费过多笔墨，赋予太多新意的。老师照着教材去讲高俅，自然也就抽象、空洞、无趣和乏味了。

负责任的老师自然不满足于教材上那点东西，他们会想方设法去拓展和延伸教材：一种途径是广泛地综合他人的论著；另一种途径是自己撰写具有创新性的论著，这样，他们就可以讲出很多教材上没有的东西。

有一位认真备课的古代文学老师，参阅了诸多相关论著，包括江苏省如皋市丁堰中学副校长张祖涛老师写的《历史上的高俅是奸臣吗？》，然后在课堂上揭示了历史上"真实"的高俅形象：

---

[1] 黄霖、袁世硕、孙静主编：《中国文学史》第四卷，高等教育出版社1999年版，第49页。

[2] 熊笃主编：《中国古代文学史新编》下，重庆大学出版社1996年版，第745页。

　　高俅（？—1126年），历史上确有其人。但真正的高俅，与
《水浒传》中的描述相差甚远……高俅的历史结局是于1126年病
死于开封。盖棺论定，时人对他的评价是大节无亏，总体上尚算
是一个好人。①

　　这位教师通过阅读研究高俅的课外资料，发现历史上的高俅
是一个未与蔡京、童贯勾结，也没有镇压过宋江起义的不好也不
坏的人。将历史形象与文学形象进行对比，自然可以引发学生的
兴趣，拓展学生的视野，引发学生对"文学与历史"关系的思考。
　　杭州师范大学的马成生老师喜欢围绕上课内容展开研究。为
了更好地讲解高俅的形象，他专门写过一篇论文叫《无赖的官僚
官僚的无赖——〈水浒〉高俅形象赏析》，他上课时就会这样介绍
高俅的形象：

　　高俅，这个无赖式的官僚兼官僚式的无赖形象，是刻画得相
当深刻的。或满足私欲，或出于嫉妒，从极端的利己主义出发，
他是什么伤天害理、绝灭人性的勾当都干得出来的。在封建社会
里，这样的衣冠禽兽、人中蟊贼、害人误国的祸患，不仅为一般
稍有正义感者所痛恨，也为一切忠君爱国者所切齿。高俅形象在
《水浒》中出现之后，人们在痛恨切齿之余，往往也还会去认真思
考一番：究竟应该如何去对付高俅们。②

①　张祖涛：《历史上的高俅是奸臣吗？》，《文史博览》，2011年第5期。
②　马成生：《无赖的官僚 官僚的无赖——〈水浒〉高俅形象赏析》，《丽
　　水师专学报》，1984年第1期。

教什么就研究什么，马成生老师通过研究高俅，将他的"坏"提炼和表述为"无赖式的官僚和官僚式的无赖"，这在20世纪80年代的课堂，应该能给学生耳目一新的感觉。

北京市第八十八中语文老师李同锦因为写过《正说水浒》，所以，在课堂上他可能是这样介绍高俅的：

高俅是宋朝东京人，在家里排行老二，因为是破落户子弟，已经一文不名，所以没人把他当回事。破落户子弟钱没了、势没了，只剩下曾经学过的一些本事还在，一些富家子弟的习气还在。

高俅有以下几个本事：一是通音律，会吹弹歌舞；二是爱练武，好刺枪使棒；三是学过些技艺，喜欢相扑顽耍；四是通点文墨，"亦胡乱学诗书词赋"；五是爱玩耍，踢得一脚好球。穷文富武，从高俅的爱好里可推测，高家在高俅小时候家境尚可，使他在小的时候学过很多方面的知识。高俅尽管有些技艺、本事，但为人很差，名声不好，"仁义礼智，信行忠良"上有亏，就是在街头的地痞、混混，正经人家不会和他有什么往来……

端王看上了高俅，为把其收入门下，端王还专门请小王都太尉吃了顿饭，从此高俅成了端王的亲随。高俅如果有祖坟，这时候一定冒青烟了。人的命运真是很离奇，只要很短的时间，一个流浪汉的命运就可能出现翻天覆地的变化。在现代社会，媒体的包装、炒作更是厉害，也引得少男少女们更加疯狂地想入非非。

就是这个端王，居然成了皇帝，就是宋徽宗。这样纨绔的人成为国家之主，是高俅的福音，也就不到一年的时间，高俅就从端王的亲随，变成了国家的重臣太尉；但这样的国家之主是政权的灾难，是百姓的灾难，也是他自己的灾难。国家破败往往是由类似的昏庸国君造成的，宋朝如此，明朝更为典型。[①]

这样的介绍，内容更丰富，情节更饱满，有讲授者自己的评价，还有讲授者联系现实发表的感想，语言也比较时尚，偏口语化，适合记忆和口头传播，其整体的表述也体现了相当的想象力，所以从讲授的角度看，这算是比较理想的讲稿了，但是否可以更进一步呢？不妨再介绍三种更有想象力的对高俅的介绍。

第三节　三部趣说类著作中的高俅

本书的主旨是介绍和推广各种讲课技巧，在此过程中，又特别强调讲课的趣味性。对学术论著而言，趣味性不是不可或缺的要求，但讲课离开趣味性，尤其是文科课程的讲课缺乏趣味性，的确会让人有些小失望。大学老师由于长期接受学术训练，长于逻辑思维，短于形象思维；长于严肃认真，短于风趣幽默，因此在讲课的过程中，过于重视材料、论证、观点，却忽视了天马行空的想象。受此局限，大学老师一般很难写出有趣的讲稿。有趣的讲稿究竟是怎样的？

第一看中央电视台体育频道编导，历史玩家曲昌春先生的《水浒原来很有趣》对高俅的介绍：

水浒的故事还是从一个叫作高俅的有志青年说起吧。

---

① 李同铮、李伯涵：《正说水浒》，中国商业出版社2014年版，第197—200页。

　　高俅同学是东京开封府人，那时候开封是首都，高俅同学同其他首都的同学一样也有着强烈的优越感，要是一般人成天在胡同串一串，吹一吹，侃一侃，然后再吃碗炸酱面估计就觉得人生很美好了，而高俅不一样，他是一个有追求的人，尽管追求什么，他自己也不知道。生活有时候就是这样，你都不知道自己要追求什么，就那么往前走吧，也许你追求的就在前面。

　　要说高俅也不是什么都不会，体育项目他挺在行，枪棒都挺熟练，关键的是他还会踢球，尽管这个年头一提起足球就是"假赌黑"，而在宋朝的时候，足球其实还是个很高尚的运动，高俅也跟着别人学了不少足球技巧，事实证明，这是他日后发迹的资本，看来真是技多不压身啊。

　　对于自己的未来，高俅也想过很多，想当官没有门路，想当兵又不甘心，那时候的宋朝只能对外防御，还经常打不过辽和西夏，当兵就等于替国家去挨揍，这种倒霉事，高俅是不会去干的。

　　同很多人一样，高俅准备跟着老大奔个前程，由于他比宋江、柴进年龄都大，他出来混的时候，那二位要么没出生，要么还穿着开裆裤，因此高俅投奔这两位义薄云天老大的希望从一开始就破灭了。后来高俅跟了一个小老大，这个小老大是一个王员外的儿子，家里最不缺的就是钱，最愁的是钱该怎么花。

　　钱怎么花，这个高俅在行，开封的各大夜总会他都熟，他在心里对自己说，"我喜欢这味道"。跟着小老大混在各大夜总会，听着小姐们叫着他"小高哥"，什么人生理想啊，什么美好追求都见鬼去吧。

　　要说天将降大任于斯人也，必先苦其心志，高俅就属于那种天将降大任那种，只不过当时他还不知道。王员外听说儿子经常拿着他的财产在夜总会流连忘返心里就很不爽，但中国的家长总有那么一种护犊子的心理，他们总觉得自己的孩子是好的，坏就是因为身边的坏人给带坏了，很不幸，高俅同学就是王员外眼中的那个坏人。

既然是坏人那就得受惩罚，高俅同学被拉到了开封府痛打了二十大板，当大板与他的身体亲密接触的时候，他总是在想，"为什么受伤的总是我"。

如果说仅仅是二十大板也没有什么，要命的是后面还有一系列经济制裁，开封府宣布将高俅驱逐出开封，不准他在开封觅食，也就是说高俅在开封的户籍以及粮油关系都被取消了，而且连暂住证都不给办，更要命的是要在开封遇到他，见一次打一次，打死为止，什么世道！

两眼一摸黑的高俅只能慢慢地走出开封。回望开封，两行热泪流了下来。

别了，开封；

别了，我那无法安放的青春；

别了，我熟悉的胡同；

别了，我那相恋的小红，小莲，小翠，小秋香……

我会回来的！①

应该说，这种小说的笔法和讲故事的方式是比较无厘头的。传统一点的老师可能会受不了，不仅受不了，可能会站出来斥之

---

① 曲昌春：《水浒原来很有趣》，时代出版社2008年版，第2-3页。

为"恶搞""媚俗""肤浅"，但我觉得这毕竟代表着一种鲜明的、独特的，并且费了很多心思的风格。最可贵的是，这种介绍"不走寻常路"，无形中也会引导学生"不走寻常路"。实际上，中文系学生写不出好文章一个重要的原因就是缺乏想象力，而这同只会写论文而不会创作，严重缺乏想象力的老师们的日常讲课不无关系。

第二来看知名专栏作家、文化评论家和网络红人十年砍柴（本名李勇）在《闲看水浒——字缝里的梁山规则与江湖世界》中对高俅的介绍：

> 高俅是看水浒的人很不屑的一个浪荡子、帮闲出身的高官。他踢得一脚好"蹴鞠"，用现在话来说，是国家著名的球星。那时候没有甲A联赛，足球运动员也不像现在这样日进斗金。蹴鞠就是纯粹的玩，上升不到国家荣誉、民族尊严这个高度——真正强盛的国家不靠这些玩意儿赢得别人的尊重。

> 《水浒》中，玩家在综合素质方面能和高俅比拼的，恐怕只有浪子燕青。这高俅，"吹弹歌舞，刺枪使棒，相扑玩耍，亦胡乱学诗词赋；若论仁义礼智，信行忠良，却是不会。"会唱歌会写点诗赋，就已经具备做一个高级官员的全面素养了，要仁义礼智干什么？这仁义的毛病对做领导人来说百害无一益。因此，从《水浒》的开篇，就能看出高俅的发达，绝不是偶然的，他有做大官的潜质。

> 你看，这高俅被父亲赶出了东京，只能去淮西州帮柳世权的赌场看场子，因为皇帝大赦天下，才得以回到东京。他这身份，就好比现今犯了罪被注销城市户口，发配到西北劳改的犯人一

样，刑满释放求爷爷告奶奶才能再回大城市落户，还得时刻去居委会汇报一下近期表现。可高俅没有丧失开始新生活的信心，没有自暴自弃，而是很快回归了社会。从董生药家到小苏学士家，再到驸马王晋卿家，善于踢球的高俅自己却像皮球一样，被人踢来踢去，而他在敷衍与推托中不恼不忧，最终，"高俅遭际在王都尉府中，出入如同家人一样"。只有这样能抗击生活的打压，能尝尽奚落、侮辱，能在逆境中寻找快乐的人，才能抓住机会，一飞冲天。

因为送笔架碰见正在踢球的端王，机会像皮球滚到了高俅的脚下，高俅踢出了决定他一生荣华富贵的一脚，这脚球比罗纳尔多2002年世界杯决赛上踢进德国队球网的球还要意义重大——"偶然一出脚，便为人上人。"前两年《水浒》电视连续剧中的《主题歌》唱道："该出手时就出手"，高俅才是真正的"该出脚时就出脚"。从此，他做了端王的亲随，端王当了皇帝提拔他做殿帅府太尉，这太正常了。官职就是皇帝私人的财富，想送给谁还不是他一句话？这种赠予的民事行为有什么值得质疑的？好在宋徽宗还讲点规矩，没让他做文官，因为那时候的文官大多要经过科举。高俅好歹还能刺枪使棒，美国的国防部长没有摸过枪不照样带兵么？一居高位，便有恩报恩有怨报怨，没什么奇怪的，难道让高俅同志以德报怨？他又不是个君子，他若是君子就当不了大官了。高俅跟对了人，是他的运气，就像赌场上押对了宝。饱读诗书的人难道就不想抱一棵大树么？你看李白在《与韩荆州书》中写道："生不用万户侯，但愿一识韩荆州。"这马屁拍得还不肉麻么？后来李白又想抱永王璘这个大粗腿，最后被流放。可惜李白作诗可以，押宝差点功夫。

皇帝也是人，他也要有自己的爱好，就像明代有皇帝喜欢自己封自己做将军，满足一下带兵打仗的喜好；有皇帝喜欢做木匠，在手艺活中获得满足。这宋徽宗就觉得国防、外交那些琐事太烦人，这些活是皇帝不得已而为之的职务行为，而作为一个正常人，人家老赵就喜欢踢踢球，写写字，吟吟诗，捧一捧戏子。因此，对宋徽宗来说，高俅和李师师远比宿太尉那些人重要。①

相比较《水浒原来很有趣》，这部讲稿纯粹讲故事的成分少一些，夹叙夹议的成分多一些。这本书的风格就是我一直喜欢的：很幽默，很现代，很生活，很口语化，同时又有很多思想，有的思想还比较新颖和深刻。我曾在很多文章中说，每位老师都应该抛却官样教材，撰写一本充满个性的抽屉版教案。《闲看水浒》显然正是这样一本公开出版了的抽屉版教案。

第三看著名美学家和讲课艺术家，南京大学教授潘知常在《说〈水浒〉人物》中对高俅的介绍。

说起高俅，他是《水浒传》里最先出场的主要人物，东京开封府人，那个时候，开封就是首都。作为首都市民，高俅和所有生活在首都的青年一样，充满了优越感。但可能是生活过于优裕的原因，青年高俅的上进心好像不是很强……

混迹市井的日子久了，正经本事一件也没学着，倒是吹拉弹唱和耍枪弄棒的娱乐手段学得门门都会一点儿……

当然，除了业余爱好广泛，高俅也不是完全没有一样拿得出

① 十年砍柴：《闲看水浒——字缝里的梁山规则与江湖世界》，同心出版社2004年版，第102-105页。

手的本事。比如踢球就是他的一项绝技。这里，我们不妨把高俅踢的那个"气球"稍微解释一下。这种球在中国古代叫蹴鞠，按古书记载，最初就是从皇帝那儿踢起的，后来皇帝发现挺好玩儿，这就慢慢把球也踢到了民间，到了北宋的时候，这只小球已经是踢遍了全中国，全国上下都在踢。但是，那个时候的球，咱们还不能把它简单地想象成是今天的足球，从古书流传的图谱记载来看，蹴鞠比赛有点儿像今天的花式足球，它特别注重表演性，这一点和今天小女孩脚上还在踢的毽子有点像，比较花哨。所以，你看书里夸高俅的球技高超，没有说他一脚破门如何如何，而是说他能把球踢得"一似鳔胶粘在身上"（第2回），这就可见，当时的"气球"主要还是看花样玩得如何。而高俅，就是在这方面有高人一"脚"、高人一"球"的特长……

毫无疑问，高俅把踢球的道理带入了自己的人生，他的人生也是踢球，一开始被人家合理冲撞，但是，他能够心平气和地接受。他始终保持着一颗平常心，不抛弃，也不放弃。带着这样的心态，无论是在球场上、职场上还是生活中，无论他如何的奔波劳碌，他总是坚信：机会总有一天会降临，也就是说：球迟早会传到自己的脚下，尽管这一天到底是哪一天，他压根就不知道。

结果，这一天真的就来了。说起来，高俅来到了王都尉家，也算是"专业对口"了，这个王都尉本来就是个好玩儿的人……王都尉除了好玩儿，还有一门很重要的亲戚，就是他的大舅哥，当时的端王赵佶。这个时候咱们可以看到高俅带球跑的机会来了。赵佶那个时候还没有当皇帝，只是一个王爷，有一天，王都尉过生日在家里办 party，也请了赵佶。赵佶这一去可救了高俅的命了。酒吃到一半，他因为内急，就出来去找卫生间，卫生间上完以后就在亲戚家闲转转。赵佶喜欢棋琴书画，到了书房，他自然也没闲住，左摸摸右看看，结果看中了王都尉的一件文具，"一对儿羊脂玉碾成的镇纸狮子，极是做得好，细巧玲珑"（第2回）。这放在平常人眼里也没什么，可是，宋徽宗偏偏是一个对文房四宝有狂热爱好的"发烧友"，他一看到这对石狮子，就走不动路了，这就用上咱们中国人常说的那四个字"爱不释手"。因为是亲戚嘛，所以，我猜当时赵佶也没客气，直接就跟王都尉要下了，结果这一要不打紧，却给高俅要来了一个"临门一脚"的好机会。

实事求是地说，如果赵佶只是个喜欢文具的主儿，那他也不会看上高俅，苏东坡不就没看上高俅嘛。关键是赵佶还是一个超级球迷。说来也巧，第二天高俅去给赵佶送镇纸狮子，正碰上赵佶在球场上踢球，高俅哪儿敢随便打搅呀，他就站在一边看，这一看，就看来一个机会。那个球一飞，不偏不斜正好飞到了高俅脚下。这个时候，我们就看得出高俅这个人的聪明、敏捷之处了，换做别人，大概也就是规规矩矩站着不敢动，或者老老实实把球捡起来，捧去给端王吧，但是高俅灵机一动，耍了一个在《水浒传》里非常著名的动作，叫做"鸳鸯拐"，就把球又给踢过去了。咱们可以想象，那大概是一个很潇洒的动作吧。这一踢，可把赵佶给看呆了，这一踢，也把高俅的命运给踢得改变了方向。总之，这么一个"鸳鸯拐"，也让高俅的一生就此一"拐"，彻底飞黄腾达到了青云之巅。第二天赵佶就去找王都尉，商量着让高俅跟着自己干。这高俅原本也就是个业余玩票的足球票友，却不料一球被宋徽宗钦点进了大宋国家队。后来的杨志这等高干子弟，还哼哧哼哧地打拼，准备"到边庭上一刀一枪，博得个封妻荫子"，而高俅只一脚便定了乾坤。市井混混高俅，从此成了皇亲国戚赵佶的皇家陪练。

还不止如此，高俅这一脚应该说踢得很有后性，它的辐射力量很远。因为没过多长时间，宋哲宗死了，他膝下无子，太后要推出一个新人来当皇帝，结果，选中了赵佶。高俅是赵佶身边的红人，赵佶飞黄腾达了，他肯定也飞黄腾达，咱们说"一人得道，鸡犬升天"，高俅就属于赵佶的"鸡"和"犬"，所以，最后他平步青云，成了当时的国家主要领导。①

讲授不外乎有三个目的：一是传递知识；二是引发兴趣；三是塑造精神。如果讲授只有传递知识这个目的，那么讲授将变得相对简单，哪怕是最低级的照本宣科也可以实现这个目的。但是，讲授还有引发兴趣和塑造精神的目的，尤其对文科课程来说，这两个目的还是更重要的目的。所以，教师的讲稿还不能写得过于僵化。过于僵化的讲稿很容易导致讲授的枯燥和无趣。其实，讲授还有一个重要目的，就是培养学生的想象力。

想象是诸思维中的一种，它处在一个什么位置呢？记忆力再往上走，是逻辑力，是理解力，进而是想象力。还有较之想象力更高层的思维力吗？更细致一点，可将人的认识分为八层：感性认识在最底层，往上便有悟性、灵性、知性、理性、哲性、诗性、神性。神性最不易被理解，现在，我们权且将其理解为知

---

① 潘知常：《说〈水浒〉人物》，上海文化出版社2008年版，第350-355页。

觉、想象、灵感、顿悟这一类特别不易说明白的思维。^①

想象力属于最高层次的"神性"的重要组成。人做任何事情都需要想象力，做任何事要达到最高层次都需要想象力。可惜，我们在想象力的熏陶方面做得是不够的，现在学生写文章和做演讲都高度的模式化和同质化，这同我们考试方式的机械化有关，也同我们的讲授缺乏想象力有关。当教师只照着教材讲，照着论著讲，缺乏"胡思乱想"，那长期听课的学生也很难重视和提升自己的想象力。

① 张楚廷:《教育研究中需要想象力吗》,《当代教育论坛》,2019 年第 4 期。

●●●● 第十六章

"讲"与"不讲"的融合
——教学设计

对于讲课而言，方法不是万能的，没有方法是万万不能的。讲课的方法很重要，用教育学术语说，就是教学设计很重要。教学设计，一方面是"讲"的设计，一方面是"不讲"的设计。

第一节　"讲"的设计

应该说，相同的内容用不同的方法来讲，效果肯定是有差异的，有时候差异还会比较明显。本书的主体部分正是总结、介绍和探索各种常见的讲课方法。在本书的"收官阶段"，还需要介绍一种比较行之有效的讲课方法，就是"悬念"。

有悬念的体育比赛比没有悬念的体育比赛无疑更引人入胜。所以中国球迷最不喜欢看两种比赛，一是中国足球，谁都打不赢；二是中国乒乓球，谁都打不赢。我是湘潭大学文学与新闻学院教师篮球队队长，曾经率领球队和湘潭大学学生女篮打过一场比赛。比赛开始前，会有一个很大的悬念：篮球性别大战，谁能笑到最后？我们是男人，对抗能力强，但我们是业余的；对手是女孩子，比较柔弱，但她们是特招生。如果球迷带着这样的悬念去看比赛，看了半节就会无比失望地离开，因为悬念早早就揭晓了。最后的比分是 30∶96，我们教师队输得毫无悬念。

同样的道理，学生当然期待和喜欢听有悬念的课。有心的老师和用心的老师，就会在教案的编排上下足功夫，以便让自己的讲课尽量多一些悬念（或者叫"抖包袱"）。湖南人文科技学院副校长周发明教授，也是一位教市场营销学的老师。在第一堂课，他提出了两个悬念：第一，如何将冰箱卖给爱斯基摩人？第二，如何将梳子卖给庙里的和尚？想知道答案吗？想知道的话，那就请认真听我这门市场营销学吧！

2019年5月21日下午，湘潭大学文学与新闻学院举行一年一度的青年教师课堂教学竞赛。入职不久的陈梦兮博士荣获第一名。陈梦兮老师的学术底蕴是比较深厚的，加上在岗前培训阶段听过不少讲课技巧方面的课程，故能够根据授课内容和授课对象恰当地运用讲课技巧。她最终获胜的关键之一是善于设计悬念。她15分钟的讲课只分析了四句诗歌："关关雎鸠，在河之洲。窈窕淑女，君子好逑。"讲课一开始，她便提了四个疑问：

问题1："雎鸠"是什么鸟？
问题2：是"洲"还是"州"？
问题3："窈窕"是什么样子？
问题4：是"君子hǎo逑"还是"君子hào逑"？

人人都有一颗好奇心，所以四个疑问一抛出来，包括评委在内的听众想不听都不行了。陈梦兮老师通过细致、生动的讲述，刚好用15分钟解答了这四个疑问，也借此将这四句诗的诗意揭示得清楚明白，听众们"悬着"的心也放了下来。

有一位教计算机的老师，平时喜欢读点人文方面的书，加上他对讲课方法有执着的追求，因此在讲计算机的历史时，也用了悬念的方法。

老师：谁用的是苹果牌手机？

学生：我。

老师：请问苹果手机的 Logo 是什么？

学生：一颗苹果！

老师：是吗？再仔细看看。

学生：是缺了一口的苹果。

老师：为什么是缺了一口的苹果？

学生：这个……

　　老师用自己渊博的学识解答了这个疑问：苹果手机是谁发明的？对，是乔布斯。乔布斯是你们年轻人的偶像。但你们知不知道，乔布斯在青少年时代也有自己的偶像？那就是图灵（1912-1954）。图灵外号"计算机之父"，如今计算机界的最高奖正是"图灵奖"。图灵还有一个身份你们知道吗？告诉大家，是同性恋。可在那个时代，同性恋是不合法的。1952 年，图灵因同性恋被英国当局逮捕。当局给他两条路选择：要么坐牢，要么治疗。问题是，同性恋只是上帝犯的一个有些凄美的错误，既不是罪，又不是病，如何治疗？吃药可以吃得好吗？打吊针可以治得好吗？当然不可以。在治疗的过程中，图灵生不如死，决定自杀。然后他拿了一个苹果，朝里面注射了一种毒药，咬了一口，没有咬第二口，因为已经死了。后来，乔布斯在发明苹果手机的时候，为了表达对偶像的崇拜和缅怀，就用被咬了一口的苹果作为标识。

易中天《品三国》在悬念的设计方面可谓匠心独具。《品三国》是电视讲座，也可以视为一门课程，一门面向世界各地听众的文化通识课程，其设计理念和讲课方法同样适用于大学课程。《品三国》里的悬念无处不在，这自然是易中天教授匠心独具的体现。首先，整门课程就有一个悬念：

> 这是一个英雄辈出的时代，这是一段扑朔迷离的历史，这是一些引人入胜的故事，这是一个津津乐道的话题。正史记录，野史传说，戏剧编排，小说演义。不同时期有不同的评点，不同作品有不同的描述。是非真假众说纷纭，成败得失疑窦丛生。三国，究竟应该是怎样的面目呢？①

"三国究竟是怎样的面目呢？"这个悬念统领48集的讲座。48集的讲座结束后，刚好回答了这个疑问。而每一集讲座（即每一次课）的开篇，又设计了一个悬念来统领整集讲座。比如第一集"真假曹操"是这样开篇的：

> 范文澜先生的《中国通史》将汉献帝初平元年（公元190年）到晋武帝太康元年（公元280年）这一段，称之为东汉三国史上的"分裂时期"。讲"三国"，其实就是讲这段历史；而首当其冲的人物，则是魏的实际开创者曹操。曹操是一个千百年来褒贬不一、终难盖棺定论的人物。对他的说法评论之多，意见分歧之大，世所罕见，其民间形象则更是不堪。那么，作为一个人，历

_____

① 易中天：《品三国》（上），《易中天文集》第十二卷，上海译文出版社2011年版，第3页。

史上真实的曹操究竟是怎样的呢？①

讲座的第一集就是通过丰富的案例和理性的分析，回答了"历史上真实的曹操究竟是怎样的呢？"这个疑问：

他可能是历史上性格最复杂、形象最多样的人。他聪明透顶，又愚不可及；奸诈奸猾，又坦率真诚；豁达大度，又疑神疑鬼；宽宏大量，又心胸狭窄。可以说是大家风范，小人嘴脸；英雄气概，儿女情怀；阎王脾气，菩萨心肠。看来，曹操好像有好几张脸，但又都长在他身上，一点都不矛盾，这真是一个奇迹。②

以这段话作为该讲的结束语，可谓环环相扣，高潮迭起。但易中天的心思缜密之程度超乎我们想象，他又留下一个悬念让听众对第二集充满热烈的期待：

曹操是英雄，而且是大英雄。不过，这个大英雄又是很奸诈的，因此也可以叫做"奸雄"，即"奸诈的英雄"。事实上，历史上对曹操的评价（英雄、奸雄、奸贼），总离不开"奸"和"雄"两个字。有强调奸的，有强调雄的，也有认为他既奸又雄的。所以我认为曹操是"奸雄"，不过前面要加上"可爱的"三个字。

那么，曹操是"可爱的奸雄"吗？

---

① 易中天：《品三国》（上），《易中天文集》第十二卷，上海译文出版社 2011 年版，第 17 页。

② 易中天：《品三国》（上），《易中天文集》第十二卷，上海译文出版社 2011 年版，第 26 页。

请看下集: 奸雄之谜。①

易中天这种精心设计讲稿的意识和能力, 无疑值得我们学习。可以说, 他的这些严丝合缝的设计, 将讲授的技术推向了极致, 将讲授中的启发性因素发挥到极致。有的老师缺乏讲稿设计意识, 有的老师缺乏讲稿设计能力, 所以实际讲授的时候, 显得比较随意、随性, 极大地降低了整门课程和每一次讲授的整体冲击力。

从讲授的角度看, 有悬念, 是一种常见的教案编排技术。有悬念, 也是让传统讲授从"满堂灌"走向充满"启发式"的常规方法。我曾在课堂上用"有悬念"的方式分析陶渊明的《责子》诗, 极大地调动了学生思考的积极性。

> 白发被两鬓, 肌肤不复实。
> 虽有五男儿, 总不好纸笔。
> 阿舒已二八, 懒惰故无匹。
> 阿宣行志学, 而不爱文术。
> 雍端年十三, 不识六与七。
> 通子垂九龄, 但觅梨与栗。
> 天运苟如此, 且进杯中物。

讲解这首诗的教案有两种写法: 一种是先介绍作者, 写作背景, 然后作字、词、句的逐一分析, 最后分析全诗的思想内涵。另一种是"不走寻常路", 通过设计"悬念"和解答"悬念"来"解

---

① 易中天:《品三国》(上),《易中天文集》第十二卷, 上海译文出版社 2011 年版, 第 26 页。

剖"全诗。我采用的是第二种方式，为此，特意设计了五个悬念：

第一个悬念："阿舒已二八"，汉学家亚瑟·韦理为何翻译成
A-Shu is Eighteen？

第二个悬念："阿宣行志学，而不爱文术"，汉学家亚瑟·韦
理为何翻译成A-hsuan does his best./But really loathes the
Fine Arts？

第三个悬念：陶渊明在诗歌开篇说自己有五个儿子，但在后
面却只提到了阿舒、阿宣、雍端和通子四个儿子，请问第五个儿
子去哪里了？

第四个悬念：陶渊明的儿子真的像某些学者所言的那样，因
为他酗酒和近亲结婚而无比的愚蠢吗？

第五个悬念：《责子》真的是在责子吗？

五个悬念一亮出来，学生的眼睛睁大了，耳朵也竖起来了，
他们很期待老师解答这五个悬念。面对学生期待的眼神，我的讲
解就更加顺畅了。

第一个悬念的解答。亚瑟·韦理并不知道"二八"是16岁之
意，而是真的当成了28岁。但他又很严谨地考证了陶渊明写这
首诗的年龄：42岁。他就想，一个42岁的男子，他的大儿子居
然已经28岁了，这怎么可能？于是他以为"二八"一定系"一八"
之误，是在书写或印刷过程中多了一笔，于是他自作主张，改为
"十八"（Eighteen）。

第二个悬念的解答。亚瑟·韦理将"阿宣行志学"翻译成"阿
宣非常努力"，是因为他不知道"行志学"是一个出自《论语》的

典故:"吾十有五而志于学,三十而立,四十而不惑,五十而知天命,六十而耳顺,七十而从心所欲,不逾矩。""行志学"是指15岁而不是指"非常努力"。

第三个悬念的解答。陶渊明的确有五个儿子,即陶舒俨(阿舒)16岁;陶宣俟(阿宣)15岁,陶雍份(雍)和陶端佚(端),都是13岁,可能是双胞胎,也可能是陶渊明不同妻子所生;陶通佟(通子),将近9岁。

第四个悬念的解答。有些研究者根据诗中所描述的情景,推测陶渊明的五个儿子都是弱智,悲剧的根源在于诗人酗酒或者近亲结婚。如果用这种考证的方法去读充满想象力的诗歌,那么"白发三千丈""飞流直下三千尺"就成了大笑话了。很显然,陶渊明的五个儿子并非像诗歌中所写的那样蠢得让人无话可说。

第五个悬念的解答。《责子》名为"责子",实为"自嘲"。东晋义熙元年,也就是公元405年,41岁的陶渊明放弃了彭泽县县长的职位,回乡务农。以我们对中国古代文人的了解,他是主动辞官的还是被动辞官的?恐怕被动辞官的可能性更大。他的才华自然可以撑起他的理想,但他的个性又注定和官场格格不入。他自身的命运遭际已经很清楚明白地说明一个道理:那样一个时代,有才华、有抱负换来的不过是一场梦、一场空。再看看自己的五个儿子,按照自己当初的期待,肯定都是让人失望的,因为他们都不是有学问、有思想和有才情的人,但他们才能的平庸和雄心的缺乏,在一个读书无用、思想无用的时代,未必就是一件坏事,甚至还是一件好事。

我在分析世界三大戏剧表演体系,即俄国的斯坦尼斯拉夫斯基体系、德国的布莱希特体系和中国的梅兰芳体系之间的关系时,并不是一下子就讲出答案，而是先讲了一个故事，而这个故事就是一个悬念。

莎士比亚的经典悲剧《奥赛罗》在演出过程中，扮演坏人伊阿古的演员演得实在是太好了，一下子激发了观众的愤慨：他们见过坏的，没有见过这么坏的。观众中刚好有一位退伍军人，这位退伍军人刚好随身带着一把手枪，他的枪法刚好又很准。他朝着扮演伊阿古的演员开了一枪，扮演伊阿古的演员应声倒地，死了！（还有一种说法是打死了扮演奥赛罗的演员，因为这位观众无法忍受一个黑人杀死他的白人妻子。①）枪声响后，这位观众如梦初醒：原来是假的，而我居然把假的当成真的了，我打死的不是伊阿古，而是扮演伊阿古的演员！他羞愧难当，举枪自杀。其他的观众既感到惋惜，又非常感动，就将这两个原本不认识的男人合葬在一起。

很多年后，俄国戏剧大师斯坦尼斯拉夫斯基路过这座坟墓，听完背后的故事后，唏嘘不已，就在坟墓的左边立上一块碑，上面写着："最好的演员，最好的观众。"我想，大部分人都非常认同斯坦尼斯拉夫斯基这个评价，因为我们也认为，演员表演的最高境界是演什么就变成什么；观众看戏的最高境界是看什么都当真。若干年后，德国戏剧大师布莱希特也路过此处，听完背后的故事后，他在坟墓的右边立下一块碑，上面写着："最坏的演员，

① 参见孙绍振：《审美阅读十五讲》，北京大学出版社2013年，第10-11页。另司汤达在《拉辛与莎士比亚》中这样写道：在去年（一八二二年八月），有一个士兵在巴尔梯摩剧院场内执勤，他看见奥赛罗在同名的悲剧第五幕亲手掐死戴斯德蒙娜，不禁大声惊呼："从来没有听说一个该死的黑人当着我的面杀害一个白种女人。"他立即开了一枪，打伤饰演奥赛罗的演员的手臂。（《拉辛与莎士比亚》，王道乾译，上海译文出版社1979年版，第10页。）

最坏的观众"。我要问的问题就是："为什么面对一个相同的戏剧演出故事，同样是欧洲的，几乎是同一时代的两位戏剧大师却做出完全不同的评价？"

答案在于：两位戏剧大师的戏剧表演观不同。斯坦尼斯拉夫斯基信奉的还是欧洲比较传统的戏剧表演观念，认为演员和角色融为一体是表演的最高境界。在周星驰的自传电影《喜剧之王》中，主人公尹天仇随身携带，随时随地翻阅的一本书就是斯坦尼斯拉夫斯基著的《演员的自我修养》。而布莱希特则认为表演的最高境界是演员与角色始终保持距离，要能驾驭角色，跳出角色，而不能变成角色。如果说斯坦尼斯拉夫斯基是现实主义的，强调戏剧再现生活，那么布莱希特是表现主义的，强调戏剧思考生活。

可是，两位戏剧大师都是欧洲的啊，差不多还是同一时代的啊，斯坦尼斯拉夫斯基生于1863年，卒于1938年；布莱希特生于1898年，卒于1956年，年龄上虽然有差距，但放在历史的长河中，他们算是同代人，可为什么他们的戏剧表演观念却截然相反呢？这里不得不提一段往事了：1935年，梅兰芳访问苏联，在莫斯科奉献了一场精彩绝伦的京剧表演，台下的德国人布莱希特看得如痴如醉，并于次年写了一篇重要的戏剧论文《论中国戏曲和间离效果》，然后逐渐在自己的戏剧表演中，开始借鉴和融合中国戏剧的表演理念：以演员为中心而不是以角色为中心；表演的最高境界是深刻的体验而不是机械的模仿。简单地说，布莱希特的戏剧观之所以发生质变，变得和斯坦尼斯拉夫斯基完全不一样，很重要的一个原因是他受到了梅兰芳的影响。

上述种种案例都可以说明教案编排的重要性。讲课需要讲专业领域的知识，但不等于将这些知识生硬地"告诉"学生，如果是这样的话，那就是专家们最看不起的"满堂灌"了。要知道世界三大戏剧表演体系和计算机之父是图灵这类的知识，在信息化时代，学生是非常容易查到的，故老师知道这些知识并不能体现自身的水平。但是，通过悬念来传递这些知识以及这些知识背后的故事，则能体现教师知识面的宽广，以及对知识传递独具匠心的设计，而这些恰恰是学生暂时所不具备的能力。

第二节　"不讲"的设计

什么是"讲"？如何"讲"？"讲"的意义是什么？这些都是"讲授学"的重要内容。其实"讲授学"还有一个容易被忽略，但其实也很重要的内容，即"不讲"。真正好的讲授，应该既包含了"讲"，也包含了"不讲"，是"讲"与"不讲"的融合。

当然，这里的"不讲"并非真的"不讲"，而是建立在"讲"基础之上的"不讲"，是为了更好地"讲"的"不讲"，是为了通过发挥"不讲"的优势来弥补"讲"的不足。如何做到"讲"与"不讲"的融合？这就需要讲授者独辟蹊径的教学设计。不妨结合笔者自身以及他人的讲授经验，举四个例子，前面三个例子来自我的课堂，后面一个例子来自我的博士生导师曾艳兵先生的课堂。

第一个案例：1+2+3+X："比较文学"的教学设计

2001年，我还在读研究生二年级，经过不算严格的选拔，担任了湘潭大学中文专业的比较文学课老师。听课学生是大三学生。我比他们年长一到两岁。个别同学则比我年长一到两岁。2002年留校任教后，我继续主讲比较文学课。没想到，这门课不知不觉间已经上了 20 年。直到 2020 年，我才能够将自己的教学方式，有意识地做出看似专业的总结：1+2+3+X。多年的教育学研习，看来还是能够发挥作用。

所谓"1"，是指留下一堂课时间，让学生讲

一般是随机抽取三位学生，每位大致讲 8 分钟左右。他们讲完，我再针对性地点评一番。这样做的目的既是检验学生学习比较文学的效果，亦是培养学生学术演讲的能力和意识。这个环节，也算是对"翻转课堂""以学生为中心"等"先进"教学理念的积极回应。在这个"用心良苦"的环节，的确有不少学生发现了自己"演讲"方面的天赋。我问他们：你们这么适合当老师，将来愿意做我的同行，将我拍死在沙滩上吗？他们露出神秘的微笑。

所谓"2"，是指我讲授两节课

比较文学课是基础课和原理课，又是大班授课（140 余名学生），因此我需要"以我为主"，遵循讲授的基本规律，深入浅出、雅俗共赏、激情四射、幽默风趣地讲授。我希望借此帮助学生用尽可能少的时间掌握尽可能多的专业内容，从而节省学习的时间。一门课，我自己讲 2/3 的内容，说明我对"翻转课堂""以学生为中心"等"先进"教学理念还保持谨慎的态度。当然，这样做也可以更充分发挥我自己喜欢讲的特点。

所谓"3"，是指学生撰写三篇学术随笔

我布置的题目是：结合比较文学的听课和阅读经历，用随笔的方式写一篇 3000 字左右的文章（学术随笔）。我之所以没有布置学生写论文，主要是基于六点考虑：一是其他老师一般都会布置写论文；二是学生将来会写学年论文和毕业论文；三是学术论文短时间内是写不出来的，试想一下，我们老师一年也就能写一两篇论文，还要让不会写论文的学生一个学期写三篇学术论文，他们除了抄袭还能怎么办？四是大部分学生将来都不会从事学术研究，但他们将来都要写文章，所以不如让他们练习半散文、半论文的随笔体文章，这样可以锻炼他们的文字表达能力；五是随笔体文章相对包容、自由，更容易激发他们的想象力；六是随笔体文章不容易抄袭，也不需要抄袭，我也不需要为他们交来"好像在哪里见过"的文章而痛心疾首了。

第一次作业，学生因为思维定式，写"八股文"的较多，东抄抄西抄抄的自然也不少。我拿出一节课点评作业，并且亮出自己喜欢原创的"口味"。第二次作业，"八股文"较少，自己写的居多。我再次点评作业，并且重点表扬了几篇专门"鼓吹"我的文章。在我的成功"诱导"下，第三次作业，几乎没有人写"八股文"了，并且用教育学术语或者比较文学术语系统地"鼓吹"我的文章成倍增加。真正让我开心的不是他们"鼓吹"我，而是因为他们终于学会了原创、学会了写出特别有想象力的文字，即他们的文字水平终于能够体现湘潭大学中文系学生的水平了。想象力真是个好东西，文字的想象力也是如此。原来他们是有想象力的，但是写八股文时还真看不出来。

所谓"X"，是指推荐学生阅读 X 篇学术论文

这里的"X"没有确切的数字，但应该超过了100。学术男神王向远先生的文章，我鼎力推荐的最多。当然还包括曹顺庆先生、曾艳兵先生、何云波先生的代表性论文，我也不遗余力地介绍一番。我还推荐了潘知常先生、刘再复先生、孙绍振先生、李建军先生、李美皆女士、徐岱先生等真正富有学术才华的学者们的代表性论文。最后我告诉他们，期末考试的题目就从这些论文中产生。毫无疑问,他们对这些论文的研读将是无比的细致。我猜想,在这个过程中,他们不仅可以揣摩和领悟好论文的写法,而且消除了对学术论文的反感:原来学术论文也可以写得这般潇洒灵动啊!

通过"1+2+3+X"的教学模式,我的"比较文学"教学基本实现了教师讲授和学生自学的统一、学生课堂听讲和课外阅读的统一、学生知识的丰富和能力的提升的统一。当然,我还期待,在遗忘了"比较文学"教给的知识和能力之后,他们还能够在血液深处流淌着比较文学的精神,浑身上下散发出比较文学的气质,这样别人一眼就能看出:这位先生 / 女士,你大学时学过"比较文学"吧!

第二个案例: 语言可以穿越人的灵魂: "大学语文 · 演讲" 教学设计

湘潭大学是一所综合性大学,所以,我们喊出的口号是:我们不是在湘潭大学读某个专业,我们是在某个专业读湘潭大学。为了践行这一理念,湘潭大学材料科学与工程学院的"师昌绪班",在一年级时特意开设了"大学语文"课,旨在为他们综合素质的培养添砖加瓦。该课程最先开设两个学期,上学期为"大学语文 · 写作",下学期为"大学语文 · 演讲"。后来缩减课时,只保留了"大学语文 · 演讲"。

我认为这个保留是对的。不是每一个人都需要亲自写作(比如有人会请秘书写或者花钱请人写),但每个人一定需要亲自演讲(这个无法找替身的)。再说,人们多少已经意识到写作的重要性,却依然没有意识到演讲的重要性。直到 2018 年高考语文卷出了一个"演讲稿"的作文题，才有人意识到，在我们的教育体系中，"演讲"（口头交际）原来从来没有被重视过，才有人意识到，原来在现实生活中，上至达官贵人，下至贩夫走卒，不会演讲的原因之一就在于我们从来没有重视过。

从这个角度看，我在大学里讲授"大学语文·演讲"课，是非常有意义的。但这门课只有16个课时，8次课，能够做什么呢？培养学生的演讲能力肯定是不现实的，我从来不敢高估一门课的价值，更不会对一门只有短短16个课时的课有什么不切实际的期待。于是我将课程的教学目标非常务实地定位为：培养学生的演讲意识。为此，我这样设计了课程。

1. 示范（4课时）

4课时，两次课，我讲了一个题目"大学的意义"，这既算一次大学导学课，亦可作为教师自身演讲水平、演讲方法和演讲风格的集中展示。这个展示很重要。这是让学生对自己演讲水平"顶礼膜拜"必不可缺少的环节。如果学生崇拜教师的专业水平，那教师的教学设计无疑会顺利付诸实践。如果学生对教师的专业水平产生了严重的怀疑，那再完美的教学设计也可能落空。教学生演讲，如果自己不会演讲，那就像教学生跳舞自己不会跳舞，教学生打球自己不会打球，教学生写作自己不会写作一样糟糕。在示范环节，我再自然巧妙地"炫耀"一下自己在全国各地演讲的照片数百张，然后啥也不用说，学生自然会领悟到：演讲和写作一样，都是让伟大的思想不再沉默的重要方式，都是增加个人魅力的重要途径。

思想从来都是表达出来的思想，即动人的思想离不开动人的表达。而表达既有书面表达，也有口头表达。演讲界有两句名言：人才不一定有口才，有口才的一定是人才；拳头可以打碎人的骨头，语言可以穿越人的灵魂。我无法要求非中文专业学生做很专业的演讲，我只是希望他们明白，演讲既可以给他们的事业锦上添花，也可以让他们的生活变得更加精彩。

2. 方法（8课时）

我业余时间研究学术演讲有十多年，也面对各个行业人员做过400余场比较大型的学术演讲，积累了不少演讲经验，总结了不少演讲方法。于是，我利用8课时的时间，结合具体的案例，将这些演讲经验和方法倾囊相授（其中很多属于演讲的基本原则）：

1. 自己写演讲稿。任何人讲别人写的东西都是没有感觉的。

2. 除非特别隆重的场合，演讲通常需要脱稿。照着稿子念，总是让人失望的。就像上课照本宣科，效果总是要差很多。

3. 讲故事比讲道理好。没有人愿意被直白地教育，也没有人拒绝在听故事的过程中被委婉地提醒。

4. 讲自己的故事比讲别人的故事好。马云的故事、奥巴马的故事、华盛顿的故事、乔布斯的故事，虽然精彩动人，但都属于道听途说，真实性无从考证，再说离普通人的生活太遥远，听起来很难获得共鸣。

5. 演讲有抒情的、有哲理的、有幽默的。事实证明，哲理的比抒情的好，幽默的比哲理的好，但抒情、哲理和幽默三位一体的无疑最好。

6. 演讲越短越好，至少不要超时。"能说"和"会说"不是一回事，对于沉默寡言的，要鼓励他们"能说"；对于话特别多的"话痨"，要鼓励他们"会说"。

7. 普通话标准（声音条件好）为演讲打下扎实的基础，但演讲不是朗诵，普通话不标准不会从根本上影响演讲的效果。实际上，如今公认的演讲家普通话都不太标准。

8. 演讲需要一定的技巧，但不需要专门去训练什么技巧，更不需要报社会上的演讲培训班，从那里只会学到很多莫名其妙的激情。

9. 在具备基本的语言素质，掌握基本的演讲方法之后，演讲的水平取决于写作的水平，因此，好的演讲者还需要是好的写作者。

10. 演讲真正打动人的是演讲者本人的生活。如果演讲者本人生活得很糟糕，那他实际上连演讲的机会都没有。因此，要想做出好的演讲，首先需要在专业领域有所成就，其次需要生活幸福。

上述 10 条，如果能够理解和贯彻，再稍微提升一下语言的清晰度、语言的节奏感、语言的生动性，好的演讲自然就产生了。

3. 体验（4 课时）

全班 30 位学生，利用 4 课时的时间，亲自上讲台，在完全脱稿状态下，做一次 5 分钟左右的演讲，题材不限，题目自拟，风格随意。我每听完一位，立刻做出精短的"专业"点评，先说"亮点"，再说不足，整体上以鼓励和表扬为主。由于课时有限，这样的亲身体验只有一次，有些遗憾，但相信每位演讲者，在亲自演讲之后，多少能够体验和品味到演讲的酸甜苦辣。至于演讲在他们以后的工作和生活中能够扮演怎样的角色，那我就无从得知了。

第三个案例：一句话写作："基础写作"教学设计 ①

2014 年，我开始成为一名写作老师。我需要正视的一个现实是：学生中酷爱写作的极少，对写作有一点喜爱和追求的也不多。更多的学生对写作谈不上喜欢也谈不上讨厌，其实这算是很好的状况了。不少给理工科学生上写作课的老师则发现，大部分学生认为他们根本没有开这门课的必要，这如同中文系学生认为上高等数学课是在浪费时间和感情一样。

我很"幸运"，主要给文科的法学专业和商学专业的学生教写作。他们对写作课没有理工科学生那么抵触，甚至也能理解学校开这门课的良苦用心，但是，要说他们对写作充满激情，那是一厢情愿的事情了。面对这种情况，我如果将写作课的目标定得过高，说要通过 48 节课的教学，让他们个个能妙笔生辉，那肯定是不切实际的。但写作课如果一点追求都没有，那么真的是要浪费学生和教师一个学期宝贵的时间了。

我决定采取一个折中的办法：通过一个学期的学习，让每个学生至少能独立写出一篇 2000 字左右的演讲稿，并且能够很流畅地将这篇演讲稿演讲出来。学生之所以对写作课没有多少期待，主要原因是他们认为写作是中文系学生饭碗里的事情，自己所学的专业和将来所从事的工作用不上写作。但有一点他们是一致认可的：他们将来或许用不上写作，但一定用得上演讲。

很显然，他们对演讲是有相当热情的，其热情甚至超乎我的想象。当我通过教学设计，让他们上讲台模拟院长、校长、杰出校友、求职者等角色发表演讲时，人本性中天然的表演欲让那些

---

① 参见宋德发：《写作可以这样教》，《写作》，2014 年第 5 期。

平时很内秀、羞怯的学生也会摩拳擦掌、跃跃欲试。

那么，问题来了：在没有秘书帮忙、枪手提刀的情况下，如何针对一个具体的情境，独立自主地写出一篇可以打动听众的演讲稿？带着这样的思考，学生们自然对写作，至少对演讲稿的写作技巧充满了期待。

其实提高写作能力是没有任何技巧的。演讲稿虽然很短，但要写得很出彩，也同样需要深厚的阅历和长期的阅读作为支撑。但学生对"长期"两字显然比较抵触，他们特别希望通过一个学期短短的 48 节课，就能掌握写出一篇好演讲稿的诀窍。这时，我只能结合自己写作的经历，硬着头皮谈提高写作能力的"方法"了，那就是"一句话写作"。这种"方法"的理论基础是：再长的文章也是一句话一句话粘合起来的（就像一部再长的电影也是一个镜头、一个镜头拍摄和剪辑出来的）。一篇好文章，多数情况下，就是"好"在它里面有好句子。一篇文章中有一句话写得精辟，这篇文章就有亮点，有十句话写得漂亮，这篇文章就会在第一时间被转载和传阅。

所以，要写出好文章，首先得有好句子。如何将这些好句子组合起来，是一门高层次的学问，可能需要一点写作的天赋，但积累更多的好句子，则是所有人都可以做的工作。即是说，要想写出长文章，好文章，不妨先从收集更多的"一句话"开始。

我学习写作的过程告诉我，有时之所以写不出好文章，一是由于思想的匮乏（没有阅历和阅读，何来思想），导致无话可说；二是由于语言的匮乏，导致有话可说却说不出来，即找不到合适的话来表达。一个学期的写作课，虽然无法让学生的阅历和阅读获得质的提升，却可以让他们的词汇量获得"暴增"。

以一个班为例。班上有 40 名学生，每人每周提交 10 句话（这个很容易做到），全班可以提交 400 句话。一个学期有 16 周，全班就可以提交 6400 句话。我一般同时教 3 个班，一个学期就可以收集 19200 句话。将这 19200 句话归类整理，做出小册子，每个学生发一本，相信他们以后写一篇 2000 字的演讲稿就足够用了。

其实这 19200 句话不仅对丰富学生的词汇量大有帮助，而且对提升教师的语言表达能力也大有裨益——这也算是一种教学相长吧。因此可以肯定说，当我们脑子中存储了足够多、足够好的句子，就算写不成惊天地、泣鬼神的大文章，至少也可以写出一些让人怦然心动的小文章。

第四个案例：曾艳兵先生的"柏拉图教学法"

曾艳兵先生从《柏拉图对话录》中领悟和提炼出"柏拉图教学法"，并运用于自己的课堂。他讲挪威著名戏剧家易卜生时，根据授课内容，课前先布置了一个思考题："易卜生的主要创作成就是什么？"学生在认真预习后，不难概括出：就在于创造了"社会问题剧"，即他通过戏剧表现社会生活，讨论社会问题。在此基础上，曾艳兵先生在课堂上展开了"柏拉图教学法"：

问：易卜生为什么会创作"社会问题剧"呢？

答：因为易卜生所处的时代就是一个问题百出的时代。

问：那么，社会有了问题，就必定会有"社会问题剧"产生吗？为什么古希腊的戏剧不是问题剧呢？还有莎翁的戏剧，难道那时就没有问题吗？

答：有问题，但不及 19 世纪的问题复杂、尖锐和突出。古希腊作家关系人与命运的矛盾，所以他们创作了"命运剧"。莎翁处在资本主义萌芽，人开始觉醒的文艺复兴时代，所以他着重写人与社会的矛盾，创造了性格悲剧。只有到了19世纪，资本主义走向没落，各种社会问题激化，同时，人的自我意识又得到了充分的发展，这时，文学中才有可能出现社会问题剧。

问：即便如此，就文学传统而言，地处北欧的挪威远不及西欧与南欧。但问题剧为什么没有出现在西欧，反倒产生在挪威呢？

答：这是因为挪威除了具备西欧的各种问题外，民族意识的高度觉醒又刺激了这些问题，并且，人们迫切地希望找到解决问题的有效途径。

问：不过，即便是挪威的作家也非易卜生一人，为什么单单易卜生选择创作社会问题剧呢？

答：这同易卜生的生平经历是分不开的。

……①

就这样，讲授便在"我—你"和"你—我"以及"问—答""答—问"之中展开了。这里的"我"可能是教师，也可能是学生；"你"可能是学生，也可能是教师。问的可能是教师，也可能是学生；答的可能是学生，也可能是教师。"我"和"你"的不确定，"问者"和"答者"的不确定，让讲授过程变成了思想自由碰撞和激烈交锋的过程。在此过程中，有关易卜生创作的成就、特征、价值、意义等问题全都被一一揭示了出来，这堂课便顺利结束，而师生因为意犹未尽而遗憾，也因为意犹未尽而满足。

---

① 曾艳兵：《"柏拉图式"的教学法》，载《吃的后现代与后现代的吃》，山东文艺出版社2007年版，第324-325页。

第十七章

教学写作

——通向教学专家之路

大学教师教学能力的提升，一是取决于外部动力，二是取决于内部动力。外部动力不外乎有二，一是体制的引导；二是氛围的熏陶。如果"重科研轻教学"的大环境得不到根本的改变，那么，我们只能寄希望于自我内在的追求。从内因决定外因的角度看，大学教师在教学方面最终所能达到的高度，还是取决于自我内在的追求，即是说，教师的教学成长主要还是自己培养自己。

自己培养自己的方式，著名中学语文教学专家李镇西先生将之总结为"四个不停"：一是不停地实践；二是不停地思考；三是不停地阅读；四是不停地写作。优秀教师可以做到前面"三个不停"，但往往由于没有时间、没有精力、不想写作或实在写不出来等原因，还缺一个"不停地写作"。在"三个不停"的基础上，再加一个"不停地写作"，正是杰出教师(或称"教学专家")的重要标志。

我经常对我的"崇拜者"说："其实我和你们差不多。论实践，许多老师不比我差；论思考，许多老师不比我弱；论阅读，许多老师也不比我少。我可能仅仅比你们多写了一些文章，多出版了一些著作。如此而已。"是的，许多老师和我的差距，也就是几本书的差距。中国历来有文字崇拜的传统，一个人发表了文章，甚至出版了著作，别人对他就特别羡慕，进而崇敬之情油然而生。我有幸成为其中一位。[1]

　　李镇西先生已经出版了 69 部教学著作。这个数字看起来有些夸张。因为哪怕最有实力的大学教授，也极少有出过 69 部著作的。但这 69 部著作，其实都是教育随笔，和大学体制内所通行的体系严密、理论深厚、注释详实的学术专著有很大的区别。考虑到李镇西先生的天赋和勤奋，以及随笔体著作随性、简约的特性，可以肯定地说，一个著名教学专家一辈子出 69 部著作是合情合理的。

第一节　教学写作的意义

　　李镇西虽然是中学语文教学专家，但从教学写作的角度说，他教学成长的这个宝贵经验非常值得大学老师学习和借鉴。整体而言，大学教师"不停地写作"算是一种常态。哪怕再没有追求、再没有天赋、再不够勤奋的老师，一辈子出几本书也算很常见的事。但我们应该看到，教育学专业之外的大学老师很少写教学方面的书，偶尔发一二篇教改论文的，就算是比较另类或突出的。从外部环境看，这是体制导向的问题；从内部追求看，这是教师意识的问题。外因加内因，导致大学教师在自己培养自己的过程中，整齐划一地往科学家和著名学者的方向走，很少有朝着教学专家方向努力的。但在"四个回归"的大背景下，相信会有更多的人萌发做教学专家的梦想。假如有大学老师想做教学专家，那么，一定比重的教学研究是必要的，一定数量和质量的教学写作是不

---

[1] 李镇西：《我是怎么成为所谓的"教育名人"的？》，载《自己培养自己》，华东师范大学出版社 2017 年版，第 14 页。

能缺少的。

我有几位硕士研究生毕业后要去中小学当老师了，临行前问我有什么祝福和建议。我说："我给你们的祝福和建议都是一样的：以后不仅课要讲得好，还要做一个教学专家。"当然，这句祝福和建议可能会增加他们的压力。后来我改为："先站稳讲台，把课讲好，把学生教好，在此基础上，如果有可能的话，不妨向李镇西他们学习，做一个教学专家。如果实在感到无能为力，那就做一个课讲得不错，学生带得还可以的幸福的老师。"

会上课的老师不一定是教学专家，教学专家一定会上课，不仅会上课，还有教学方面的著述。著述不一定要等身，但一定要有几本；著述不一定要多好，但一定是自己诚心诚意写出来的。这其实是经验之谈了。我发现大学里会上课的老师从相对数量上讲虽然不多，但从绝对数量上讲并不少，但他们多满足于会上课而已，并没有将自己的经验付诸文字，这其实会带来两个遗憾。

第一个遗憾是：给其他老师带来借鉴上的困难。我们想了解一个著名学者的学术思想很容易，因为我们可以读到他们的学术专著和论文，但想知道一个著名老师的教学思想却很难，因为他们一般不会有意识地总结和传播自己的教学思想（可能也的确没有教学思想）。我在研究讲课技艺的过程中，便遭遇过这样的困境。我想看看过去那些大学名师们是如何上课的，发现基本找不到相关的视频资料，也找不到相关的文字资料，这就像陈平原先生所言：

　　文字寿于金石，声音随风飘逝，当初五彩缤纷的"文学课堂"，早已永远消失在历史深处。后人论及某某教授，只谈"学问"大小，而不关心其"教学"好坏。这其实是偏颇的。对于学生来说，直接面对、且日后追怀不已的，并非那些枯燥无味的"章程"或"课程表"（尽管这也很重要），而是曾生气勃勃地活跃在讲台上的教授们。[①]

或许有一些旁观者根据自己的回忆，写过一些零星的散文、随笔，对当年的他们怎样讲课做过一些一半真实、一半演绎的记录或描述，但这些文字数量太少，又缺乏饱满的细节。

我想学习一下当下那些大学名师的讲课艺术，发现也是困难重重：去北京、上海听一次课吧，时间成本和经济成本都太高，找一些文字材料吧，发现他们的论著几乎不涉及教学。假如当年的和现在的那些名师们经常发表一些讲课方面的心得、体会，那就为志同道合的老师学习和借鉴提供了诸多的方便。像作家王小妮 2006—2010 年在海南大学只上了五年的写作课，便写出了两本如何上写作的书《上课记》（中国华侨出版社 2011 年版）和《上课记 2》（中国华侨出版社 2013 年版）。就算我不去海南大学现场听课，读完这两本书，也大致能知道王小妮是如何讲写作课的。而且，几百年后，后人也能知道王小妮是如何讲写作课的。

第二个遗憾是：给自身的提升带来了困难。每所大学都有会讲课的老师，他们在各自的学院或学校都比较有知名度和影响力，但离开自己的学院和学校，又几乎没有人知道了。老师会讲课的主要目的固然是让自己的学生认可，而不是获得知名度和影响力，但是，一个会讲课的老师却只有非常有限的知名度和影响力，无

---

① 陈平原：《上什么课，课怎么上？》，《中国大学教学》，2011 年第 2 期。

论对自身而言，还是对其他老师和学生来说，都是一种遗憾。有真才实学的老师为何不可以让更多的人知道、敬佩和学习？他们经常发表文章或者演讲，难道不是好事吗？！放在历史的长河中看，这不仅是他们的损失、同行的损失，更是中国教育和人类教育的损失。大家设想一下，如果苏霍姆林斯基、陶行知、叶圣陶、李镇西、张楚廷他们都述而不作，那今天的教育会是怎样的场景？孔子也述而不作，但好歹留下了一部《论语》。如果没有《论语》，孔子的教育思想也就消失了。

据我的观察，会上课的老师和教学专家之间有一个显著的差别：前者是会上课而已，后者不仅会上课，还有上课方面的研究和著述。因为有了上课方面的研究和著述，所以其知名度和影响力也更大，而这反过来帮助他们获得更多提高讲课能力的平台和机会，进而推动他们教学能力的提升。

大学最需要教学写作的不外乎有三类人：一是校领导；二是教学管理者；三是一线老师。校领导需要研究宏观的教育思想；教学管理者需要研究中观的管理理念；一线老师需要研究微观的教学方法。这三类人所从事的三类研究构成"教学学术"的核心内容。应该说，与"专业学术"相比，"教学学术"在大学里的地位是相当弱势和比较尴尬的。

对大学一线老师来说，"教学学术"其实就是结合日常的教书育人所进行的教学研究。大学老师首先自然要"站稳讲台"和"站好讲台"，在"站稳讲台"和"站好讲台"之后，如果还有多余的精力和更高的梦想，则可以考虑朝着"教学专家"的方向奋进。"教学专家"就是既能"站稳讲台"和"站好讲台"又能发表相当数量和质量教学论著的杰出教师。

第二节　我的选择和坚持

我的专业是比较文学与世界文学，所以日常主要从事"外国文学"和"比较文学"的研究。但最近十年来，我也围绕外国文学课和比较文学课的教学，花了不少"力气"去研究"如何教"。

我申请和主持了4个教学方面的课题：微观层面的是"大学教学名师研究"（高等教育学国家社科基金）和"青年教师提高讲课能力的途径与方法研究"（湖南省普通高等学校教学改革课题），这主要从一线教师的角度研究具体的教学方法；中观层面的是"张楚廷'隐性课程'思想研究"（湖南省教育科学规划重点项目），这主要从教务处副处长的角度研究大学的课程设置；宏观层面的是"大学故事与大学精神的建构与传播研究"（高等教育学国家社科基金），这主要从教育理论爱好者的角度探讨大学文化和大学精神。

在教学研究的过程中，我出版了5部教学专著，即《如何走上大学讲台——青年教师提高讲课能力的途径与方法研究》（湘潭大学出版社2013年版）、《大学的痛与梦》（湖南人民出版社2014年版）、《大学教学名师研究》（湘潭大学出版社2015年版）、《用整个的心做大学老师》（湘潭大学出版社2016年版）和这本《站稳讲台：大学讲授学》（浙江大学出版社2021年版），还在《中国大学教学》《学位与研究生教育》《现代大学教育》《湖南教育》《当代教育论坛》《山东高等教育》等教学期刊上发表了30余篇教学论文。通过这些比较自觉的教学写作，我对教学方法的掌握更全面了，对教学与教育的关系有了更深刻的认识，我自身的教学水平随之也获得了稳步的、持续的和比较明显的提升。

有老师可能会认为写东西是语文老师或文学老师的强项，自己不是语文老师或文学老师，就算想写也写不出来啊。其实，就教学随笔这种比较自由的文体而言，从小接受母语教育的非语文老师或非文学老师，只要有心和用心，也是可以写得出来，并且可以写得很好的。比如中小学的教学专家中，教学著述丰富的张思明、刘彭芝、龚正行、康岫岩等就是数学老师。大学的教学专家中，著作等身的张楚廷先生就是数学老师。北京理工大学物理学教授杜和戎写了一本影响深远的《讲授学》（华语教学出版社 2007 年版），已经算是非常理论化和体系化的教学专著了。当然，对大部分老师而言，教学写作并不是写教学论著，而是写简约、随性一点的教学随笔。如果我们在入职时读过苏霍姆林斯基的《给教师的建议》，应该还能记得他的这条建议：

> 我建议每一位教师都来写教育日记。教育日记并不是什么对它提出某些格式要求的官方文献，而是一种个人的随笔记录，在日常工作中就可以记。这些记录是思考和创造的源泉。那种连续记了十年、二十年甚至三十年的教师日记，是一笔巨大的财富。每一位勤于思考的教师，都有他自己的体系、自己的教育学修养。如果有高超技巧的、有创造性的教师，在结束他的一生时，把自己在长年劳动和探索中所体会到的一切都带进了坟墓，那会损失多少珍贵的财富啊。[①]

---

① 瓦·阿·苏霍姆林斯基：《给教师的建议》（上），杜殿坤译，教育科学出版社 1980 年版，第 124 页。

李镇西先生正因为听从了这条建议，一生追随苏霍姆林斯基的步伐而成为中国的苏霍姆林斯基。我作为大学老师，这些年也在追随李镇西先生，当然还包括张楚廷先生的步伐，努力做一个更好的自己。在我看来，大学老师在哪里做科研或许很重要，即要做科学家和著名学者，在普通高校的难度肯定要大于在北京大学的难度，但要做教学专家，在普通高校和在北京大学的机会差不多是均等的，就像北京大学校长蔡元培能成为一流的教育家，师专校长陶行知、农村中学校长苏霍姆林斯基也可以成为一流的教育家。

有的老师可能会担心，书写得越多越显得浮躁。这样的担心显然是多余的。大学老师写书不外乎有三种动机：一是获得体制的认可，即用来评职称、挣学术"工分"或者获得政府的学术奖励；二是获得学术界的承认，成为在某个研究领域占有一席之地的人物；三是把自己的思考表述出来，并且激励自己更深入地思考。当然，这三种动机有时候是交织在一起的，很难断然分开。但对不同的人或者同一个人的不同人生阶段而言，的确会有一种动机是占主导地位的。

评上教授后，评职称显然不是我继续写书的理由。我没有做著名学者的野心，故获得学术界的承认也不是我写书的重要动力（我的书几乎不送学术界同行，也就是说我也不想让他们知道我出了书）。我现在写书，一是为了挣点学术"工分"，毕竟我每年还要接受学校的考核；二是为了打发无聊的时光，并且将自己的思考在第一时间表达出来。我比较过几种不同的生活，做行政管理，我感到没有成就感，有时候还感到莫名的烦躁；打麻将，一开始的确很放松和开心，但多打了几次，就感觉很堕落和不安；读书和写书，不管投入多少时间，我内心都感到无比的充实，精神感到无比的安宁，所以，我还是决定选择读书和写书伴随一生。

我喜欢读书和思考，也能坐得住板凳。但人毕竟是有惰性的。我不写书或者写出来书却不出版，时间久了，就感觉丧失了目标，也弱化了思维的强度。书写得多，出版得多，反过来也督促我读得多、思考得多。写得多，出版得多，固然会常有"粗糙"之作的出现，但日积月累，写作的感觉也就越来越强烈，尤其是文笔会得到很好的锤炼，说不定一不小心，这辈子会写出一两本有代表性、多少有点读者和有点价值的著作。以我的体会，任何一次认真的写作历程对个人的提升都是极具价值的，或者说，一个人写完二十本书和写完一本书，他的专业水平肯定不可同日而语。如果这个人还有学术天赋的话，那么他完全可能在不知不觉中赢得学术界的认同。

目前学术界公认的实力派学者大多都是著作等身的，这说明写得多和写得好并不矛盾，那种认为写得多就一定写得差，写得少就一定写得好的观念，无疑是一种偏见。退一步讲，写得多至少证明一个人勤奋，而写得少的教师大多数并不是在"十年磨一剑"，有时候只不过是懒惰而已。就当前的整体学术氛围和评价机制来说，那种极少写作，然后试图用一本书赢得体制认可，乃至流传青史的想法反倒有些不切实际，我们至少可以说，文字是练出来的，没有量变何来质变？遗憾的是，目前学术界的确存在一种不好的现象：写得少的人看不起写得多的人；从不写作的人嘲弄那些埋头写作的人。所以，无论是研究专业，还是教学研究，都应该鼓励从业者养成勤于写作的习惯。我们作为一线教师而不是纯粹的教学理论研究者，写教学方面的论著，不一定要追求严密的体系性。哪怕是写一些教学随笔，也是一种很自觉的教学研究。

　　成为教学专家，只是一种目标，一种方向，一种人生的可能性，一种不断成长和进步的姿态。人各有志，我们不能因为自己有这方面的追求，就号召和要求所有人都朝教学专家的方向奔跑。但如果感觉自己真的热爱教学、擅长教学，又喜欢写作、擅长写作，那不妨稍微有点"野心"，给自己一个明确、坚定的目标：做大学里特别缺少的教学专家，至于最终走到哪一步，成为什么样的人，完全可以顺其自然。

　　这些东西作为意外的收获，我们当然可以坦然接受。但我说了，这只是"意外的收获"，并非我们的初衷。那么"初衷"是什么？我想，就是通过职业除了获得相对比较体面的物质生活条件，更赢得精神上的价值实现感。或者，干脆通俗一点说，就是获得一种源于人性的成就感和尊严感。再说得更加"大白话"一些，就是为了在我们离开这个世界的时候，觉得自己"这一辈子没白活，值啦！"①

　　其实，这段话用真正的"大白话"表述就是：普通人终其一生去努力奋斗，最终是为了自我感觉良好。只不过每个人获得自我感觉良好的途径不一样而已。

---

① 李镇西：《序　用一生的时间去寻找那个让自己惊讶的"我"》，载《自己培养自己》，华东师范大学出版社 2017 年版，第 1 页。

●●●● 结　语

我无须回归，因为我从不曾离开！

——一个教书匠的心路历程

2019 年 3 月，我准备以"大学讲授学"为题，申报湖南省精品在线开放课程。为了录样片，我写出了《我为什么特别重视讲课？》，该文先后被"红网"等媒体转载。课程的样片也做出来了，我却因为分身无术以及其他原因而放弃了申报。

2019 年 5 月起，为了给自己开通的微信公众号"羊牯塘漫话"提供新鲜的稿子，我陆续写出了《什么是好的讲授——讲授效果的角度》《什么是好的讲授——讲授内容的角度》《没有声音，再好的戏也出不来！——讲授的语言基础》等文章。

2019 年暑假，在写作《风，是无形的旗帜——张楚廷"隐性课程"思想研究》的间歇，我带着写教学随笔的心态和状态，陆续写了一些谈讲授的文章。不知不觉，就写成了现在这个样子。这算是提前完成了一个藏在我心中很久的心愿。

2013 年，我出版了第一部教学研究著作《如何走上大学讲台——青年教师提高讲课能力的途径与方法研究》（湘潭大学出版社）。这算是我的"成名作"，因为该书出版后，在没有做任何宣传和推广的情况下，六年间已经重印了四次，而且被不少大学作为教师教学培训的必读书。也因为这本书，我获得了很多走出湘大、走出湖南、走向全国性讲台的机会。

2013 年 11 月，浙江工业大学教师教学发展中心主任汤智老师，因为读到这本书，特意请我去做了两场报告。河套学院教务处处长杨树生教授的夫人是一位数学老师，因为看到这本书，便"怂恿"丈夫在 2017 年邀请我去给全校老师做了一场报告。在报告结束后，河套学院还在全校范围内展开了"宋德发教育思想研究"。可以说，河套学院是中国第一所研究宋德发教育思想的高校，也可能是最后一所。2019 年，他们又邀请我重回河套学院，做了三场报告。

经常受邀做报告，对别人来说也许算不了什么，但对于一个无任何行政权力和学术权力的普通老师来说，足以让他的虚荣心感到满足，足以让他产生"好嗨哟，感觉人生到达了巅峰！"的错觉。而类似的感动和惊喜，也因为这本书而越来越多。

但这本书毕竟因为写得急促而留下了很多遗憾。我一直希望有机会修订，乃至重写。过去的八年，我又暗暗积累了不少讲授的经验和体会，收集了较多讲授的案例和素材，同时还自觉提升了教学理论水平。因此，再去写这本书的时候，似乎就显得无比的轻松和自然——不知不觉、毫无痛苦和纠结地完成了。

这本书，我可以视为自己的学术代表作，尽管它看起来不是那么的学术。但我所信仰的学术和体制所推崇的学术，不完全是同一种学术。

歌有美声唱法、民族唱法，同时也不排斥流行、摇滚和 Rap 唱法，虽然这些唱法似乎有品位的差异，但都是人民所需要的，而从人民需要的角度看，似乎不应该有品位的差异。同样的道理，学术研究不能只有一种做法，也不能只有一种学者。再说，学术研究不是"鼓吹"创新吗？那研究教学算不算是一种学术创新？研究教学中越来越不受待见的"讲课"是不是一种创新？我的这本书，以及此前出版的四部教学著作，算不算填补大学学术研究的某些"空白"？

我们总是鼓励学生要做有个性的人，但认真想一想，我们自己算是有个性的人吗？有人担忧，大学里只剩下写论文的老师了。写论文固然是光荣的事情，是大学需要的事情，但每个人都只会写论文，只想写论文，只会和只想写体制认可的"有工分"的八股文，从教育的角度看，是不是也是大学老师的一种异化，一种自我封闭，一种高度同质化，一种个性的丧失？而没有个性的老师又如何培养出有个性的学生？

当然，提出这些疑问并不能改变什么。我已经说过要从批判走向建设。所以，不妨从自我做起吧——我无法改变世界，至少可以改变自己。虽然我整体上是与众相同的，但也可以在局部上与众不同。但我这样做，并不是刻意的，最多算是有意的。而且在早期，连"有意"都算不上，我不过是出于对常识和初心的尊重，以及对自己兴趣的尊重，很自然地做着自己应该要做，也特别想做的事而已。当然，我致力于教学研究，也怀抱着将自己的特长发挥到极致的"雄心壮志"。我和志同道合的朋友，曾获得过湘潭大学青年教师课堂教学比赛一等奖第一名的几位老师聊天，提到这样一个观点：

　　大学里，像你们这样具有超常讲课天赋的老师实在太少了，像你们这样第一天站讲台就能站稳、站好的老师实在太少了。如果在中学，你们自然可以尽情发挥自己的才情，但在大学，你们讲课的天赋很容易受到过于重科研的外部环境的干扰、影响甚至压抑。如果因此而压制甚至浪费自己的讲课天赋，转而完全跟着主流评价体制走，最后变得和其他人"一样"地优秀，那实在是太可惜了。所以，咱们不如立足自身的特长，将自己的特长发挥到极致，走一条与众不同的路（或者走科研教学都强的路）。就算我们最终没有获得所谓的成功，但至少也能活得独特而精彩。

这番话，其实说的是我的心得和心声。人贵有自知之明。所谓自知之明，一是知道自己的局限；二是知道自己的擅长。人生扬长避短，不失为一种生存策略和生活方式。我很清楚自己由于先天不足，注定成不了大学者，但不妨做一个优秀的教育工作者。从做教育工作者的角度看，我性格内向和急躁，不善于沟通和倾听，所以做班主任、做研究生导师，都做不到最好——当然，现在随着自我反思的深入和持久，已经有了很大的改观。但我口才相对不错，还有一些天生的幽默感，所以可以专注于讲课，可以专心做一个缺点多多但善于讲课的好老师。我的职业规划大概就是这样的：

40年职业生涯，前20年站稳讲台，后20年进军学界；前20年重心做老师，后20年重心做学者。但做学者还是为了做老师，因为，刚开始讲课，讲课态度、讲课能力、讲课技巧很重要。但是讲课讲到最后，拼的还是学术底蕴和人生阅历。

由于我做学者也是为了做老师，所以我的研究对象、研究方法和研究目标都与主流学界有很多不同，这一点，我将在新书《西方文学中的生命哲学》的导言《呼唤看得见"人"的外国文学研究——一个外国文学老师的观察和反思》中详加说明。另外，我的学术研究中还包含了重要一块，就是教学研究，而教学研究的确是当前高校比较缺乏的学术研究。

当然，我的教学研究侧重于研究"讲课"这项"雕虫小技"。我以此为荣，也以此为乐，还以此为事业的目标。我相信，"雕虫小技"中蕴含了大学问；我相信，"教书匠"也有春天；我相信，教书这项技术活最终也可以通向最高的哲学和美学。这让我想起我的好朋友刘稳丰先生对年轻老师的勉励：

> 我们有的人往往吐槽教学不受重视，相比科研被人瞧不起，没有什么意思。我认为，浓厚的教学文化、质量文化要靠自己努力，慢慢营造。也就是自己看得起自己，别人才会看得起；如要别人看得起，自己一定要争气；只要自己很努力，一定有番新天地。

刘稳丰先生的这段话说到我心坎里去了。我们根本不需要有一个人对抗一个体制的委屈、孤独和悲壮。我们立足做好自己就好，就算有一天感动不了全世界，至少也可以感动我们自己。我记得在《如何走上大学讲台——青年教师提高讲课能力的途径与方法研究》的前言中写了这样一段话：

> 本书的写作要特别感谢三位直接鼓励过我教学实践或教学研究的人，他们是我已故的恩师张铁夫先生——他在阅读我的《西方文学的口语传承》时鼓励我说，在如今的大学里，像你这样潜心研究教学的教师真是不多了，继续坚持吧，不管结果如何；湘潭大学文学与新闻学院分管教学的副院长王洁群先生——他曾支

持我说，别看你现在走在队伍的后头，说不定哪天这个队伍转向了，你就走在队伍的前头了；当然，还有尊敬的北京师范大学的王向远先生——他表扬我的话让我真的受宠若惊了（重要的不是他说我行，而是说我行的这个人真的很行）。[①]

王洁群先生恐怕早不记得曾经跟我说过"别看你现在走在队伍的后头，说不定哪天这个队伍转向了，你就走在队伍的前头了"这样的话了。但他确实说过，是在一次晚饭后回家的路上说的，如果我没有记错的话，在这句话前面，他还说了"德发"两个字。说者无意，听者有心。王洁群先生真是预言家啊！他怎么就能知道，2018年6月21日，教育部会召开新时代全国高等学校本科教育工作会议，正式、庄重地提出"以本为本"，推进"四个回归"，加快建设高水平本科教育呢？所谓"四个回归"，即回归常识、回归本分、回归初心、回归梦想。我一看，这些我一直不都有吗？所以当全国高校都在为这样的倡导激动万分，纷纷开会讨论、研究的时候，我内心却无比的平静：我无须回归，因为我从不曾离开！

所以，人生就是这样，处处充满了意外和惊喜。由此，我倒有所领悟：人生过得怎样，归根结底源于我们如何选择。当初做大学老师，这是我的选择。做了大学老师后，是混日子还是有所追求，也是一次选择。我由于生活所迫以及个性使然，决定选择有所追求。选择有所追求后，在教学和科研之间何去何从，又是一次选择。我决定选择先站稳讲台然后再见机行事。应该说，我

① 宋德发：《如何走上大学讲台——青年教师提高讲课能力的途径与方法研究》，湘潭大学出版社2013年版，第6页。

对自己今天的生活是比较满意的，因为我虽不曾成功，却不断地获得成就感和幸福感。这让我想起了戴建业先生的一句话："我一生都对自己的期望值不高，'何曾料到'结局是如此之好。"①

我的人生还没有达到"结局"，但也基本可以预见到"结局"。虽然我现在没有得到什么可以标志着成功的头衔和荣誉，我将来对这方面也不会有太多奢望，但我今天所得到的一切，尤其是民间和同行的认可，已经远远超过我当初的预期。所以，我也可以说，我的现在和我可能的"结局"是"如此之好"。而这种生活状态，是我十年前的选择和十多年来的坚持所造就的。我还有二十年退休，我愿意再用二十年的努力和坚持，履行我对自己职业生涯和整个人生的一次庄严的承诺："我就是我，颜色不一样的烟火！"

---

① 戴建业：《"何曾料到"与"未曾做到"——写在九卷本"戴建业作品集"出版之前》，《你听懂了没有》，上海文艺出版社2019年版，第4页。

参考文献

1. 阿伦·布洛克.西方人文主义传统.董乐山,译.北京:生活·读书·新知三联书店,1997.

2. 阿马蒂亚·森.身份与暴力——命运的幻象.李凤华,陈昌升,袁德良,译.北京:中国人民大学出版社,2009.

3. 爱德华·希尔斯.教师的道与德.徐弢,李思凡,姚丹,译.北京:北京大学出版社,2010.

4. A S 尼尔.尼尔!尼尔!橛子皮.沈湘秦,译.北京:北京师范大学出版社,2017.

5. 彼得·法林.教学的乐趣——大学新教师实用指南.姚晓蒙,陈琼琼,李梅,译.上海:华东师范大学出版社,2009.

6. 保罗·弗莱雷.被压迫者教育学.顾建新,赵友华,何曙荣,译.上海:华东师范大学出版社,2014.

7. 巴金,黄永玉等著.长河不尽流——怀念从文.长沙:湖南文艺出版社,2018.

8. 陈平原.作为学科的文学史.北京:北京大学出版社,2011.

9. 丛日云主编.西方文明讲演录.北京:北京大学出版社,2011.

10. 陈喜辉.神在人间的时光——希腊神话欣赏.北京:中信出版社,2014.

11. 陈平原.六说文学教育.北京:东方出版社,2016.

12. 陈平原.大学何为.北京:北京大学出版社,2016.

13. 邓正来 . 反思与批判——体制中的体制外 . 北京：法律出版社，2006.

14. 杜和戎 . 讲授学 . 北京：华语教学出版社，2007.

15. 德雷克·博克 . 回归大学之道——对美国大学本科教育的反思与展望 . 候定凯，梁爽，陈琼琼，译 . 上海：华东师范大学出版社，2012.

16. 戴建业 . 老子开讲 . 海口：海南出版社，2015.

17. 戴建业 . 你听懂了没有 . 上海：上海文艺出版社 2019 年。

18. 高小康 . 人与故事——文学文化批判 . 北京：东方出版社 1993.

19. 郭九苓，昌曾益，柴真 . 教学的魅力——北大生命科学名师访谈录 . 北京：北京大学出版社，2012.

20. 郭九苓，漆永祥，赵国栋主编 . 北大中文名师教育谈 . 桂林：广西师范大学出版社，2015.

21. 何大草 . 忧伤的乳房 . 合肥：安徽文艺出版社，2014.

22. 何云波，何奕兮，袁娜 . 宝宝语录：爱与美的童话 . 青岛：青岛出版社，2018.

23. 克里希那穆提 . 心的对话 . 胡因梦，译 . 深圳：深圳报业集团出版社，2007.

24. 卡尔·雅斯贝尔斯 . 大学之理念 . 邱立波，译 . 上海：上海人民出版社，2007.

25. 孔庆东 . 摸不着门——孔庆东谈教育 . 上海：华东师范大学出版社，2009.

26. 夸美纽斯 . 大教学论 . 傅任敢，译 . 北京：教育科学出版社，2014.

27. 肯·贝恩. 如何成为卓越的大学教师. 明廷雄, 彭汉良, 译. 北京: 北京大学出版社, 2014.

28. 克里斯·安德森. 演讲的力量: 如何让公众表达变成影响力. 蒋贤萍, 译. 北京: 中信出版社, 2016.

29. 卢家楣. 以情优教——理论与实证研究. 上海: 上海人民出版社, 2002.

30. 李建中. 中国文化与文论经典讲演录. 桂林: 广西师范大学出版社, 2007.

31. 李镇西. 追随苏霍姆林斯基. 上海: 华东师范大学出版社, 2009.

32. 刘宜庆. 绝代风流——西南联大生活录. 北京: 北京航空航天大学出版社, 2009.

33. 刘道玉. 大学的名片——我的人才理念与实践. 长沙: 湖南教育出版社, 2010.

34. 刘再复. 教育论语. 福州: 福建教育出版社, 2012.

35. 李镇西. 我的教育思考——李镇西 30 年教育感悟精华. 桂林: 漓江出版社, 2015.

36. 刘铁芳. 教育的高度即人性的高度的. 北京: 北京师范大学出版社, 2017.

37. 刘铁芳. 知识与教养之间. 北京: 北京师范大学出版社, 2017.

38. 刘铁芳. 找寻心灵的家园. 北京: 北京师范大学出版社, 2017.

39. 刘铁芳. 比技术更重要的是观念. 北京: 北京师范大学出版社, 2017.

40. 李镇西. 自己培养自己. 上海: 华东师范大学出版社, 2017.

41. 刘冬颖. 诗经八堂课. 北京: 中华书局, 2018.

42. 刘再复 . 读书十日谈 . 北京：商务印书馆，2018.

43. 莫砺锋 . 杜甫诗歌讲演录 . 桂林：广西师范大学出版社，2007.

44. 迈克尔 • 桑德尔 . 公正——该如何是好？. 朱慧玲，译 . 北京：中信出版社，2012.

45. 摩罗 . 大地上的悲悯 . 上海：上海三联书店，2013.

46. 马克斯 • 范梅南 . 教学机智——教学智慧的意蕴 . 李树英，译 . 北京：教育科学出版社，2014.

47. 潘知常 . 说《红楼》人物 . 上海：上海文化出版社，2008.

48. 钱理群 . 我的教师梦——钱理群教育讲演录 . 上海：华东师范大学出版社，2008.

49. 曲昌春 . 水浒原来很有趣 . 北京：时代出版社，2008.

50. 邬欣言 . 生活中的社会学 . 长沙：湖南大学出版社，2012.

51. 苏霍姆林斯基 . 苏霍姆林斯基选集（五卷）. 王家驹，等译，北京：教育科学出版社，2001.

52. 十年砍柴（李勇）. 闲看水浒——字缝里的梁山规则与江湖世界 . 北京：同心出版社，2004.

53. 孙绍振 . 文学性讲演录 . 桂林：广西师范大学出版社，2006.

54. 孙绍振 . 审美阅读十五讲 . 北京：北京大学出版社，2013.

55. 宋德发 . 如何走上大学讲台——青年教师提高讲课能力的途径与方法研究 . 湘潭：湘潭大学出版社，2013.

56. 宋德发 . 大学的痛与梦 . 长沙：湖南人民出版社，2014.

57. 孙海燕，刘伯奎编著 . 口才训练十五讲 . 北京：北京大学出版社，2015.

58. 宋德发 . 大学教学名师研究 . 湘潭：湘潭大学出版社，2015.

59. 宋德发.用整个的心做大学老师.湘潭：湘潭大学出版社，2016.

60. 孙绍振.演说经典之美.福州：福建教育出版社，2017.

61. 童庆炳.美学与当代文化讲演录.桂林：广西师范大学出版社，2007.

62. 童庆炳.旧梦与远山.北京：北京大学出版社，2015.

63. 瓦·阿·苏霍姆林斯基.给教师的建议（上）.杜殿坤，译，北京：教育科学出版社，1980.

64. 瓦·阿·苏霍姆林斯基.给教师的建议（下）.杜殿坤，译，北京：教育科学出版社，1981.

65. 王向远.初航集——王向远学术自述与反响.重庆：重庆出版社，2005.

66. 王兆鹏.唐宋词名篇讲演录.桂林：广西师范大学出版社，2006.

67. 王小妮.上课记.北京：中国华侨出版社，2011.

68. 王小妮.上课记（2）.北京：中国华侨出版社，2013.

69. 吴子林编.教育，整个生命投入的事业——童庆炳教育思想文萃.上海：华东师范大学出版社2016.

70. 王晓磊.六神磊磊读唐诗.北京：北京十月文艺出版社，2017.

71. 王立新.思想引领人生.北京：科学出版社2019.

72. 徐百柯.民国那些人.北京：中央编译出版社，2007.

73. 萧承慎.教学法三讲.福州：福建教育出版社，2010.

74. 徐葆耕.西方文学十五讲.北京：北京大学出版社，2012.

75. 亚里士多德 贺拉斯.诗学 诗艺.罗念生，杨周翰，译.北京：人民文学出版社，1962.

76. 雅斯贝尔斯. 什么是教育. 邹进，译，北京：生活•读书•新知三联书店，1991.

77. 易中天. 易中天文集（1-16卷）. 上海：上海文艺出版社，2011.

78. 余华. 没有一种生活是可惜的. 西安：陕西师范大学出版社，2019.

79. 张中行. 负暄琐话. 北京：中华书局，2006.

80. 周国平. 周国平人文讲演录. 上海：上海文艺出版社，2006.

81. 张楚廷. 张楚廷教育文集（1-10卷）. 长沙：湖南教育出版社，2007.

82. 周建忠. 楚辞讲演录. 桂林：广西师范大学出版社，2007.

83. 曾艳兵. 吃的后现代与后现代的吃. 济南：山东文艺出版社，2007.

84. 周作宇主编. 人文的路线——北京师范大学名师教学访谈录. 北京：北京师范大学出版社，2008.

85. 张楚廷. 张楚廷教育文集（11-20卷）. 长沙：湖南人民出版社，2012.

86. 张楚廷. 人是美的存在. 重庆：西南师范大学出版社，2014.

87. 张楚廷. 体育与人. 重庆：西南师范大学出版社，2014.

88. 张楚廷. 思想的流淌. 重庆：西南师范大学出版社，2015.

89. 张楚廷. 院校论. 重庆：西南师范大学出版社，2015.

90. 张楚廷. 有效的家庭教育. 重庆：西南师范大学出版社，2015.

91. 张楚廷. 大学与教育哲学. 重庆：西南师范大学出版社，2015.

92. 张楚廷. "五 I"教学细说. 重庆：西南师范大学出版社，2015.

93. 张楚廷. 大学的教育理念. 重庆：西南师范大学出版社，2015.

94. 张楚廷 . 哲学是什么 . 重庆：西南师范大学出版社，2015.

95. 张楚廷 . 关于人的问题 . 重庆：西南师范大学出版社，2015.

96. 周国平 . 守护人性——周国平论教育（修订版）. 上海：华东师范大学出版社，2015.

97. 周国平 . 传承高贵——周国平论教育（2）. 上海：华东师范大学出版社，2015.

98. 张斗和 . 说话是一门学问 . 北京：语文出版社，2015.

99. 张楚廷 . 人怎样变得更智慧 . 重庆：西南师范大学出版社，2016.

100. 张楚廷 . 人生格言：一位教师的感悟 . 重庆：西南师范大学出版社，2016.

101. 张楚廷 . 人论 . 重庆：西南师范大学出版社，2016.

102. 钟国兴，陈有勇 . 孔子是个好老师 . 北京：中央编译出版社，2016.

103. 张楚廷 . 给教师的 101 条建议 . 重庆：西南师范大学出版社，2017.

104. 琢磨先生（郭城）. 以幽默的方式过一生 . 北京：中信出版社，2017.

105. 张楚廷 . 漫漫人生路——教育与我 . 重庆：西南师范大学出版社，2018.

106. 张楚廷 . 改革路上——张楚廷口述史 . 重庆：西南师范大学出版社，2019.

后　记

教育学就是迷恋他人成长的学问

大学老师是众多职业中的一种。我比较幸运，自己主动选择了这份职业，又能从中源源不断地获得成就感和幸福感。而这一切，是从"站稳讲台"开始的。

在"微信朋友圈"，我曾晒过 2016 级中文 4 班郭婷同学写的一份作业《发哥讲演录——比较文学视野下发哥的语言特性》，里面有这样一段话，让我激动万分，乃至热泪盈眶：

> 发哥是一位独特的教师，语言也很有魅力，在此，我仅以此文献给比较文学这门课程，和亲爱的发哥，如有不敬之处还望谅解。人生漫漫长旅，也许我们不会再碰上发哥这样的人了。但是没关系，已经有一盏灯，亮在人生里了。

当然，这段话可以理解为善良、包容的学生"哄老师开心"。我相信很多老师都收到过类似的褒扬之词，再在"微信朋友圈"转发一下，引来点赞无数。那一刻，我们就会发现，原来老师的开心是这么的简单纯粹。

学生们在作业里赞美自己的老师，也说明他们对老师的要求有时候真的很简单：只要有一点点学问、口才好一些，上课认真点，为人真诚点，加上有点幽默感，他们对我们就会不吝溢美之词。

感觉到基本"站稳讲台"之后，我的思考开始延伸和拓展，于是便有了写教学文章和教学著作的尝试，希望借此进一步提升自我。在此过程中，我发现专业研究主要是为了促进自我的成长，与之不同的是："教育学就是迷恋他人成长的学问。"[①]

教育学的确是一门独立、独特的学问。对我而言，教育学是迷人的、深邃的，值得我向往和付出的。当然，由于我还是比较文学与世界文学专业的教授，所以，我不能将所有的时光和精力都投入教学研究和教学写作之中。我一直将自己定位为一位教育学研究的业余爱好者。

有很多人鼓励我，说我尽了大学老师的本分，正在做一件应该做的事情。当然，也有人担心我"不务专业"，甚至以为我"不务正业"，正在做一件看起来毫无价值的事情。其实，担心我的人，也是真正的关心我和爱护我，他们是因为对我专业研究的前景充满希望和期待，才善意地提醒我的。

只能说，我只是根据自身实际情况做出一次并不复杂的职业选择，谈不上高尚，也谈不上卑微。我坚信自己做教学研究的意义，也从不质疑和否定他人不做教学研究的价值。当我开始相信自己选择的正确性，又理解、包容和尊重他人选择的正当性时，我认为自己在靠近思想的成熟。

不管怎样，在鼓励和质疑中，我的第5部教学著作就这样悄然完成了。该书的核心内容是强调"如何讲"，在强调"如何讲"的时候，又特别推崇讲得"有意思"。由于"倾向性"比较明显，所以在具体行文时，不免常有偏颇之处，或者有"矫枉过正"之嫌

[①] 马克斯·范梅南，李树英译：《教学机智——教学智慧的意蕴》，教育科学出版社 2014 年版，第 13 页。

疑。这是我的局限，也是一部著作的局限。希望读者相信，我的最终目标肯定不是从一个极端走向另一个极端，而是追求"言之有物"和"言之有方"的统一：

> 一位称职的大学老师，应该同时具备两种才能：问学之才和授业之才。学术创获使得课堂讲授更为充实更有内涵，授课艺术使得传道解惑更为灵动更为鲜活，二者良性循环相得益彰，实为人生一大乐事！①

不管怎么说，能用一本书的体量，比较系统地讨论"大学讲授法"这样一个冷门的课题，是需要一点天马行空的想象力的。书稿完成后，我很有成就感，是那种小人物才拥有的，才知道品味的，才懂得珍惜的成就感。契诃夫说："在写作方面，人得有勇气才成。狗有大小，可是，小狗不应当因为大狗的存在而心灰意懒。大狗和小狗都得叫——用上帝赐给它们的声音叫。"②

人该自信的时候一定要自信，该认清自己局限的时候一定要认清。我做不了什么大学问，这是显而易见的事实。那我就通过自己的方式，发出一点"轻微"的声音吧。

路遥呕心沥血，用六年时光写完《平凡的世界》。最后一个字落笔后，他坐在桌前，沉默，停了十分钟，然后想起托马斯·曼《沉重的时刻》中的一句话："真的搞完了，这痛苦中产生的作品。

---

① 李建中：《中国文化与文论经典讲演录·后记》，广西师范大学出版社2007年版，第529页。

② 蒲宁著，汝龙译：《安·巴·契诃夫》，载《契诃夫小说集　装在套子里的人》，安徽文艺出版社1999年版，第208页。

它可能不好，但是完成了。看吧，只要能完成，它也就是好的。"①

我写这本《站稳讲台：大学讲授学》虽然也比较辛苦——素材积累了 10 年，写作用了整整四个月，但远谈不上呕心沥血，所以并没有感到那么痛苦，更没有路遥先生那样的悲壮和悲怆。

我最大的愿望是：这本书的某些观点、某些片段、某些句子对读者有所启发，让读者感到没有白花几十块钱将它带回家。当然，如果用挑剔的眼光看，那本书肯定是这里有问题，那里也有问题。

读者诸君在读这本书的过程中，如果有什么共鸣或者建议，可以发邮件到这个邮箱：songdefa@sina.com.cn。建议如果是批评性的，请说得委婉点，毕竟我不是心理很强大的那种人。

作者

2020 年 8 月

---

① 托马斯·曼：《沉重的时刻》，季羡林译，载杨冬、未民主编：《沉重的时刻》，时代文艺出版社 2010 年版，第 13 页。

图书在版编目（CIP）数据

站稳讲台：大学讲授学 / 宋德发著. — 杭州 ： 浙江大学出版社，2021.5（2023.8重印）

ISBN 978-7-308-20573-3

Ⅰ．①站… Ⅱ．①宋… Ⅲ．①高等学校－讲述法－师资培养－研究 Ⅳ．①G645.12

中国版本图书馆CIP数据核字（2020）第170381号

站稳讲台：大学讲授学

宋德发　著

责任编辑　葛　娟

责任校对　董雯兰

装帧设计　春天书装

出版发行　浙江大学出版社

　　　　　（杭州市天目山路148号　　邮政编码　310007）

　　　　　（网址：http://www.zjupress.com）

排　　版　杭州林智广告有限公司

印　　刷　广东虎彩云印刷有限公司绍兴分公司

开　　本　880mm×1230mm　1/32

印　　张　11.625

字　　数　282千

版 印 次　2021年5月第1版　2023年8月第3次印刷

书　　号　ISBN 978-7-308-20573-3

定　　价　38.00元